普通高等教育经管类专业系列教材

大学生创业与企业运营模拟实训

钟涛 吴娟 涂杰 主编

清华大学出版社
北京

内容简介

本书突出"应用性"和"实践性",注重对大学生初创企业运营的实际应用能力的培养。全书分为创业基础篇、创业策划篇、创业操作篇三个篇章,以大学生创业和初创企业运营为实训课程的主线,从创业理论基础、创业策划到初创企业运营管理,全面系统地安排模拟企业全流程的创业实践过程。

本书分为三个篇章,共 15 个项目。第一篇基础篇:探索创新创业之路,包括创新与创业的认知和大学生创业者综合创业能力评估;第二篇策划篇:创新创业项目策划,包括识别创业机会、组建创业团队、整合创业资源和完成大学生创业计划书;第三篇操作篇:初创企业运营管理,包括产业分析与公司战略规划,初创管理团队组建、公司架构与人力资源管理,公司注册与成立,市场营销管理,产品设计及研发,财务记录与财务管理,生产运营管理,公司整体绩效评价,以及企业风险管理和内部控制。本书内容简明扼要、通俗易懂,对大学生创业工作的定位是理论够用、实践为纲,并借力各种商科类软件,力争使读者上手快、看得懂、能操作、易领会。

本书可作为高等院校经管类相关专业的实训教材,也可作为企业相关业务部门的培训教材,还可作为经济管理人员、企业管理爱好者的自学用书。

本书封面贴有清华大学出版社防伪标签,无标签者不得销售。
版权所有,侵权必究。举报:010-62782989,beiqinquan@tup.tsinghua.edu.cn。

图书在版编目(CIP)数据

大学生创业与企业运营模拟实训 / 钟涛, 吴娟, 涂杰主编. -- 北京 : 清华大学出版社, 2024. 8. -- (普通高等教育经管类专业系列教材). -- ISBN 978-7-302-66741-4

Ⅰ. G647.38; F272

中国国家版本馆 CIP 数据核字第 20245FR861 号

责任编辑:刘金喜
封面设计:周晓亮
版式设计:苂博文化
责任校对:成凤进
责任印制:沈　露

出版发行:清华大学出版社
　　　　网　　址:https://www.tup.com.cn,https://www.wqxuetang.com
　　　　地　　址:北京清华大学学研大厦 A 座　　　　邮　　编:100084
　　　　社 总 机:010-83470000　　　　　　　　　　邮　　购:010-62786544
　　　　投稿与读者服务:010-62776969,c-service@tup.tsinghua.edu.cn
　　　　质 量 反 馈:010-62772015,zhiliang@tup.tsinghua.edu.cn
印 装 者:三河市君旺印务有限公司
经　　销:全国新华书店
开　　本:185mm×260mm　　　印　　张:15.75　　　字　　数:393 千字
版　　次:2024 年 9 月第 1 版　　印　　次:2024 年 9 月第 1 次印刷
定　　价:58.00 元

产品编号:103144-01

前 言

国家对于大学生创新创业工作的重视，推动各个高校进一步重视和发展创新创业教育。大学生创业无处不在，但同时也是一项极富挑战性的事业。创业过程中，大学生们面临着诸多未知的困难和艰险。因此，他们需要做好充分的准备工作，迎难而上，不畏艰险。只有具备创业者所需的综合素质，包括创业能力和初创企业的运营能力，他们才能在充满挑战和风险的创业道路上，成为那个勇攀高峰的佼佼者。

本书是基于创业教育的培养目标，以提升大学生初创企业运营胜任力为导向，采用项目化编写方式，打造出的适合应用型大学生创业及初创企业运营管理的实训教材。全书共有15个项目，基本覆盖了初创企业可能会遇到的一系列问题，以此作为目标导向，引导学生对初创企业的制度安排、公司注册、运营过程、资金安排等，做到心中有数，能够超越创业初期的瓶颈，并且更多关注大学生的创新创业产品和服务本身，考虑科技和数据带给创业者的机遇与挑战，希望通过创新的产品和服务解决消费者的痛点，给消费者带来更多生活的便利。

本书的编写成员都是具有近二十年教学经验的教师，他们一直在进行着企业管理领域的理论研究和社会实践操作，因此对本书的教学需求有较为深入的理解，并力图将这些理解渗透到本书中。本书在实训课程的层次上做了更新，增加了许多实训和实验操作项目，以加深读者对企业管理相关问题的认识和理解。面对庞大的企业管理工作，本书内容尽量做到以使用为纲领，以够用为度，力争使读者上手快、看得懂、易领会。本书可作为高等院校经济管理类专业的教学用书，也可作为企业相关业务部门的培训教材。

本书的参考教学时间为48学时，全书共分为创业理论、创业策划和创业模拟实训三个篇章，共15个项目，每个项目都安排了实训内容和实验操作，并给出了实训操作的技能与要求。

本书由成都文理学院钟涛副教授、吴娟副教授和涂杰副教授担任主编。钟涛编写了第一篇的项目2，第二篇的项目6，第三篇的项目7、8、9、12；吴娟编写了第一篇的项目1，第二篇的项目3、4，第三篇的项目10、11；涂杰编写了第二篇的项目5，第三篇的项目13、14、15；吴昌蔚同学负责配套课件的版面设计与制作。

本书在编写过程中得到了清华大学出版社的大力支持和行业内众多专家的指导。同时，本书引用了国内外众多专家学者的研究成果，并借鉴了他们在创业管理研究领域的成果，相关参考文献已在书中详细列出。在此，我们一并向所有给予支持和帮助的专家、学者表示衷心的感谢！

本书不当之处,敬请广大读者批评指正,提出宝贵意见,编者不胜感激!

本书教学课件和教学大纲可通过扫描下方二维码下载。

服务邮箱:476371891@qq.com。

编者
2024 年 4 月

目 录

第一篇 基础篇：探索创新创业之路

项目1 创新与创业的认知 3
1.1 认识创新 4
　　1.1.1 创新的基本概述 4
　　1.1.2 创新意识与创新思维 6
　　1.1.3 创新能力与创新方法 8
1.2 认识创业 9
　　1.2.1 创业的基本概念 9
　　1.2.2 创业能力 10
1.3 大学生双创比赛活动 12
　　1.3.1 大学生双创主要比赛活动介绍 13
　　1.3.2 提升大学生双创比赛创新性方法 14

项目2 大学生创业者综合创业能力评估 17
2.1 认识大学生创业者 18
　　2.1.1 大学生创业者 18
　　2.1.2 大学生创业者的基本素养要求 18
2.2 大学生创业者综合创业能力评估 20
　　2.2.1 大学生创业者综合创业能力的评估 20
　　2.2.2 大学生创业者综合创业能力的提升 26

第二篇 策划篇：创新创业项目策划

项目3 识别创业机会 31
3.1 创业机会 32
　　3.1.1 创业机会及其识别 32
　　3.1.2 创业机会和商业机会的异同 33

3.2　正确识别和评价创业机会 ··· 34
　　　　3.2.1　影响创业机会识别的因素 ·· 34
　　　　3.2.2　创业机会识别的方法 ·· 35
　　　　3.2.3　创业机会的评价 ·· 36

项目 4　组建创业团队 ·· 39
　　4.1　创业团队概述 ·· 40
　　　　4.1.1　创业团队 ·· 40
　　　　4.1.2　创业团队的基本特征 ·· 41
　　4.2　优秀团队的组建策略 ·· 42
　　　　4.2.1　创业团队的组建原则 ·· 42
　　　　4.2.2　大学生创业团队组建及管理 ·· 43
　　4.3　创业团队股权结构 ·· 45
　　　　4.3.1　股权结构概述 ·· 45
　　　　4.3.2　创业团队股权结构设计及分配 ·· 45

项目 5　整合创业资源 ·· 47
　　5.1　创业者的创业资源 ·· 48
　　　　5.1.1　有形资源 ·· 48
　　　　5.1.2　政策资源 ·· 50
　　　　5.1.3　无形资源 ·· 51
　　5.2　创业资源的整合 ·· 53
　　　　5.2.1　确定创业资源的整合规划 ·· 53
　　　　5.2.2　不断优化和调整 ·· 53

项目 6　完成大学生创业计划书 ·· 55
　　6.1　大学生创业计划书架构 ·· 56
　　　　6.1.1　创业计划书的基本内容 ·· 57
　　　　6.1.2　创业计划书的项目选择 ·· 59
　　　　6.1.3　项目核心团队组建 ·· 60
　　6.2　创业计划书打磨 ·· 61
　　　　6.2.1　执行概要的打磨 ·· 61
　　　　6.2.2　项目背景及行业发展的打磨 ·· 63
　　　　6.2.3　创始人愿景及团队结构的打磨 ·· 65
　　　　6.2.4　市场前景、市场定位的打磨 ·· 67
　　　　6.2.5　产品需求点及创新点打磨 ·· 67
　　　　6.2.6　销售收入预测及融资安排的打磨 ·· 74
　　　　6.2.7　市场营销策略落地性安排的打磨 ·· 78
　　　　6.2.8　公司责任及社会价值的打磨 ·· 78
　　　　6.2.9　创业计划书的评价 ·· 79

6.3 路演定义及分类···81
    6.3.1 路演···81
    6.3.2 路演的准备···82

第三篇　操作篇：初创企业运营管理

项目 7　产业分析与公司战略规划···93
7.1 行业产业分析···94
    7.1.1 市场规模及产业链结构···94
    7.1.2 宏观环境分析···97
    7.1.3 产业环境与行业竞争格局分析··99
    7.1.4 公司资源与核心竞争力分析···100
7.2 公司战略分析与选择··102
    7.2.1 公司战略层次··103
    7.2.2 公司战略选择··105

项目 8　初创管理团队组建、公司架构与人力资源管理······························109
8.1 公司使命和宗旨··110
    8.1.1 公司使命···110
    8.1.2 公司宗旨···110
8.2 大学生创业管理团队组建···111
    8.2.1 大学生创业管理团队的特征··111
    8.2.2 大学生创业管理团队的构建··112
8.3 公司架构设计··114
    8.3.1 各种组织结构··114
    8.3.2 传统与现代组织结构模式特点及发展方向··115
8.4 人力资源管理··117
    8.4.1 人力资源管理概述···117
    8.4.2 人力资源管理的业务职能··118
    8.4.3 提升企业员工团队凝聚力··123

项目 9　公司注册与成立···125
9.1 公司注册前期准备···126
    9.1.1 选择公司形式··126
    9.1.2 制定公司章程··127
    9.1.3 熟悉公司注册流程···128
9.2 公司税务登记··132
    9.2.1 新办企业如何进行税务登记··132
    9.2.2 网上税务登记流程···133

		9.2.3 企业税费	134
		9.2.4 企业发票管理	138
	9.3	公司商标和专利的申请	141
		9.3.1 商标注册流程	141
		9.3.2 专利申请流程	142

项目10 市场营销管理 145

10.1	目标群体和消费偏好分析	146
	10.1.1 目标群体	146
	10.1.2 消费者偏好	146
	10.1.3 市场营销目标群体分析方法	147
10.2	市场目标和市场环境分析	149
	10.2.1 市场目标	149
	10.2.2 市场环境分析	150
10.3	市场营销策略及分析	151
	10.3.1 市场营销策略及影响因素	151
	10.3.2 市场营销分析	156
10.4	订单获取与处理	159
	10.4.1 订单获取	159
	10.4.2 订单处理	160

项目11 产品设计及研发 165

11.1	产品设计概述	166
	11.1.1 产品设计	166
	11.1.2 产品设计的要求	167
11.2	产品的研发	169
	11.2.1 产品BOM结构及其管理	169
	11.2.2 产品研发	170
	11.2.3 产品研发的一般流程	171

项目12 财务记录与财务管理 175

12.1	盈亏平衡分析及资金预算	176
	12.1.1 盈亏平衡点的计算	176
	12.1.2 新创企业资金预算	178
12.2	企业会计报表及账务记录	181
	12.2.1 企业会计报表的内容	181
	12.2.2 企业账务记录	182
12.3	企业财务综合绩效评价	188
	12.3.1 企业财务综合绩效评价指标	188
	12.3.2 企业财务综合绩效评价的关键指标分析	192

项目 13　生产运营管理 ... 195

13.1　生产准备 ... 196
- 13.1.1　原材料采购流程 ... 196
- 13.1.2　初创企业原材料采购要点 ... 197
- 13.1.3　生产场地准备 ... 198
- 13.1.4　生产设施设备采购流程管理 ... 200
- 13.1.5　设施设备准备 ... 200

13.2　产能预算与生产制造管理 ... 202
- 13.2.1　产能配置关系 ... 202
- 13.2.2　常见的产能人员配备模型——生产单位时间配比模型 ... 203
- 13.2.3　常见的产能人员配比模型——生产能力利用率模型 ... 204
- 13.2.4　排产计划管理 ... 204
- 13.2.5　排产计划计算机辅助管理 ... 205
- 13.2.6　生产调度 ... 207
- 13.2.7　质量控制 ... 208

项目 14　公司整体绩效评价 ... 211

14.1　企业绩效管理 ... 212
- 14.1.1　企业绩效管理概述 ... 212
- 14.1.2　企业绩效提升 ... 213

14.2　企业绩效综合评价 ... 215
- 14.2.1　企业绩效综合评价方法——平衡计分卡 ... 215
- 14.2.2　企业绩效综合评价方法——关键绩效指标 ... 217

项目 15　企业风险管理和内部控制 ... 219

15.1　企业风险管理 ... 220
- 15.1.1　企业风险管理概述 ... 220
- 15.1.2　企业风险管理能力的提升 ... 220

15.2　企业内部控制 ... 222
- 15.2.1　企业运营内部控制 ... 222
- 15.2.2　企业内控能力的增强 ... 223

参考文献 ... 225

附录　实训报告册 ... 227

第一篇

基础篇：探索创新创业之路

教学目标

知识目标

- 了解创新创业的基本知识，包括创新、创新意识、创新思维、创新方法等；
- 了解大学生培养创新创业精神和创新创业能力的方法及途径；
- 了解双创教育活动的内容，熟悉双创比赛的现状及趋势。

能力目标

- 激发创新意识，培养创新能力，学会运用创新思维解决未来创业过程中可能遇到的问题；
- 培养创新思维，敢于开展创新行动，能以积极的态度面对创业活动，以创新的思维解决问题；
- 激发创新意识和创新能力，培养创新创业精神。

素质目标

- 培养积极主动、有冒险精神的创业态度，能够独立思考和主动解决问题，具备创新意识和创造力；
- 培养适应不确定性和变化的能力，以及面对挫折与困难时的坚持和忍耐力，能够从失败中学习和成长；
- 培养对自己创业行为及对社会和环境影响负责任的意识，具备可持续发展和社会责任的创业。

思政目标

- 具备大学生发扬勇于突破传统、不断创新的精神，在培养创新思维和创业能力的同时，注重关怀他人和社会，促进同理心、团队合作和奉献精神的培养；
- 具有大学生创新创业所需的抗压能力、创业耐力和自我管理能力，面对困难和挫折时，保持积极乐观的心态，通过创新思维和行动实现自我价值；
- 能够通过大学生创新创业项目在服务社会、改善人民生活、促进经济社会发展等方面发挥正面的社会影响，积极推动社会进步，营造良好的创新创业生态环境。

项目 1　创新与创业的认知

2021年10月12日,《国务院办公厅关于进一步支持大学生创新创业的指导意见》(以下简称《意见》)的发布,体现了党中央、国务院高度重视大学生创新创业工作。《意见》表明:纵深推进大众创业、万众创新,是深入实施创新驱动发展战略的重要支撑,大学生是大众创业、万众创新的生力军,支持大学生创新创业具有重要意义。习近平总书记指出,创新是社会进步的"灵魂",创业是推动经济社会发展、改善民生的重要途径,青年学生富有想象力和创造力,是创新创业的有生力量,希望广大青年学生在创新创业中展现才华、服务社会。

案例引入

张华是一位大学应届毕业生,对环境保护和可持续发展非常关注。他注意到许多农村地区存在能源供应不稳定和能源资源浪费的问题。于是,他决定创办绿色科技公司,致力于推出有关可再生能源解决方案的创业项目。

以下是他的创业策略。

太阳能微电网:绿色科技公司设计并安装了小型太阳能发电系统,为农村地区的小型社区提供稳定的电力供应。这些微电网通过太阳能电池板收集能源,并储存为电能,以满足当地居民的用电需求。

节能照明方案:绿色科技公司提供了高效节能的照明解决方案——使用LED照明技术替代传统的能耗较大的白炽灯,以减少能源浪费和碳排放。

本案例展示了大学生如何利用可再生能源技术解决农村地区能源供应不稳定和能源浪费的问题。该案例可以启发其他大学生思考如何在可持续发展领域创业,解决现实问题并促进环境保护。他们需要考虑如何设计和提供适用的解决方案,以及如何与当地社区建立有效的合作关系,使解决方案能够实际应用并创造积极的社会和环境影响。

思考:

1. 张华创办绿色科技公司的动机是什么?他发现了农村地区存在哪些能源问题和机会?

2. 绿色科技公司的太阳能微电网和节能照明方案如何满足农村地区的需求?这些解决方案对当地居民和环境有哪些明显的好处?

1.1 认识创新

在全球科技革命快速推进的时代背景下,产业竞争正逐步上升到科技创新能力竞争阶段。习近平总书记在首届进博会开幕式上的致辞中指出:各国应坚持创新引领,共同推动科技创新、培育新的增长点,努力突破世界经济发展瓶颈,坚持包容普惠,互利共赢。

党的十九大提出,创新是引领发展的第一动力,是建设现代化经济体系的战略支撑。创新是引领发展的第一动力,这一论述不仅发展了马克思主义唯物史观,也揭示出时代发展的必然趋势。在人类历史发展的长河中,科技革命的影响越来越重要,尤其是颠覆性技术不断涌现,正在重塑世界竞争格局、改变国家力量对比,可见创新已经成为推动经济社会发展的主旋律。在这样的时代背景下,创业者只有在创业过程中不断地创新,才能找到新市场、新方向和新模式,最终获得成功。

1.1.1 创新的基本概述

一般来说,创新是指通过引入新元素、新思想或新技术,从而改善或改变现有事物或过程,以实现更高的效率、更好的效果或更大的收益。在商业、科技、艺术等领域中,创新都是非常重要的元素,它可以帮助我们更好地解决问题,提高工作效率和收益。

1. 创新的概念

创新是以新思维、新发明和新描述为特征的一种概念化过程,包含更新、创造新的东西、改变三层含义。

在中国,创新一词出现很早,《魏书》有"革弊创新";《周书》有"创新改旧";《南史·后妃传上·宋世祖殷淑仪》有"今贵妃盖天秩之崇班,理应创新"。因此古人将创新理解为"创造新的事物"。在《现代汉语词典》中,创新解释为"抛开旧的,创造新的"。

在西方,英语中的Innovation(创新)一词起源于拉丁语。它有三层含义:一是更新,对原有的东西进行替换;二是创造新的或原来没有的东西;三是改变,对已有的东西进行改造和发展。直到20世纪初,被誉为创新理论之父的美籍奥地利经济学家约瑟夫·阿罗斯·熊彼特(Joseph Alois Schumpeter),在1912年出版的德文版《经济发展理论》一书中提出,"创新"就是"建立一种新的生产函数",也就是说,"把一种新的生产要素和生产条件的新结合引入生产体系中,以实现对生产要素或生产条件的新组合"。

此后,许多研究者对创新又进行了深入的研究,其核心是开发一种新事物的过程。这一过程从发现潜在的需要开始,经历新事物的技术可行性阶段的检验,到新事物的广泛应用为止。创新之所以被描述为一个创造性过程,是因为它产生了某种新的事物。

由此可见,创新概念包含的范围很广,可以说各种能提高资源配置效率的新活动都是创新。其中,既有涉及技术性变化的技术创新、产品创新和过程创新等,例如,如今我们普遍使用的手机,其不断发展演变的过程,既体现在产品外观、功能的不断创新上,也体现在移动互联网技术的迭代更新中,更体现在人们通信交流方式上的创新变革;也有涉及非技术性变化的创新,如制度创新(一国两制、海南自贸区)、理论创新(《中国共产党理论创新史》)、组织管理创新(小米公司)及商业模式创新(跨境电商)等。

综上所述,创新是指以凭借现有的思维模式提出有别于常规或常人思路的见解为导向,利用现有的知识和物质,在特定的环境中,本着理想化需要或为满足社会需求,而改进或创造新的事物、方法、元素、路径和环境等,并能获得一定有益效果的行为。具体来说,创新主要包括以下几点。

- 创新的目的是解决实际问题,是一项活动。
- 创新的本质是突破传统、打破常规。
- 创新是一个相对的概念,其价值与时间、空间有关。
- 创新可以在解决技术问题、经济问题和社会问题的广泛范围内发挥作用,它是每个人都可以参与的事业。
- 创新以取得的成效为评价尺度。

2. 创新的原则

创新对于企业很重要,是一个永恒的主题和任务。然而,只有有效的创新才能有利于企业的成长和发展壮大。有效的企业创新必须遵循创新的基本原则,主要如下。

1) 目的性和系统性原则

真正意义上的创新是通过大量的研究分析,以及系统化、勤奋努力所产生的有目的的创新,具有一定的社会价值。任何一种创新都要以解决现实中存在的问题为依托,以实际处理现实问题为依据,因为不同的领域、来源在不同的时间有不同的目的性。此外,所有创新的来源必须系统地加以分析研究,仅是多看、多问、多听,产生一些好的想法是不够的,还需要全面地、有目的地去做大量的研究工作。

2) 开拓与求实相结合的原则

从企业间的竞争来看,一个新的产品或技术在一段时间之后就会失去其竞争优势,因此只有不断地开拓和创新才能保证企业的竞争优势。企业的创新要符合客观实际的需要,任何成功的创新都应该是科学的。因此,开拓精神必须与求实态度相结合,这是创新成功和稳步发展的重要保证。

3) 统一性和灵活性相补充的原则

创新必须要有统一明确的目标、相互协调的行动、局部服从整体的观念,只有这样才能实现资源的优化配置和创新成效的最大化。但是,创新是对新的领域、新的问题的探索,其本身必然具有偶然性和机遇性,不能完全用计划来组织和规划,因此在创新的过程中必须坚持统一性和灵活性相补充的原则。

4) 奖励和鼓励并重的原则

创新是具有高风险和高回报的,因此企业对创新的成果必须给予公正的评价和合适的奖励。同时,创新是不断失败和探索的过程,因此必须给创新更多的鼓励和支持,对所有的创新建议,企业都要实施正向的鼓励政策,而不是冷眼旁观、横加指责。只有这样,才能形成良好的氛围和环境,为创新提供一个有利的平台。一般来说,创新是指通过引入新元素、新思想或新技术,从而改善或改变现有事物或过程,以实现更高的效率、更好的效果或更大的收益。在商业、科技、艺术等领域中,创新都是非常重要的元素,它可以帮助我们更好地解决问题,提高工作效率和收益。

实训1-1　创新调查实训

任务描述：在国家强调创新的背景下，请同学们使用文献查阅的方法，找寻不同行业的企业创新点，比较创新所带来的价值。

任务实施：以大学生个体为单位，查询不同行业企业的创新点并完成表1-1的填写。

表1-1　企业创新汇总表

序号	实施步骤	实施内容	备注
1	新能源消费行业		
2	电商消费行业		
3	移动社交消费行业		
4	智慧家居行业		
5	智能家电行业		
总结			

1.1.2　创新意识与创新思维

创新意识是创新思维的基础，同时创新思维也是创新意识的具体体现，两者相辅相成、相互促进。若要培养创新意识和创新思维，需从多方面入手，包括培养广泛的兴趣爱好、学会发现问题、运用独特的思维方式、勇于尝试和实践等。只有通过不断的探索和实践，才能够发挥出创造力和创新能力。

1. 创新意识

创新意识是指人们根据社会生活发展的需要，引起创造前所未有的事物或观念的动机，并在创造活动中表现出的意向、愿望和设想。它是人类意识活动中的一种积极的、富有成果性的表现形式，是人们进行创造活动的出发点和内在动力，是创造性思维和创造力的前提。创新意识包括创造动机、创造兴趣、创造情感和创造意志。

创新意识主要从以下几个方面进行培养。

1) 培养创造意识和科学思维

一方面，每个人都应在竞争中强化自己的创造意识。首先，敢于标新立异，一个具有创新精神的人对事物应有敏锐的洞察力，在生活中发现并敢于提出问题，最终的解决办法就是一种创新；其次，要善于大胆假设，敢想、会想，不要被思维固化，跳出思维的局限看待事物，创新便会很简单。另一方面，在具有创造意识的同时还要培养科学思维，面对同一问题，发散思维，以不同的角度去思考，扩大自己的认知，才能不断创新。

2) 不断进行自我提问

如果不问"为什么"，人类会减少很多创新性的见解。一个具有创新思维的人总是能透过表面现象去寻找问题的本质，他从来不把任何事情看作水到渠成的过程，也不会把事情当作理所当然的结果，那些看似一时冲动提出的问题往往包含着更多创新思维的火花。

3) 表达自己的想法

一个人一生中会有很多的想法，而这其中大部分的想法都会被自我审查意识否定，这种自我审查机制将一切看似离经叛道的想法都当作"杂草"一样铲除，而留下循规蹈矩的想法，但这些循规蹈矩的想法是没有创造力的。因此，想要创新便不能放弃每一根"杂草"，当有了稀奇古怪的想法时应该表达出来，每一次表达都能拯救一个创新的小火花，只有这样才能更仔细地去审视、探索、验证、发现它们真正的价值。

4) 拥有坚定的信念和意志

创新的道路并不是一帆风顺的，有时想要实现一个小创意、小方法也会遇到种种困难。创新的过程从不是一蹴而就的，在创新的过程中应坚定信心、不断进取；当创新活动误入歧途时，应调整方向，迫使自己转向或紧急刹车。

2. 创新思维

"思"是思考、想的意思；"维"是维度、方向。狭义的思维是指按一定顺序去想，或是沿着一定方向去思考；广义的思维是指在表象、概念的基础上进行分析、综合、判断、推理等认识活动的过程，或者说是指向理性的各种认识活动。创新思维是指用新颖独到的方法解决问题的思维过程，以求突破常规思维的界限，用崭新的方法、视角去思考问题，提出解决方案，从而产生新颖、独到、有意义的思维成果。创新思维是人类思维的最高级形式，通过这种思维，人们可以在现有的科学认知的基础上创造出新成果，形成新的认知结构，并使认识达到一个新的水平，从而实现探索未知的新领域。

创新思维训练是一项系统工程，而增强创新思维的意识、掌握创新思维的方法、进行创新思维实践则是其中必不可少的三个中心环节，也是决定活动能否达到预期目的的前提、基础和关键。

创新思维小训练：

这是一个画圈游戏，即将下面所有圆圈加工成可以识别的图片。

它们可以是一个和平标志、一张脸、一只眼球、一个轮胎……

○○○○○○

实训1-2 创新意识与创新思维培养

任务描述： 对于大学生而言，能够感知强烈的创新意识，是因为他们本身就对外部的世界充满了好奇和新鲜感。创新意识是在日常生活中保持对外部客观事物不断认真仔细观察的过程中逐渐产生的，因此，激发创新意识，培养创新思维，对大学生素质的锻炼具有非常积极的意义。

任务实施： 以大学生个体为单位，制订自己的创新意识和创新思维的培养计划，并将其填入表1-2中。

表1-2 创新意识和创新思维的培养计划表

序号	实施步骤	实施内容	备注
1	自己的兴趣爱好及特长		
2	未来三年准备参加的社会实践活动		
3	主要的创新思维内容		
4	如何将创新思维与社会实践相结合		
5	培养创新意识的目标		

1.1.3 创新能力与创新方法

知识产权就像食物一样,是有保质期的,你不创新总会被对手超越,而未来的竞争是知识产权的竞争,因此不想被超越就需要不断创新,保护知识产权,为创新的火花"加油"。一个人是否具有创新能力是"一流人才和三流人才之间的分水岭",个人不创新,会被公司淘汰;公司不创新,会被行业淘汰;行业不创新,会被社会淘汰;社会不创新,会被历史淘汰。创新能力是民族进步的灵魂,也是企业发展的核心和竞争力的来源。

1. 创新能力

创新能力就是运用知识信息生产出某种新颖而独特、具有社会或个人价值的物质产品或精神产品的能力。简单来讲,创新能力就是一种发明创造的能力。

对常人而言,不论其性别、年龄、民族、出身、地位、学历、职称等如何,都可能具备创新能力,因此都能够进行创新活动。创新就在我们身边,人人都可以成为创新者。

创新能力是指在技术和各种实践活动领域中不断提供具有经济价值、社会价值、生态价值的新思想、新理论、新方法和新发明的能力。市场经济竞争的核心是人才的竞争,当今社会的竞争,与其说是人才的竞争,不如说是人的创造力的竞争。创新能力包括学习能力、分析能力、综合能力、想象能力、批判能力、创造能力、解决问题的能力、实践能力、组织协调能力及整合多种能力的能力等。

2. 创新方法

创新方法有很多种,以下是一些常用的创新方法。

- 设计思维:这是一种以用户为中心的创新方法,通过深入了解用户需求和问题,迭代式地进行观察、洞察、构思、原型制作和测试,以找到创新的解决方案。
- TRIZ理论:TRIZ是俄罗斯的一种创新方法,通过系统性地分析和解决问题,利用创新原理和模式,找到最佳的解决方案。
- 逆向思维:这种方法是从相反的角度思考问题,寻找与传统思维相悖的解决方案。通过逆向思维,可以打破常规思维模式,找到创新的点子。
- 联合创新:这是一种通过与外部合作伙伴共同创新的方法。通过与其他组织、企业或个人合作,共享资源和知识,可以加速创新的过程。
- 敏捷创新:这是一种快速迭代、灵活适应的创新方法。通过将创新过程分解为多个小步骤，快速试错和调整，可以更快地推出创新产品或服务。
- 头脑风暴：这是一种集体创新方法，通过集思广益，鼓励团队成员自由发表各种想法和观点，激发创新的火花。
- 仿生学：这是一种从自然界中获取灵感的创新方法。通过观察和学习自然界中的生物和生态系统，可以找到创新的解决方案。

这些创新方法可以根据具体情况和需求进行选择与应用。创新是一个创造性的过程，我们需要不断尝试和实践，才能找到最适合自己的创新方法。

■ 实训1-3 创新方法实训

任务描述：创新的方法非常多，如逆向思维、设计思维、仿生学等。同学们临时分组讨论自己曾经使用过的创新方法，说一说这些方法给自己的生活和学习带来了哪些帮助。

任务实施：请将讨论后的认识记录下来，填在表 1-3 内。

表1-3 创新方法记录表

序号	实施步骤	实施内容	备注
1			
2			
3			
4			
5			

1.2 认识创业

大学生创业是一个既充满挑战又蕴含无限机遇的过程。在这个过程中，大学生通过深入挖掘创意与创新、有效整合资源、强化团队合作及积极获取专业指导，已具备了一定的优势和条件来进行创业活动。此外，在创业过程中，大学生也要不断学习和成长，不断调整策略和适应市场变化，为自己的创业道路铺就成功的基石。

1.2.1 创业的基本概念

创业是一个充满挑战和机遇的过程，需要创业者具备创新思维、市场洞察力、领导力及财务管理能力等综合素质和能力。同时，创业也需要有良好的团队合作精神和沟通能力，以实现资源的有效整合和企业的高效运营。

1. 创业的概念

《现代汉语词典》对"创业"的解释是：创办事业。而"事业"是指人所从事的，具有一定目标、规模和系统并对社会发展有影响的经济活动。《辞海》对"创业"的解释是：创立基业，"基业"是指事业的基础。由此可见，创办事业是创业的本质。

创业是指个人或团队基于自己的创新理念、商业计划和资源，创立新的企业或组织，并承担风险，从事商业活动的过程。

2. 创业的分类

在创业领域中，分类和类型是两个相关但不完全相同的概念。分类通常是将不同的创业项目或企业按照相似的特征或属性进行划分，以便更好地理解和研究。它是一种将创业领域进行整体性划分和归类的方法，如按照行业、目标市场、创新或资金来源等对创业进行分类。类型则更侧重于描述创业项目或企业的具体性质和特点。它更多地关注创业项目或企业在商业模式、产品或服务类型、运营方式等方面的差异，如制造业创业、技术创业、环保与可持续发展创业等可以被看作是不同类型的创业。

创业的意义不仅仅体现在经济层面的财富创造和就业机会，还体现在个人实现、社会问题解决、可持续发展和社会变革等方面。创业者通过自身努力和创新实践，对个人、社会和经济产生积极影响，为社会的进步和发展做出重要贡献。

1.2.2 创业能力

创业能力不仅是创业者个人素质的体现，更是创业团队的综合素质体现，是一种全面的、综合性的能力，这些能力相互关联和影响。创业者和创业团队只有通过不断学习和实践，才能逐步提高自己的创业能力。

1. 创业能力的概念

创业能力是指一个人或组织在创业过程中所需要的技能、知识、能力和素质。它涉及创业者的创新思维、决策能力、团队合作能力、市场洞察力、风险管理能力、执行力，以及适应环境变化的能力等方面。

2. 大学生必须具备的创业能力

具备以下创业能力可以帮助大学生在创业领域更具竞争力。

- 创新思维：发展创新思维能力，善于发现并解决问题，能提出独特的创业创新点子。
- 商业意识：培养对商业环境和市场的敏感度，了解市场需求和趋势，从中找到商机。
- 团队合作：具备良好的团队合作和沟通能力，能够与不同专业背景的人合作，共同实现创业目标。
- 领导能力：培养一定的领导能力，能够有效地组织和管理团队，解决冲突，并推动团队目标的实现。
- 市场分析：能够进行市场调研和分析，深入了解潜在客户、竞争对手和市场趋势，以制定切实可行的营销策略。
- 财务管理：具备基本的财务知识，能够进行财务规划、预算，合理控制成本和资源利用。
- 沟通与演讲能力：具备良好的沟通和演讲能力，能够清晰地表达自己的创业想法和计划，与投资者、合作伙伴、客户进行有效的沟通与合作。
- 承受压力：具备一定的抗压能力，能够应对创业过程中的挑战与困难，保持积极的心态和坚持不懈的精神。
- 学习能力：具备持续学习的能力，保持对新知识和新技能的积极探索，不断提升自己的创业素养。
- 毅力和决心：具备坚定的毅力和决心，能够迎难而上，坚持不懈地追求自己的创业梦想。

这些创业能力不仅适用于大学生创业，也对其他行业和职业发展都有积极的影响。通过培养和发展这些能力，大学生可以更好地适应竞争激烈的创业环境，并增加在创业中取得成功的机会。

实训1-4 创业机会评估实训

任务描述：创业机会评估是以大学生可以利用的资源为基础，通过分析市场的需求、消费者的痛点，通过传递价值的可能性进行判断。这种判断必须要进行科学、理性、系统的分析，然后再分析项目选择的方向是否正确，能否厘清创业过程中的专业问题，从而深入地评估创业项目的可行性及其价值。

任务实施：请大家以奶茶店或者电子书阅读器行业为目标，判断创业机会的大小，填写如表1-4所示的创业机会评估表。

表1-4 创业机会评估表

序号	指标体系	指标内容	评价分数*	备注
1	行业市场	(1) 市场容易识别，可以带来持续收入 (2) 顾客可以接受产品或服务，愿意为此付费 (3) 产品的附加价值高 (4) 产品对市场的影响力高 (5) 将要开发的产品生命长久 (6) 项目所在的行业是新兴行业，竞争机制不完善 (7) 市场规模大，销售潜力达到0.1亿～10亿元 (8) 市场成长率在30%～50%，甚至更高 (9) 现有厂商的生产能力几乎完全饱和 (10) 拥有低成本的供货商，具有成本优势		
2	预计财务回报	(1) 达到盈亏平衡点所需要的时间在1.5年以下 (2) 盈亏平衡点不会逐渐提高 (3) 投资回报率在25%以上 (4) 项目对资金的要求不是很大，能够获得融资 (5) 销售额的年增长率高于15% (6) 有良好的现金流量，应占到销售额的20%～30% (7) 能获得持久的毛利，毛利率要在40%以上 (8) 能获得持久的税后利润，税后利润率要超过10% (9) 资产集中程度低，运营资金不多，但逐渐增加 (10) 研究开发工作对资金的要求不高		

(续表)

序号	指标体系	指标内容	评价分数*	备注
3	创业团队	(1) 个人目标与创业活动相符合 (2) 创业者可以做到在有限的风险下实现成功 (3) 创业者能接受薪水减少等损失 (4) 创业者渴望进行创业的生活方式，而不只是赚钱 (5) 创业者可以承受适当的风险 (6) 创业者在压力下状态依然良好 (7) 创业者团队是一个优秀管理者的组合 (8) 行业和技术经验达到了本行业内的最高水平 (9) 管理团队具有相应的专业知识 (10) 管理团队知道自己缺乏哪方面的知识		
4	竞争优势	(1) 固定成本和可变成本低 (2) 对成本、价格和销售的控制较高 (3) 已经获得或可以获得对专利所有权的保护 (4) 竞争对手尚未觉醒，竞争较弱 (5) 拥有专利或具有某种独占性 (6) 拥有发展良好的网络关系，容易获得合同 (7) 拥有杰出的关键人员和管理团队 (8) 在客户服务管理方面有很好的服务理念 (9) 所创办的事业顺应时代潮流 (10) 能够允许失败		
5	总分			

*：评价分数为 0 或 1。当判断为"是"时，为 1 分；当判断为"否"时，为 0 分。当总分在 28 分以上时，表示该创业机会成功率较高。

1.3 大学生双创比赛活动

当前，全球双创教育呈现出快速发展的趋势。各国政府、高校和企业都在积极推动创新创业教育和实践，以培养更多的创新人才和促进经济发展。例如，美国、英国、德国等发达国家均已建立了较为完善的双创教育体系和生态系统。同时，新兴经济体如中国、印度等也在加速推进双创教育，以实现创新创业带动经济增长和社会进步的目标。

中国发展双创教育既是机遇也是挑战。一方面，中国拥有庞大的市场和资源优势，为创新创业提供了广阔的发展空间；另一方面，中国还需要不断提升双创教育的质量和水平，培养更多的高素质创新人才，以在全球双创竞争中保持领先地位。

1.3.1 大学生双创主要比赛活动介绍

大学生开展双创比赛有利于激发创新精神和创业意识，培养综合能力，孵化和发展创业项目，构建创业生态环境，并能提升就业竞争力。这些因素使得双创比赛成为当代大学生创新创业的重要平台和机遇。

1. 互联网+创新创业大赛

该比赛是一种面向大学生和青年创业团队的竞赛活动，旨在推动互联网技术与创新创业的结合，培养和发现优秀的创新创业项目。比赛通常由高校、科研机构或企业组织举办，涵盖了各个行业和领域。参赛者可以以自己的创意和项目为基础，利用互联网技术，解决现实生活中的问题，并为社会带来价值。参与者需要提交创业计划书或项目简介，并经过初步评审后进入决赛阶段。在决赛中，他们需要进行项目路演、答辩演讲或产品演示等环节，以展示项目的创新性、商业化潜力和可行性。比赛通常会邀请行业专家、投资人和企业家组成评委团队，对参赛项目进行评估和选择。评审标准一般包括市场潜力、商业模式、团队能力和技术创新等方面。优胜的参赛团队可以获得奖金，以及项目孵化、创业指导和资源对接等支持。

2. "挑战杯"中国大学生创业计划竞赛

"挑战杯"是"'挑战杯'全国大学生系列科技学术竞赛"的简称，是由共青团中央委员会、中国科学技术协会、教育部、中华全国学生联合会共同主办的全国性的大学生课外学术实践竞赛。"挑战杯"竞赛在中国共有两个并列项目：一个是"挑战杯"全国大学生课外学术科技作品竞赛(简称"大挑")；另一个是"挑战杯"中国大学生创业计划竞赛(简称"小挑")。这两个项目的全国竞赛交叉轮流开展，每个项目每两年举办一届。一般来说，奇数年举办的为"大挑"，偶数年举办的为"小挑"。

"挑战杯"中国大学生创业计划竞赛(即"小挑")是由共青团中央委员会、教育部、中国科学技术协会、中华全国学生联合会和省级人民政府主办的一项具有导向性、示范性、实践性和群众性的创业交流活动，每两年举办一届。"小挑"比赛借用风险投资的运作模式，要求参赛者组成优势互补的竞赛小组，提出一项具有市场前景的技术、产品或服务，并围绕这一技术、产品或服务，以获得风险投资为目的，完成一份完整、具体、深入的创业计划。

3. 全国大学生电子商务"创新、创意及创业"挑战赛(简称"三创赛")

该比赛旨在鼓励大学生运用电子商务手段，提出创新创意，并开展创业实践，培养学生的创新精神和创业能力。"三创赛"通常由相关政府机构、高校和企业主办，吸引来自全国各地各个高校的大学生参与。比赛内容通常涵盖电子商务创新项目、创新创意方案等多个领域，如电商平台创新、电商应用开发、电商模式创新等。参赛者可以自由组队，在指定时间内完成项目的规划、设计和实施，并提交创新创意方案、商业计划书或项目概述以供评审。比赛的评审一般由专业人士、行业专家、投资人和企业家组成的评委团进行，他们会根据项目的创新性、实用性、商业合理性和可行性来评判和选择优胜者。

"三创赛"优胜者通常会获得奖项和奖金，同时还有机会接受专业创业指导、项目孵化、投融资支持等。比赛还会为优秀的项目提供展示和推广的机会，吸引投资人和合作伙伴的关注，进一步推动项目的商业化发展。

通过参与"三创赛"，大学生能够深入了解电子商务行业，锻炼创新思维和创业能力，拓宽视野，开拓创业机遇。同时，"三创赛"也为电子商务行业注入了新鲜的创意和创新活力，推动了电子商务领域的发展与进步。

1.3.2 提升大学生双创比赛创新性方法

在创业计划大赛中，作品的创新性是获得评委和投资者关注的关键因素。下面将从五个方面探讨如何提高作品的创新性。

1. 发掘痛点

在创业计划大赛中，要提高作品的创新性，首先要了解用户需求和市场竞争情况，找到作品的切入点和盈利模式。作品要能针对性地解决用户面临的实际问题，提供独特的解决方案，同时能够创造商业价值。例如，针对现有健身行业的痛点——高昂的会员费和时间限制，某参赛团队提出了一个全新的健身模式，即利用人工智能技术为用户提供定制化的健身指导和运动计划，节省了用户的时间和费用。

2. 借助新技术

在当今时代，新兴技术和工具已经成为创业的强大驱动力。在创业计划大赛中，借助人工智能、区块链等新技术，可以提高作品的技术含量和可拓展性。例如，借助人工智能技术，某参赛团队开发了一款智能家居控制系统，可以通过语音控制、手机应用程序等方式，实现人们对家居设备的远程控制，提高生活的便利性和智能性。

3. 创新业务模式

在创业计划大赛中，尝试开发新型商业模式和产品是提高作品创新性的重要方式。通过深入了解市场需求和消费者行为，参赛团队可以突破原有的业务约束和思维定式，为用户提供更好的服务和体验。例如，某参赛团队提出了一个全新的房屋租赁模式，通过与房东和租户签订智能合约，实现房屋租赁的线上化和自动化管理，节省了双方的时间和精力。

4. 打造全新体验

在当今市场竞争激烈的时代，提高作品的用户友好度和易用性至关重要。通过数字化和场景化的手段，可以重构用户界面和交互体验，使用户更加便捷地使用作品提供的功能。例如，某参赛团队开发了一款智能语音助手，通过自然语言处理技术，实现与用户的对话互动，帮助用户完成各种任务，提高工作和学习效率。

5. 重新定义市场

在创业计划大赛中，重新定义市场也是提高作品创新性的关键。参赛团队需要探索市场需求和消费者行为，发现新的市场机会和发展趋势，创新作品的营销策略和渠道布局，引导作品走向市场。例如，某参赛团队针对现有出行市场的痛点，提出了一个全新的共享出行模式，通过智能匹配、共享经济等理念，降低出行成本和时间，改善人们的出行体验。

综上所述，提高创业计划大赛中作品的创新性需要从多个方面入手，如发掘痛点、借助新技术、创新业务模式、打造全新体验，以及重新定义市场等方面都是提升作品创新性的关键因素。参赛团队需要综合考虑市场需求、技术趋势和商业价值等因素，创造出更具创新性的作品，以提高在创业计划大赛中的竞争力。

实训1-5　双创活动参与计划

任务描述：大学生双创活动开展得如火如荼，学子们充满了激情和蓬勃朝气。双创活动以创新精神和创业意识为起点，培养学生综合能力，孵化和发展具有创新型基础的创业项目，构建创业的生态环境，着力提升就业的竞争力，这些因素使得大学生们对双创活动的参与度越来越高。以下是我们准备参与的大学生双创活动及其相关计划。

任务实施：请将自己思考后准备的未来三年参与计划填写在表1-5内。

表1-5　双创活动参与计划表

序号	参加双创活动名称	准备实施计划	备注
1			
2			
3			
4			
5			

项目 2　大学生创业者综合创业能力评估

大学生创业者作为一支重要的创业力量，通过技术创新、市场洞察和团队合作等能力，在各个领域推动着社会经济的发展。面对创业过程中的挑战和机遇，大学生创业者需要不断提高自身的素质和能力，善于利用社会和政府提供的支持资源，以实现创业成功和为社会做出更多贡献。因此，大学生创业者对自身创业综合能力的评价就显得尤为重要。

案例引入

大学生李东来自一个普通的农村家庭，他一直以来都对科技创新和创业充满热情。在大学期间，他注意到农村地区的果蔬农药残留问题严重，而现有的果蔬清洗设备又不能很好地解决这一问题。因此，他决定利用这一机会，开发一种能够彻底清除果蔬农药残留的设备。

李东的创业动机主要是出于对农村居民健康问题的关注，以及利用自己所学知识为农村发展做出贡献的决心。他的目标是开发出一种高效、环保、易用的果蔬清洗设备，使农村地区的居民能够放心食用健康的果蔬。

李东找到了志同道合的同学王涛，两人共同组成了一个创业团队。王涛擅长电子技术与机械设备设计，为项目的实施提供了技术支持。同时，李东还联系了一些农业专家和环保专家，请他们提供咨询服务，确保项目的可行性。

在创业过程中，李东与王涛也面临了不少挑战和风险。首先，由于是首次创业，他们在企业管理、财务规划等方面缺乏经验，导致早期出现过一些混乱和失误；其次，市场竞争激烈，如何让自己的产品在市场中脱颖而出，也是一大难题；最后，由于设备研发和试点安装需要投入大量时间和资金成本，他们也曾面临资金短缺的风险。

尽管创业过程中遇到了诸多困难，但李东与王涛始终坚持不懈，不断改进与优化。最终，他们的果蔬农药残留清洗设备取得了显著的成果，不仅提高了果蔬的安全性，还带动了当地经济的发展。同时，这次创业经历也使他们学会了如何在困境中寻找出路，增强了团队合作能力和抗风险能力。

思考：
1. 大学生创业者面临哪些困难？

2. 大学生创业者会获得哪些支持？

2.1 认识大学生创业者

随着社会对创新创业的重视和政策支持，大学生创业者的热情日益高涨。许多大学生都有创业的梦想和渴望，希望通过创业实现自我价值和社会贡献。在创业过程中，他们越来越注重团队合作，通过组建多元化的团队，发挥各自的优势和专长，共同应对挑战和解决问题。尽管大学生创业者充满热情和创造力，但他们也面临着诸多挑战，如缺乏资金、管理经验、市场渠道等。此外，他们还需要面对学校课程的压力和未来就业的不确定性。

2.1.1 大学生创业者

大学生创业者是指在校大学生或毕业期限内的大学生发现某种商业机会，或者掌握某种技术，利用或借用相应的平台或载体，来转化商机或技术，以创造出更多的经济效益和社会效益，并为实现该目标而不断奋斗的人。

大学生创业者需要具有高度责任感和使命感的企业家精神，具备思考、推理与判断能力。大学生创业者主要分布在科技、电商和文创等领域。在科技领域，他们一般会涉及人工智能、大数据及物联网等技术方向，通过创新技术解决方案来开拓市场。在电商领域，大学生创业者一般会涉及电子商务平台、社交电商及跨境电商等方向，通过互联网手段实现商业变现。在文创领域，大学生创业者则一般会涉及文化、艺术、娱乐和教育等方向，通过创新思维及独特视角来提供个性化产品与服务。

大学生创业者尽管具备很多优势，通过创新、团队合作和有效资源整合，也能够实现创业成功，但仍面临着一些挑战，如资金和人脉等。在资金方面，他们可能缺乏足够的启动和运营资金，需要寻求投资者的支持；在人脉方面，他们可能缺乏行业经验和人际关系网络，需要不断拓展人脉资源。为了帮助大学生创业者更好地实践创业，我们开展了创业课程和创业大赛等活动，以便于学生从中学习创业知识和技能。

2.1.2 大学生创业者的基本素养要求

创业者素养是指创业者在创业过程中所表现出来的自身独特的品质和能力，它是随着创业活动的深入而不断提高和逐步完善的。创业者应具备的基本素养能够帮助创业者在充满挑战的创业过程中取得成功，因此其在一定程度上决定了创业企业的成败。然而，对创业者的素养要求还会因个人所处的行业、市场环境，以及特定项目的需求而有所不同。下面是创业者的基本素养要求。

1. 稳定的心理素质

创业者个人的心理条件，由创业者的自我意识、气质、性格、情感及价值观等心理要素构成。这种心理素质主要体现在敢于冒创业风险，不惧怕创业失败，对自己高度自信，能勤俭、吃苦耐劳，有强烈的成功欲望。稳定的心理素质指的是创业者的心理环境非常稳定，包括具有强烈的自主意识、情绪稳定、情感饱满。这样的心理构成要素有助于创业者在瞬息万变的商业中坚守自己的判断和看法，不易被外界左右，是创业者成功所不可或缺的基本素质。

2. 强健的身体素质

身体素质是指身体健康、体力充沛、精力旺盛、思路敏捷。现代小企业的创业与经营是艰苦而复杂的，创业者工作繁忙、时间长、压力大，如果身体不好，必然力不从心，难以承受创业重任。

3. 优秀的人格品质

大学生创业者的人格品质既包含了大学生本身的魅力，也包括了大学生创业者的自觉、坚毅、抗压、自制力强、勇敢果断及自信大方等行为风格，以及具有强烈的社会责任感、事业心和敬业精神。优秀的人格品质是富有吸引力的，能吸引优秀员工的加入，并令追随者仰慕。优秀人格品质表现出的强烈的爱国情怀，敢于担当的社会使命感，符合社会和时代发展的创新精神。这些优秀的人格品质都能够促使他们将所从事的事业推进到更广阔的空间。

4. 灵活的人际关系素质

在创业的道路上会遇到很多人，需要学会与不同的资源合作者进行交往、接触，因此人际关系素质就是创业者必备的素质。在创业的活动中，创业者既需要与投资者、消费者、公众、媒体打交道，又需要与供应商、银行打交道，并且还要与企业内部员工积极沟通。这些交往和沟通是排除各种障碍的关键，所以大学生创业者一定要敢于面向社会，培养自己的社交能力，从而获得一个开放的创业环境。

5. 丰富的文化素养

在创业的过程中，创业者需要与不同的人打交道，而丰富的文化素养可以给自己增添一抹亮色，能够与不同的人群进行交流。创业者必须善于建立本行业的广泛社会网络。密集的行业网络沟通有助于创业者从广泛的社会网络中获取高回报的创业信息。具有广博的知识、创造性的思维、多元化的文化素养，既能够帮助创业者掌握国家的政策法规，做到合规办事，又能够维护自己的合法权益。良好的文化素养有利于创业者了解行业发展的前沿，在细微中察觉到市场风向的转变。

■ 实训2-1 大学生创业者素养自评

任务描述：通过学习创业者应该具备的基本素养要求，结合自己收集的资料及查阅相关的文献，考虑大学生创业者应该具备哪些基本的素质。

任务实施：完成表 2-1 所示的大学生创业者素养自评表内容，同时描述一下你想在未来具备什么样的大学生创业者素质？要成为什么样的人？

表2-1 大学生创业者素养自评表

序号	实施步骤	实施内容	备注
1	你认为创业者应该具备哪些基本素质		
2	说一说你现在具备哪些创业者基本素质		
3	描述一下现在的你具备的基本能力和技能		
4	描述一下未来的你应具备的基本能力和技能		

2.2 大学生创业者综合创业能力评估

随着经济全球化与数字化的发展，创业已成为推动经济发展和社会进步的重要力量。大学生作为社会的新鲜"血液"，拥有丰富的知识和创新思维，对创业充满热情。然而，大学生创业者在创业过程中，往往面临经验不足、资源匮乏等问题。因此，对大学生创业者的综合创业能力进行评估，有助于他们更好地认识自身的优势与不足，提升创业成功的概率。

2.2.1 大学生创业者综合创业能力的评估

创业的前路充满了困难和艰辛，对社会经验不足的大学生来说更是如此。在创业之前，大学生创业者需要对自己的创业综合素质做一个充分的评估，以正确应对创业过程中可能出现的各种困难和艰辛。大学生创业者综合创业能力评估的主要目的是评估他们是否具备成功创业所需的各种能力。下面是评估大学生创业者综合创业能力的基本框架。

1. 大学生创业的基本条件

大学生创业者应具备以下几个基本条件。

(1) 商业洞察力。创业者需要具备敏锐的商业洞察力，能够发现市场机会并判断市场需求。他们需要了解行业趋势，对消费者需求有深入的了解，并能够制定相应的商业策略。

(2) 决策能力。创业者需要具备决策能力，能够在复杂的环境中做出明智的决策。这包括分析风险和机会、制定合理的决策策略，以及在压力下保持冷静和专注。

(3) 持续学习能力。创业者需要具备持续学习的能力，能够不断学习和掌握新的知识与技能，以适应不断变化的市场环境。这包括阅读相关书籍、参加培训课程及参加行业交流活动等。

测试一：大学生创业者的基本条件

每个题目只有"是"与"否"的回答，回答"是"得1分，回答"否"则得0分。

(1) 你的父母、近亲、好朋友中间有没有创业成功的人？

(2) 在你的成长过程中，家里有没有做买卖的经历或经验？

(3) 你幼时有没有自食其力，如靠打工、摆摊赚钱的经历？

(4) 你在学校的成绩是否出色？
(5) 你在学校里是否合群？
(6) 你在学校是否因行为不合规范常挨批评？
(7) 你是否会对长期做同一份工作感到乏味？
(8) 你是否认为如果有机会你会比上司做得更好？
(9) 你是否宁愿自己打球胜过看球？
(10) 你是否对非小说类的书籍比对小说类更感兴趣？
(11) 你有没有被解雇或被迫辞职的经历？
(12) 你是否倾向于说干就干，而不是再三盘算计划后再做？
(13) 你有没有常为工作或个人问题而失眠？
(14) 你是否认为自己是一个有决断力、较实际的人？
(15) 你是否会积极参加集体活动？

现在请计算总分：_____。

测评分析如下。

如果你的分数是 12 分或以上，但现在还没有进行创业，那么你的创业倾向是不明显的；如果你的分数低于 12 分但已创立了自己的事业，则你的创业倾向是很明显的。

测试资料来源：张建安、冯晖、夏泓. 大学生创新创业. 北京：中国传媒大学出版社，2022.

2. 大学生创业的性格能力

大学生创业应具备以下几项性格能力。

(1) 领导能力。创业者需要具备良好的领导能力，能够带领团队实现目标。这包括建立和维护一个高效的工作环境、激励和指导团队成员，以及在困难时提供支持和解决方案。

(2) 团队协作能力。创业者需要具备良好的团队协作能力，能够与团队成员建立良好的合作关系，共同实现企业目标。这包括建立信任、促进沟通和协调工作，以及激发团队成员的创新和积极性。

测试二：大学生创业者的性格测试

创业是一个充满成就感和诱惑力的词语，但并非每个人都适合走创业这条路。美国创业协会设计出了一份试卷，假如你想对自己有多一分的了解，试一试回答下面的问题。

每个问题都有四个选项，程度从高到低依次排序。

计分规则是选"A"得 4 分，选"B"得 3 分，选"C"得 2 分，选"D"得 1 分。

(1) 在急需做出决策时，你是否会犹豫，想再考虑一下呢？（　　）
A. 经常　　B. 有时　　C. 很少　　D. 从来不

(2) 你是否会优柔寡断并找借口说，要慎重考虑，不能轻易下结论呢？（　　）
A. 经常　　B. 有时　　C. 很少　　D. 从来不

(3) 你是否会为避免冒犯某个或某几个有相当实力的客户而有意回避一些关键性的问题，甚至表现得曲意奉承呢？（　　）
A. 经常　　B. 有时　　C. 很少　　D. 从来不

(4) 你是否无论遇到什么紧急任务,都会先处理自己的日常琐碎事务呢?(　　)
A. 经常　　　B. 有时　　　C. 很少　　　D. 从来不

(5) 你是否非得在巨大的压力下才肯承担重任?(　　)
A. 经常　　　B. 有时　　　C. 很少　　　D. 从来不

(6) 你是否会无力抵御或预防妨碍你完成重要任务的干扰和危机?(　　)
A. 经常　　　B. 有时　　　C. 很少　　　D. 从来不

(7) 你在决定重要的行动和计划时,是否会常常忽视其后果?(　　)
A. 经常　　　B. 有时　　　C. 很少　　　D. 从来不

(8) 当要做出可能不得人心的决策时,你是否会找借口逃避而不敢面对?(　　)
A. 经常　　　B. 有时　　　C. 很少　　　D. 从来不

(9) 你是否总是在晚上才发现有要紧的事没办?(　　)
A. 经常　　　B. 有时　　　C. 很少　　　D. 从来不

(10) 你是否因不愿承担艰巨任务而寻找各种借口?(　　)
A. 经常　　　B. 有时　　　C. 很少　　　D. 从来不

(11) 你是否有常来不及躲避或预防困难的情形发生?(　　)
A. 经常　　　B. 有时　　　C. 很少　　　D. 从来不

(12) 你是否总是拐弯抹角地宣布可能得罪他人的决定?(　　)
A. 经常　　　B. 有时　　　C. 很少　　　D. 从来不

(13) 你喜欢让别人替你做自己不愿做而又不得不做的事吗?(　　)
A. 经常　　　B. 有时　　　C. 很少　　　D. 从来不

现在请计算总分:_____。

测评分析如下。

- 50分以上:说明你的个人素质与创业者相去甚远。
- 40~49分:说明你不算勤勉,应彻底改变拖沓、低效率的缺点,否则创业只会原地踏步,无法取得真正的进展。
- 30~39分:说明你在大多数情形下充满自信,但有时犹豫不决,不过没关系,有时候犹豫也是一种成熟、稳重和深思熟虑的表现。
- 15~29分:说明你是一个高效率的决策者和管理者,更是一个成功的创业者。

3. 大学生创业者的专业素质

大学生创业者应具备以下几个专业素质。

(1) 组织协调能力。创业者需要具备组织协调能力,能够有效地组织和管理企业运营。这包括制定合理的组织结构和流程、确保资源的合理分配和利用,以及管理预算财务。

(2) 市场营销能力。创业者需要具备市场营销能力,能够制定并执行有效的市场推广策略。这包括了解目标市场、制定品牌形象和定位,以及设计和实施营销活动。

(3) 产品创新能力。创业者需要具备产品创新能力,能够根据市场需求和科技发展,不断推出具有竞争力的产品或服务。这包括研发新技术、优化产品设计和功能,以及探索新的市场机会。

大学生创业这条路充满了诱惑，也充满了成就感，但并不是每个人都适合去进行创业。在确定做大学生创业者之前，可以先问自己几个问题，看一看自己是否适合进行创业。假如你想对自己有多一分的了解，试着做一做下面的测试题。

测试三：大学生创业者的专业素质测试

创业是需要专业能力支撑的，并不是所有的人都具有创业的胜任力。这份测试试卷，试着回答一下，看一下自己在创业专业上的胜任力如何。

下列问题，按照程度由低到高依次排列，如果完全不懂，得1分；如果非常清楚地了解，则得5分。

(1) 你知道哪些力量在影响着市场景气吗？具体地说一说，你对经济指标的了解有多少。
(2) 你做计划和预算的能力怎样？
(3) 你对财务管理及控制有何了解？
(4) 你是否能亲自进行日常管理工作？
(5) 你对进货和存货控制的了解程度如何？
(6) 你对市场分析、预测是否在行？
(7) 你认为自己对市场需要哪些产品(或服务)有没有敏锐的感觉？
(8) 你对促销术、广告巡视类的内容了解程度如何？
(9) 你对与员工建立良好的互助关系有没有把握？
(10) 你对定价有多少把握？这需要对客户需求、原料价格、竞争状况有全面的考虑。

现在请计算总分：_____。

测评分析如下。

- 45 分以上：你已有充分准备，可以放手一搏。
- 35~44 分：你可以尝试一下，并就薄弱环节尽快补课。
- 34 分以下：或许你最好再加一把力。例如，找一些书籍自学；针对自己的不足，在他人公司里工作一段时间；或者去修一些课程，包括系统地向个人请教。

测试资料来源：张建安，冯晖，夏泓. 大学生创新创业. 北京：中国传媒大学出版社，2022.

实训2-2　大学生创业者综合创业能力的评估

任务描述：通过资料的收集及查阅相关的文献，使用大学生创业者个人综合创业能力的评价指标体系进行评价。在开始思考初创企业想法之前，你需要清楚地了解自身是否适合经营一家企业。下面请做一个练习，它将帮助你了解一个成功的企业主应当具备的素质，并评价自己经营企业的能力和潜力。在评价中，定性评价和定量评价需要结合，以定量评价为主，撰写创业者创业综合素质个人评价的报告。

任务实施：完成大学生创业者综合创业能力基本项目的评价内容。

A栏和B栏中各有一些表述，哪一个更符合你的情况？

如果A栏中的表述符合你的情况，请在A栏对应的空格中填写"2"。

如果B栏中的表述符合你的情况，请在B栏对应的空格中填写"2"。

由于这些练习只针对个人，它能帮助你评价自己是否具有成功经营企业的技能、经验及素质，因此在自我评价时要诚实，请将评估结果填入表2-2中。

表2-2　大学生创业者综合创业能力评估表

项目名称	A类得分	项目名称	B类得分
1. 承担风险的能力			
我坚信要在生活中前进，就必须冒风险		我不喜欢冒风险，即使有机会得到很大的回报也是这样	
我认为风险中也蕴含机会		如果可以选择，我愿意以最稳妥的方式做事	
我只有在权衡了利弊后才会冒风险		我如果喜欢一个想法，会不计利弊	
即使投资于自己企业的资金亏掉了，我也愿意接受这样的现实		投资于自己企业的资金可能会亏掉，我难以接受这样的现实	
我清楚不是所有的事情都能够完全被控制		哪怕具有掌握权，我仍喜欢完全控制自己做的事情	
总计		总计	
2. 坚韧不拔和处理危机的能力			
即使面对极大的困难，我也不会轻易放弃		如果存在很多困难，真的不值得为某些事去奋斗	
我不会为挫折和失败沮丧太久		挫折和失败对我的影响很大	
我相信自己有能力扭转局势		一个人能自己做的事情是有限的，命运和运气起很大的作用	
如果有人对我说不，我会泰然处之，并会尽最大的努力改变他们的看法		如果有人对我说不，我会感觉很糟，并会放弃这件事	
在危机情况下，我能保持冷静并找出最佳的应对办法		当危机升级时，我会感到慌乱和紧张	
总计		总计	
3. 决策能力			
我能够轻松地做决定		我喜欢做出决定，但我发现做决定很难	
我能自己做出艰难的决定		在做出艰难的决定之前，我会征求很多人的意见和建议	
一旦需要做出决定，我常常能够尽快决定做什么		我尽可能长时间地推迟做决定	
在做决定前，我会认真思考并考虑所有可能的选择		我凭感觉和自觉做出决定，知道眼下要做什么	
不怕犯错，因为我可以从错误中吸取教训		我经常担心会犯错	
总计		总计	
4. 协调家庭、社会和企业的能力			
在企业能够负担的范围内，我从企业里拿出钱来供我和家人使用		家人需要多少钱，我就能从企业里拿出多少钱	

(续表)

项目名称	A类得分	项目名称	B类得分
4. 协调家庭、社会和企业的能力			
如果我的朋友或家人有经济困难，我只会将预留给自己的钱拿来帮助他们，不会从企业中拿钱		如果我的朋友或家人有经济困难，我将帮助他们，即使这样可能会损害我的企业	
我不能将大量的工作时间花在家人和社会义务上，而忽略我的企业		家人和社会义务高于企业	
我的家人和朋友将与其他顾客一样，为我的产品服务或在使用企业的资产时付钱		我的家人和朋友将在我的企业中得到特殊的好处和服务	
我不会因为他们是我的家人或朋友就赊账		我会常常让我的朋友或家人赊账	
总计		总计	
5. 获得家庭支持的能力			
如果企业的决定将对家人产生影响，我会让家人参与决定		我不会让家人参与对他们有影响的企业决定	
因为对企业的全心投入让我不能花很多时间和家人在一起，我的家人会理解		因为对企业的全心投入让我不能花很多时间和家人在一起，他们会感到不快	
如果我的企业在开始时不是很成功，并且给家里人带来了经济上的困难，我的家人都愿意忍受		在创业之初，如果我的企业经营不是很成功，并且给家里人带来经济困难，我的家人会十分生气	
我的家人愿意帮助我克服企业出现的困难		我的家人可能不愿意或没有能力帮助我解决企业的困难	
我的家人认为我创办企业是一个好主意		我的家人为我创办企业感到担心	
总计		总计	

你的得分：通过表 2-2 的练习，能够评估你在企业经营方面的强项和弱项。通常，很多人不适合自己创办企业，他们具备其他的能力和素质，而这些能力和素质使其更适合做医生、秘书、艺术家、技师或教师。请选择并标出符合自己情况的表述，分别将 A 栏和 B 栏中的得分相加，然后将这些分数填入表 2-3 中。

如果你的 A 栏得分为 6～10 分，说明你的这些方面的能力和素质是强项，请在"强"下面画"√"；如果你的 A 栏得分为 0～4 分，说明你的这些方面的能力不太强，请在"不太强"下面画"√"；如果你的 B 栏得分为 0～4 分，说明你的这些方面的素质或能力有点弱，请在"不太强"下面画"√"；如果你的 B 栏得分为 6～10 分，说明你的这些方面的素质或能力是强项，请在"强"下面画"√"。

表2-3 大学生创业者综合创业能力汇总表

素质/能力	A	6～10分强	0～4分不太强	B	6～10分强	0～4分不太强
我承担风险的能力						
我具有坚韧不拔和处理危机的能力						

(续表)

素质/能力	A	6~10分强	0~4分不太强	B	6~10分强	0~4分不太强
我的决策能力						
我协调家庭、社会和企业的能力						
我可获得家庭支持的能力						
合计						

表 2-3 所示的大学生创业者综合创业能力汇总表主要从承担风险的能力，具有坚韧不拔和处理危机的能力，决策能力，协调家庭、社会和企业的能力，获得家庭支持的能力五个方面进行着重评估，如果你 B 栏的总分为 25 分或更高，则需要对自己不太强的项加以改进，将不太强的项转变为强项。如果你 B 栏的总分为 25 分或更高，则需要对自己不太强的项加以改进，将不太强的项转变为强项。

如果你缺乏创办企业必备的素质和能力，可以通过以下方法提高自己的企业经营技巧和素质：与企业人士交谈，向他们学习；参加培训班或学习班，接受培训；做成功企业人士的助手或学徒；阅读一些可以帮助自己提高经营技巧的书籍；阅读电子报纸上关于企业的文章，想一想这些企业的问题及解决这些问题的方法；或者考虑找一个能与你取长补短的合伙人，而不是完全依靠自己去创办企业。

面对某种企业情况，人们常常没有太多的经验或实践。如果你 B 栏中的得分很高，则再做一遍该自我评价练习，并尽力理解 B 栏中描述的态度和素质是如何影响企业经营的。在日常工作中，应用 A 栏中描述的能力和素质开发你作为企业家的基本素质。

上述测试资料来源：刘升学，陈善柳，胡杨. 大学生创新创业基础. 成都：电子科技大学出版社，2020.

2.2.2 大学生创业者综合创业能力的提升

大学生创业者综合创业能力的提升要从多个方面入手，通过不断学习、实践和积累经验，逐步提高自己的创业能力，才能在竞争激烈的创业市场中取得成功。建议从以下几个方面进行提升。

(1) 转变传统的创业观念，树立正确的创新创业理念，塑造健全的人格，提升创业的品质。大学生创业者应树立创业是实现"人生价值重要途径"的意识，主动将自己的专业能力、知识技能和创业的工作相结合，将创业作为人生新的追求，通过创业服务更多的消费者，创造更多的就业机会，实现人生的价值。

(2) 能够发挥自身的优势，培养自己坚韧不拔的品格，通过掌握的专业技能及相应的培训拓宽自己的知识面结构。大学生应该结合自己的兴趣爱好和特长，充分发挥自身的优势，培养坚韧不拔的品格。通过专业技能的加持，牢固树立知识积累能够带来创业质变的理念，合理的知识结构和对行业的认知能力有利于大学生看清产业未来发展的方向。

(3) 善于发现商机，培养自己的创新思维，能够通过理论实践提高自己的创新能力。

数字经济时代，企业的长尾效应明显，每个细分领域都可能创造大量的商机。这是一个最好的时代,具有前所未有的机遇,这个时代是工业4.0版本的迭代发展:5G向6G通信迈进,营销的人、货、场发生了空间和时间上的迭代发展,资源不断向消费者的方向配置,物流的配送体系从后置仓发展为前置仓,基于大数据下客户精准营销画像的发展,便捷的移动支付和数字货币,各种商业形态和商业模式的不断迭代更新,都推动了经济更快地发展。另外,公司治理结构变革加速,营销的数字模块化、信息的区块链技术、共享众包等互联网思维都对未来经济产生重大的影响。因此,大学生创业者必须具备大数据思维、创新思维、流量思维、迭代发展思维等。

实训2-3 大学生创业者综合创业能力提高报告

任务描述:根据前述评估测试自身创业能力后,填写大学生综合创业能力提高表。

任务实施:完成表2-4所示的大学生创业者综合创业能力提高表。

表2-4 大学生创业者综合创业能力提高表

序号	我的能力和素质	我将如何在这方面提高	备注
1			
2			
3			

第二篇

策划篇：创新创业项目策划

教学目标

知识目标

- 掌握创业机会的特征，以及创业机会识别的方法；
- 具备构建和管理优秀团队的能力，包括有效的团队组建要点；
- 了解创业计划书构架，理解创业计划书打磨，掌握创业计划书的编写要点；
- 理解创业计划书路演的准备工作，掌握创业计划书的视频介绍及演讲稿的要点。

能力目标

- 具备分析和判断创业机会的能力，包括识别机会的关键要素、分析机会的可行性和可持续性等；
- 具备团队合作和协作精神，以实现团队整体目标和共同利益；
- 具备创业方案计划书写作的能力，理解创业方案计划书的基本要领。

素质目标

- 具备探索精神和解决问题的能力，善于运用各种办法解决临场突发问题；具备批判性思维和决策能力，能够在复杂的市场环境中做出正确的判断和决策；
- 具有较高的文化素养，乐观大方的体态、仪态；具有团队合作精神和良好的人际交往能力，能够有效地与合作伙伴和团队成员进行沟通协调；
- 具备创新意识和创业精神，勇于面对挑战并具备坚定的信念；
- 能够自主学习，按照翻转学习任务单分组分工选题；小组协作编写《创业计划书》，培养创造性思维和多方案解决复杂问题等能力。

思政目标

- 提高创业过程的认知和理解，激发创业热情和兴趣；
- 具有创新意识和创业精神，在实训操作中能够锻炼和提高自己的能力；
- 具有文化自信、高素质表达能力、团队意识和分工协作意识；
- 具有正确的价值观和创业观，强调诚实守信、合作双赢，以及分担责任和可持续发展意识。

项目 3　识别创业机会

创业机会的识别是一个复杂的过程,涉及多个因素的相互影响。先前经验、认知因素、社会关系网络和创造性思维是影响创业机会识别的关键因素。这些因素在创业机会识别过程中相互作用和相互促进,共同影响着创业者的机会识别能力。成功的创业者往往能够将这些因素有机结合起来,整合自身的经验和能力与他人合作,并运用创造性思维准确地识别出潜在的商业机会。综合考虑这些因素,可以提高创业机会识别的准确性和成功率。

案例引入

李强是一名大学生,他对环保与可持续发展极感兴趣并高度关注。在校园生活中,他注意到许多学生并没有重视废纸和塑料等可回收垃圾的分类回收,而是将它们与其他垃圾一同扔掉。这让他感到有必要采取行动,因此决定创业并开设一家专门回收废纸和塑料的公司。

首先,李强寻求校方的支持和合作。他与学校管理部门协商,在校园内设立了回收站,并与学校的清洁工人合作,使得回收废纸和塑料的流程更加便捷。这样一来,学生们只需要将可回收垃圾投放到回收站,而不再需要自行分类和带到指定的回收点。

其次,李强意识到宣传和教育的重要性。为了提高学生对分类回收的意识和参与度,他组织了一支由志愿者和环保爱好者组成的团队,开展了一系列的宣传活动,包括在校园内张贴海报、组织演讲和宣讲会。同时,李强还与学校的环保社团合作,举办废纸和塑料回收的竞赛活动,以及组织一些环保教育的讲座和工作坊。

李强的创业公司不仅是为了回收废纸和塑料,同时还致力于推广环保意识和可持续发展理念。公司通过回收废纸和塑料获得的利润,有一部分用于资助环保教育活动,包括为学校购置环保图书、组织环保讲座与培训,以及支持环保项目和社区活动。

通过李强的努力和团队的合作,同学们逐渐了解了分类回收的重要性,并逐步改变了自己的行为习惯。校园内的废纸和塑料回收得到了明显的增加,为环保事业做出了贡献。

思考:
1. 你认为李强这个创业案例体现了创业机会的哪些特征?
2. 对于大学生创业而言,你认为还有哪些潜在的创业机会?

3.1 创业机会

创业机会是指有吸引力的、较为持久和适时的一种或一组尚未利用的条件或要素,它是创业者开展创业活动的客观条件。创业机会会随着环境的变化而变化,如经济状况的变化、政治法律因素的变化、社会文化因素的变化等。因此,在寻找和识别创业机会时,需要对市场环境、政策法规、社会趋势等进行深入分析。

3.1.1 创业机会及其识别

创业机会具有一定的时效性,创业者需要抓住时机,及时利用创业机会开展创业活动。在识别和寻找创业机会后,创业者需要根据自身条件和资源进行评估与筛选,确定适合自己的创业项目。同时,在开展创业活动的过程中,还需要不断关注市场变化和创业机会的动态,及时调整创业策略,以适应市场的变化和抓住新的商机。

1. 创业机会

什么是创业机会呢?Shane(2005)认为,创业机会是一种复杂的不断变化的情景或条件,在该情景中,技术、经济、政治、社会和人口条件的变化产生了创造新事物的潜力,即机会具有产生经济价值的潜力,并且在它所产生的社会里被认为是值得追求的。也就是说,机会的开发符合现有的法律和道德标准,因此,这个过程不会受到这些标准的阻碍或约束。Venkataraman(1997)将创业机会定义为,能在将来创造目前市场所缺乏的物品或服务的一系列的创意信念和行动。

本书认为,创业机会是指在市场中出现的、具有商业价值的机会,可以为创业者带来经济利益和商业成功。创业机会通常具备独特性和可行性、风险性和可持续性、资源整合、市场与技术的匹配、时间等待性特征等。

2. 创业机会识别方法

识别创业机会的方法有以下几个。

(1) 问题导向。进行市场调研,了解目标市场的需求、趋势和竞争情况。可以通过问卷调查、访谈、观察等方法收集数据和洞察市场;关注存在的问题和痛点,思考如何提供解决方案;观察身边的问题、挑战和不便之处,寻找能够解决或改善的创业机会。

(2) 利用科技、个人经验和技能。关注新的技术和科学进展,思考如何将其应用到商业领域中。了解新的科技趋势,发现能够改变现有行业或创造新市场的机会;根据自身的专业知识、技能和兴趣进行创业机会的识别;思考如何将个人的经验和技能与市场需求结合,提供有价值的产品或服务。

(3) 行业分析和趋势研究。深入研究目标行业的特点、发展趋势和未来预测,了解行业的痛点、机会和变化。运用创新思维和头脑风暴的方法,挖掘潜在的创业机会;思考不同领域的结合或跨界合作,寻找创新的商业模式和价值主张;分析市场的发展趋势、市场规模和增长潜力，评估市场的吸引力和竞争环境。

(4) 顾客洞察和用户反馈。与目标用户互动，了解他们的需求、偏好和痛点。通过用户调研、观察用户行为和反馈等方式，发现创业机会的切入点。

(5) 寻找市场空白和细分市场。发现尚未被充分满足或未被开发的市场空白和细分市场，寻找进入或创造新市场的机会。关注合作和联合创业的机会，与其他创业者、企业或组织合作，共同开发商机和创造价值。

■ 实训3-1　大学生创业项目分析

任务描述：创业机会与商业机会既有联系又有区别。创业机会是一种可行性的创业活动，商业机会则是具有潜力的商业活动。前者强调的是创业者的行动和实施，后者才符合市场投资者、创业者的市场需要和商业利益。

任务实施：请大家从自己的身边观察，看一看自己的兴趣爱好特长、朋友圈和生活环境中，有没有适合创业的项目，设计问卷，进行实地走访，然后根据自己收集的信息进行综合分析，筛选项目，完成表3-1的填写。

表3-1　创业项目分析表

序号	实施目标	实施内容	备注
1	罗列所有可行的创业项目		
2	市场走访		
3	结果反馈		
4	项目比对和结果		

3.1.2　创业机会和商业机会的异同

创业机会和商业机会在某种程度上是相关的，但也存在一些区别。创业机会是商业机会的一种形式，但并不是所有商业机会都是创业机会。创业机会更加强调创新和风险，需要创业者具备开拓精神和创业技巧，通常涉及较大的风险和不确定性。商业机会更加注重市场调研、市场竞争和风险分析，追求稳定的盈利和持续的商业运作，通常更具可预测性和稳定性。

无论是创业者还是企业家，他们都可以从市场发现的机会中获利，只是在方法和侧重点上存在差异。创业机会和商业机会并不是互斥的概念，而是在不同发展阶段具有不同的侧重点。创业机会和商业机会的区别如表3-2所示。

表3-2　创业机会和商业机会的区别

项目	创业机会	商业机会
定义	创业机会强调的是一种可行的商业理念或创业项目	商业机会强调的是一种有商业潜力的商业前景或活动
类型	可以是新的商业创意、产品或服务	可以是创新的产品、服务、商业模式或解决方案

(续表)

项目	创业机会	商业机会
动机	创业者因追求个人成就、自主性和创造力而寻找机会	创业者追求商业利益、市场份额和成功的商业活动
风险	创业机会存在创业风险，包括市场风险和执行风险	商业机会也存在一定风险，包括市场竞争和商业模式失效的风险
目标	创业机会的目标是构建和发展一个新的创业企业	商业机会的目标是利用市场需求获得商业成功
潜力	创业机会使初创企业有潜力成为新的市场领导者或发展成为大型企业	商业机会有潜力带来商业增长、盈利和持续发展

3.2 正确识别和评价创业机会

创业机会通常出现在具有增长潜力的市场或行业中，通过研究市场和行业趋势，可以了解需求、竞争格局和技术发展等信息，从而识别出潜在的商业机会，进而分析消费者需求，找到市场空白和未被满足的需求，为创新和创业提供方向。在识别出创业机会后，需要对商业模式进行评估和测试，分析目标市场、定位、客户群体、渠道和竞争对手等因素，判断项目的盈利潜力和竞争优势，有效整合内外部资源，确保项目的顺利推进。

3.2.1 影响创业机会识别的因素

创业机会的识别是一个复杂的过程，涉及多个因素的相互影响。综合考虑下面这些因素，可以提高创业机会识别的准确性和成功率。

1. 先前经验

个人的先前经验可以为创业机会的识别提供有价值的洞察力。通过之前的工作经历、创业经历或行业专业知识，个人对特定领域或行业的理解更加深入。这使得个人能够从中识别出潜在的商机和市场需求，并将其转化为创业机会。

2. 认知因素

个人的认知因素(如观念、信念、价值观、知觉和识别能力)对创业机会的识别起着重要作用。认知能力强的个人能够更敏锐地察觉潜在机会，发现市场痛点，并将其转化为商业机会。他们具有更好的观察力、问题解决能力和判断力，能够从市场中捕捉到非显性的商业机会。

3. 社会关系网络

个人的社会关系网络可以对创业机会的识别产生积极的影响。广泛、多样化的社交网络能够为个人提供更多的资源和信息，包括市场洞察、业务合作伙伴、投资者和顾问等。通过与各种人员的交流和合作，个人可以获取来自不同领域和背景的见解，拓宽自己的视野，增强识别创业机会的能力。

4. 创造性思维

创造性思维对于发现创业机会至关重要。创业者需要具备开放的思维方式，能够从不同的角度看待问题，并提出独特的解决方案，也能够发现市场和消费者的隐藏需求，并从中发现商业机会。此外，创造性思维能够帮助创业者在识别机会的同时，探索新的市场领域，发展创新的产品或服务。

综合来说，准备充分、保持开放的思维方式、与他人积极合作，并借助先前的经验，有助于创业者更准确地识别潜在的商业机会。

3.2.2 创业机会识别的方法

近年来，我国的经济社会发展进入转型阶段，这一快速变化的过程酝酿了大量创业契机，涌现了大批创业者。迄今，创业者如何成功实现创业的问题日益重要，而创业的核心在于创业机会。创业者对创业机会是否有正确的认识，以及能否理解与把握创业机会的识别，关乎创业能否成功。正确识别创业机会需要一定的市场洞察力和判断力，以下方法和途径可以帮助创业者正确捕捉创业机会。

1. 定位目标市场

明确自己的目标市场，了解市场的需求和趋势是识别商机的基础。通过市场调研、分析数据和与目标客户的沟通，可以了解市场的缺口和机会点。

2. 关注社会趋势和技术变革

社会趋势和技术变革往往会带来新的商机。关注行业的发展动态和未来趋势，特别是与科技、数字化、人工智能等相关的领域，可能会发现一些新的商机。

3. 发现痛点和需求

寻找市场上存在的痛点和需求，这些是商机产生的基础。创业者可以通过与潜在客户的深入交流、市场调研与观察来发现痛点和需求，然后思考如何提供解决方案。

4. 利用自身优势和兴趣

充分发挥自己的优势和兴趣，寻找与之相关的商机。对于某些行业或领域，我们可能具有特殊的知识、技能或资源，可以利用这些优势来创造商机。

5. 观察竞争对手和市场动向

观察竞争对手的表现和市场的动向，有助于识别商机。了解竞争对手的业务模式、产品特点和市场策略，可以发现可能被他们所忽视或他们缺乏优势的领域。

实训3-2　大学生创业项目指标分析

任务描述：大学生创业项目指标分析是大学生进行创业选择时的判断依据。进入具体行业的市场分析，可利用相关指标分析该市场的目标群体，科学、合理地分析市场结构和规模。

任务实施：请大家以实训3-1任务中选择的行业项目为目标，判断该行业项目实施的可能性。总分为100分，同学们根据讨论的结果，最终完成表3-3的评分，给出该行业项目实施机会的大小，若得分超过70分，则实施成功的可能性较大。

表3-3　创业项目评分分析表

序号	指标体系	指标内容	分数	评分	备注
1	市场定位	一个好的创业机会，必然具有特定的市场定位，既能专注于满足顾客需求，同时又能为顾客带来增值的效果	25		
2	市场结构	针对创业机会的市场结构进行5项分析，包括：进入障碍，供货商、顾客，经销商的谈判力量，替代性竞争产品的威胁，以及市场内部竞争的激烈程度	20		
3	市场规模	市场规模大小与成长速度也是影响新企业成败的重要因素。一般而言，市场规模大者，进入障碍相对较低，市场竞争激烈程度也会略为下降	20		
4	市场渗透率	对于一个具有巨大市场潜力的创业机会，市场渗透力评估将会是一项非常重要的影响因素	15		
5	市场占有率	从创业机会预期可取得的市场占有率目标，可以显示该新创公司未来的市场竞争力。一般而言，要成为市场的领导者，最少需要拥有20%以上的市场占有率	10		
6	产品成本结构	产品的成本结构也可以反映消费者购买度及新企业的前景	10		
7	总分		100		

3.2.3　创业机会的评价

创业是一项充满风险的活动，因此在选择创业机会时，需要进行全面的评估和分析。创业机会评价是一项复杂的工作，需要综合运用多种评估方法。创业者应该根据自身的情况和项目的特点，选择合适的评估方法，全面分析和评估创业机会，从而制定更有效的创业策略。常用的创业机会评价方法有SWOT分析法、PEST分析法、五力模型分析法、成本效益分析法、市场调研法及阶段性决策方法等。

在每个阶段，机会是否能够超过预设的"通过门槛"，在很大程度上取决于企业家经常面临的制约或限制，如目标回报率、风险偏好、资金、金融资源、个人责任和个人目标等。虽然企业家可能因为某种标准而放弃一个机会，但它又会引起其他个人或团队的注意。

实训3-3　创业项目机会评价实训

任务描述：同学们进一步整理创业项目的具体内容，完善评估创业项目各项前期材料，对行业市场的认知进一步提升和细化。

任务实施：请大家以实训 3-1 任务中选择的行业项目为目标，评估该行业项目的市场评价，完成表 3-4 的填写。

表3-4 创业项目市场机会评价表

序号	实施目标		实施内容	备注
1	市场现状			
2	目标群体			
3	目标市场			
4	市场需求			
5	SWOT分析法	优势		
		劣势		
		机会		
		威胁		
6	PEST分析法	政策		
		经济		
		文化		
		技术		
7	五力模型分析法	供应商		
		潜在竞争者		
		替代品		
		现有竞争者		
		购买者		
8	成本效益分析法	投资成本		
		运营成本		
		预期收益		

项目 4　组建创业团队

优秀的大学生创业团队对初创企业员工有着极大的鼓舞作用，特别是创业团队优秀先进的理念是取得成功的首要因素，甚至在社会上产生影响时，企业员工就会产生强烈的荣誉感和自豪感，此时，他们会加倍努力，用自己的实际行动来维护企业的荣誉和形象。

案例引入

刘东、周红和王涛是大学生，他们对科技创新和社会问题的解决充满热情。他们意识到校园内存在学生在集体宿舍中难以找到适合学习空间的问题。于是，他们决定创业，组建了一支创业团队，致力于设计和建设学生社交与学习空间的解决方案。

刘东是一名计算机科学专业的学生，他拥有丰富的软件开发经验。周红是艺术与设计专业的学生，擅长空间规划和室内设计。王涛具备市场营销和团队管理的技能，熟悉用户需求分析和产品推广。

团队开始进行市场调研，了解学生对于社交和学习空间的需求与偏好。通过访谈和调查问卷，他们获得了大量的反馈及数据。基于这些数据，刘东、周红和王涛合作开发了一款社交学习应用，旨在帮助同学们找到适合学习和社交的空间，并提供灵活的预约和分享功能。

在团队成立初期，他们积极寻找合作伙伴和资源支持。他们与学校的管理部门合作，获取了一些校园内闲置空间来作为试点，进行应用功能的测试和验证。同时，他们与一些资助项目和创业加速器合作，获得了一定的资金和指导支持。

团队还注重用户体验和反馈。他们不断与学生用户进行沟通和反馈收集，以便优化应用的功能与界面设计。同时，他们还通过线上与线下的推广活动，积极宣传和推广应用，以吸引更多的学生使用场景及实物空间。

刘东、周红和王涛形成了一个具有多样化技能和专业背景的创业团队。他们相互补充，分工合作，共同努力解决学生社交与学习空间的问题，并以用户为中心不断改进和完善。

思考：

1. 该创业团队中的成员具备哪些特点和技能？
2. 你认为一个成功的创业团队需要具备哪些关键特性？

4.1 创业团队概述

创业团队对于创业项目的成功实施至关重要。通过建立一个共同的愿景和目标、促进协同合作、知识共享和经验交流、互相支持和鼓励,以及共同成长和进步,创业团队可以克服各种挑战和困难,实现创业项目的成功。

4.1.1 创业团队

创业团队直接影响了创业目标的实现,通过建立创业团队,充分利用团队的才能和资源,可以实现更大的成就。同时,创业是一个充满挑战与压力的过程,需要不断做出决策并承担风险,而一个强大的创业团队可以分担这些压力和责任,使创业者能够更好地专注于业务和战略规划。

1. 创业团队的概念

创业团队是指由一群共同分享创业愿景和目标的人组成的团队。该团队通常由创始人和核心团队成员组成,他们共同致力于发展新业务或创新产品,并共同承担创业过程中的风险和责任。创业团队的成员通常拥有不同的专业背景、技能和经验,他们紧密合作,相互补充,以实现共同的创业目标。创业团队的成功与否,在很大程度上取决于团队成员的合作能力、执行力和团队文化等因素。

2. 创业团队的类型

1) 星形创业团队

星形创业团队一般在团队中有一个核心主导人物,充当了领军的角色。这种团队在形成之前,一般是团队的核心主导人物已经有了创业的想法,然后根据自己的设想进行创业团队的组织。这些加入创业团队的成员可能是核心人物以前熟悉的人,也可能是不熟悉的人,他们在企业中更多时候是扮演支持者的角色。

2) 网状创业团队

网状创业团队的成员一般在创业之前都有密切的关系,如同学、亲友、同事、朋友等,他们在交往过程中共同认可某创业想法,并就思想达成共识以后,开始共同进行创业,大家根据各自的特点进行自发的组织角色定位。因此,在企业初创时期,各个成员基本上扮演的是协作者或伙伴角色。

3) 虚拟星形创业团队

这种团队是由星形和网状创业团队演化而来的,基本上是前两种的中间形态。在这种创业团队中有一个核心人物,但是该核心人物地位的确立是团队成员协商的结果,必须充分考虑其他团队成员的意见,不如星形创业团队中的核心人物那样有权威。

4.1.2 创业团队的基本特征

创业团队的组织结构通常比较简单，成员之间有着高度的信任和依赖关系，决策过程通常较快，能够迅速地适应市场变化和抓住机会。他们具有清晰的目标和愿景，往往致力于创新、开创新的市场或解决特定问题。创业团队通常会围绕一个共同的理念或使命来构建他们的团队，其基本特征如下。

1. 具备强烈的创业欲望，良好的团队氛围

如果一个人有强烈的欲望去达成正确的目标和方向，这种品质是值得整个团队去学习的。创业者与普通人的不同之处在于，他们的欲望往往超出了现实，需要打破他们现在的立足点，挣脱眼前的束缚，才能够实现。一个创业团队内部如果拥有良好的团体氛围，则整个群体都会具有做好工作的愿望，同时团队中每个成员都愿意为团队的发展做出贡献。

2. 拥有优秀的团队领袖，成员能力需要互补互促

一个好的团队领导能够凝聚力量。优秀的团队领导会让一个团队目标成为每个人实现自己理想的动力，令每一名参与者都能为之一振，自觉奋斗。只有这样，才能充分调动成员的积极性，全员拧成一股绳。互补既是知识、经验、资源上的互补，也是性格、能力上的互补。团队中的每个人能分别掌管不同的领域，在工作时才能起到事半功倍的效果。

3. 组织的变动性，高效的内部沟通

从短期来看，组织的变动性更多的是会增加创业风险，因为团队资源遭到破坏，创业资本、技术、人才等创业资源有所流失，不利于企业发展。但从长期来看，组织变动和磨合不可避免，在变动过程中可能会形成结构更为合理、共同点更多，且更有力量的创业团队。

内部沟通是企业提高效率和信息资源共享的重要途径之一。通过沟通，企业内部人员能够达成合作和协调上的一致，尽可能快地进行资源再调整；在有效的沟通之下，企业内部的工作效率才能完完全全体现出来。

不同的团队在不同阶段可能会有不同的特征突显出来，这些特征是创业团队成功的基础，但以上特征一般被认为是创业团队所具备的关键要素。

▰ 实训4-1 大学生创业团队特征

任务描述：创业团队是由具有创业愿景和共同目标的成员构成的团队。创业团队通常是由创始人和核心成员所组成，他们有共同的目标，致力于企业新业务或新产品的开拓和创新，为实现团队项目的成功而共同努力。团队成员通常具有不同专业背景、技能和经验，能够紧密协作，互相补充，为实现共同的目标而协同作战。

任务实施： 请大家以实训 3-1 任务中选择的行业项目为目标，思考下列问题。

任务 4-1-1： 思考创业管理团队应该具备哪些特征？

_____
_____
_____

任务 4-1-2： 思考在数字经济时代，组建创业管理团队会面临哪些新机遇？遇到哪些新挑战？

_____
_____
_____
_____

4.2 优秀团队的组建策略

组建一个优秀团队需要注重人才多元化、建立良好的沟通渠道、建立信任和尊重、提供培训和发展机会、制定合理的奖励机制、鼓励创新和改进，以及保持灵活性等。这些有助于提高团队的绩效和竞争力，实现团队的目标和愿景。

4.2.1 创业团队的组建原则

组建创业团队需要仔细规划和充分准备，如明确目标、制订计划、确定角色和职责、寻找合适的团队成员、建立积极的团队文化并持续优化团队结构等。在组建创业团队时，可以考虑以下几个原则。

1. 共同的愿景和价值观

创业团队成员应该共享相同的愿景和价值观，这样可以确保团队成员在决策和行动中保持一致性，并朝着共同的目标努力。团队成员应该是一群志同道合的人，要认可团队的价值观和团队的共同目标。

2. 确立好团队核心人物和优势互补

团队的核心人物是创业团队的"灵魂"，是团队力量的协调者和整合者。在创业之初，由于缺乏了解和实践检验，通常由发起人或大股东暂行创业团队核心人物的职责。优秀的创业团队应该是每个成员各有长处，大家结合在一起正好互补，相得益彰。例如，团队中可能需要具有技术、市场、财务和运营等方面的专业能力的人。

3. 团队文化、持续学习和自我提升

团队文化在创业过程中起到了很重要的作用，它可以影响团队的凝聚力、合作性和创新能力。因此，团队成员应该具备相似的工作态度、价值观和团队理念。团队成员应该拥有持续学习的心态，不断提升自己的技能和知识，以应对不断变化的商业环境和市场竞争。

4. 可信性和可靠性

团队成员之间应该建立起相互信任和信任团队目标的基础。团队成员要有高度的责任心，能够兑现承诺，以保持团队的稳定性和可靠性。

5. 相互合作和沟通

团队成员之间要能够进行有效的合作和良好的沟通，互相支持，分享信息及意见，并能够妥善处理冲突与问题。

6. 弹性和灵活性

创业团队要面对各种挑战和变化，因此团队成员需要具备适应性、灵活性与创新思维，能够快速调整策略及应对市场的变化。

这些原则有助于确保团队的协作效率和成功，但实际上，组建创业团队也需要根据具体的项目需求和实际情况来确定适合的组建原则。

4.2.2 大学生创业团队组建及管理

一个良好的团队是创业成功的关键，要想创业成功，创业者必须在关键部门配置专业人士。那么大学生如何组建一支优秀的创业团队呢？

1. 确立明确的创业发展目标

从企业的生命周期来看，目标对创业动力的影响往往体现在企业发展的两个阶段，分别是初创期和成熟期。尤其在初创期，企业面临巨大的挑战，坚定清晰的目标可以增加创业者信心，更好地克服困难。

2. 正确的团队理念

正确的团队理念对企业员工有着极大的鼓舞作用，特别是团队理念建设取得成功，甚至在社会上产生影响时，企业员工就会产生强烈的荣誉感和自豪感，他们会加倍努力，用自己的实际行动来维护企业的荣誉和形象。

3. 人员分工

团队分工明确，各自负责自己擅长的部分，大家一起努力，利用集体的力量，相互促进、相互帮助，共同取得成功。创业者可以分别从知识经验、能力素养等方面对应聘人员进行基本的了解。STAR法则，即情境(situation)、任务(task)、行动(action)和结果(result)，是一种常用于

面试及工作场合中的技巧，用于有效地回答问题和展示自己的能力和经验。

4. 制度体系

通常，一个好的管理制度体系，可以减轻管理者的工作压力，也可以让员工有很好的自律性。此外，好的制度可以促进公司发展，不好的制度则会让公司走下坡路、打击员工的工作信心，时间长了，就会人去楼空。

5. 团队调整融合

若想让创业团队配合默契，实现良性运转，则需要让团队成员各司其职、各尽所能，而且最重要的是团队成员之间能够做到优势互补，共同提升团队的综合实力。管理者需要掌握团队成员的特点和优势，并将他们放在最能发挥其作用的位置上。

实训4-2　大学生创业团队组建

任务描述：创业项目管理团队的组建原则有很多，包括：优势互补，具有可以信任可靠的团队文化；相互合作沟通，具有弹性和灵活性的团队核心人物，持续学习和自我提升的共同愿景与价值观等，这些都有助于优秀团队的组建。优秀团队的组建和管理能够产生"1+1+1>3"的协同效应，请大家根据实训3-1任务中选择的行业项目来组建各自的创业小组。

任务实施：请各个新组建的创业项目小组思考下列问题。

任务 4-2-1：创业管理团队作为核心团队，一般成员多少为宜？

_____
_____
_____

任务 4-2-2：请查询一些成功创业的公司，了解他们最初的管理团队成员的组成是什么样的？为什么选择这样的团队组成方式？

_____
_____
_____
_____

任务 4-2-3：具体到本项目，请思考需要什么样的核心团队成员，每一位你们选择的管理团队成员在项目中扮演什么样的角色？有没有具体专业、经验和技能的考量？

_____
_____
_____
_____

4.3 创业团队股权结构

设计创业团队的股权结构需要综合考虑团队成员的贡献、公司的长远发展、融资需求等，即确保股权分配既能满足团队成员的利益需求，又能促进公司的稳定发展。

4.3.1 股权结构概述

设计创业团队的股权结构需要综合考虑多个因素，包括团队成员的重要性、投资者的需求、股权激励计划、股权激励池，以及法律合规性等。通过合理的股权结构设计，可以确保创业团队在初期就拥有稳定的股权结构，为公司的长期发展奠定基础。

1. 股权结构

《中华人民共和国民法典》第一百二十五条规定："民事主体依法享有股权和其他投资性权利"，以法律的形式确认了股权的民事权利地位。股权结构是指股东资产在不同股东之间的分布和构成状况，决定了公司的产权控制、决策能力、管理体制和经营效率。有效的股权制度要求股权结构必须合理化，这一点尤其值得大学生创业者予以关注。

股权是指股份公司股票的持有人持有的股票比例，以及根据持股比例所享有的股权权利和股东义务。换言之，基于股东的身份对公司主张的权利，如分红权、表决权等，都是股东权利，也就是股权。股权结构可以按姓名、出资额、股权比例填写。

股权结构直接决定了公司的组织机构和治理结构。因为公司的股权结构决定了公司股东大会的组成，而股东大会作为公司的最高权力机构，可以决定公司的组织架构，如公司董事的名额、董事会的议事规则及董事会的职权等，均可以由股东大会在不违反法律法规的前提下做出具体的决定。随着股份公司股票的转让，持股人在不断发生变化，因此其股权结构也会相应发生变化。股东的股票比例，意味着相应的权益及承担一定责任的权力。

2. 平衡股权结构

平衡股权结构，是指公司的大股东之间的股权比例相当接近，没有其他小股东，或者其他小股东的股权比例极低的情况。这种情况可能会产生股东僵局或公司控制权与利益索取权失衡的问题。

公司管理的重要组成部分就是股权结构的分布，企业的商业模式和经营成效都与企业内部的股权结构离不开关系。股权结构的最终目的就是优化权力分配，使之平衡。

4.3.2 创业团队股权结构设计及分配

创业团队的股权架构设计，决定了公司在随后发展中呈现出的股权布局。如果最初的股权架构就存在先天不足，公司将很难顺利、稳定地成长起来。因此，创业之初，对股权设计应慎之又慎，避免留下巨大隐患和风险。根据相关法律规定，创业公司股权结构包括以下方面。

- 创始人持有公司30%以上的股权较为合适；创始人股权占比最好为30%～40%；联合创始人和员工一起持股30%以上。创始团队控制公司50%以上股权比较合适；创始团队可以争取控制公司66.7%以上的股权。
- 互联网公司用于员工和管理层激励的股份，一般预留10%～15%的股权池；员工持股一般不超过25%。
- 天使轮投资人持股最好不超过20%。

实践中，两个人合伙创业最好的股权比例应该是一大一小，如20%和80%，或者30%和70%。在设计过程中，还应充分考虑到发起人、创业点子、创业资源、早期产品、商标、专利、精力投入、既有经验等因素，计算出最合理的比例，确保股权的稳定性。

在设计股权比例分配方案时，可以按照以下步骤进行。

(1) 先将股权分成两个类别，即资金股权部分和经营管理股权部分。
(2) 对资金股权部分进行计算，确定比例。
(3) 根据每个人在创业团队中担任的职责、做出的贡献，评估经营管理股权。为此，可以设立简单的虚拟股权绩效评价系统，按照职责、岗位来确定分配比例的多少。
(4) 将资金股权与经营管理股权部分合计，计算出不同创业合伙人应得的股权比例。

实训4-3　大学生创业团队股权结构

任务描述：创业初期，创业项目现金流非常有限，每个创业成员能够从公司获得的收益也非常有限，很多时候会考虑给创业管理团队成员一些类似于股权激励计划的奖励。同时，也要对公司的管理团队的初始股权做合理的分配，保证对每个核心团队成员有足够的激励性，能够激发核心团队成员的积极性、创造性和建设性去开拓公司的项目和业务。

任务实施：请创业小组以实训 3-1 任务中选择的行业项目为目标，思考下列问题。

任务 4-3-1：通过文献查询，思考创业管理团队以股权作为激励方式和手段，有哪些具体的操作模式？

_____

_____

任务 4-3-2：思考创业管理团队还有其他的奖励方式吗？创业管理团队如何激励核心管理团队成员的创造性和积极性？

_____

_____

任务 4-3-3：具体到本项目，请思考核心团队的每位成员的股权是如何考量和安排的？初创阶段如何进行创业团队成员的磨合？

_____

_____

项目 5　整合创业资源

创业者需要充分认识并合理利用各种类型和来源的创业资源，通过整合这些资源，帮助他们在竞争激烈的市场环境中实现创业目标，以及企业的长期成功。

案例引入

滴滴出行成立于 2012 年，是中国最大的出行服务提供商之一。该公司通过整合不同类型的交通工具，如出租车、专车、快车、共享单车等，为用户提供便捷、高效的出行服务。创业资源整合如下。

(1) 技术和数据资源。滴滴出行集结了大量的技术和数据资源，包括云计算、大数据、人工智能等。通过分析用户出行数据，他们能够预测和优化出行需求，提供更好的服务。

(2) 资金和投资。滴滴出行在创立初期获得了多轮融资，包括来自腾讯、阿里巴巴等知名投资机构的支持。这些资金帮助他们扩大了业务范围、优化服务和推动创新。

(3) 合作伙伴关系。滴滴出行与多个交通运营公司建立了合作伙伴关系，包括出租车公司、专车公司及共享单车公司等。通过整合不同类型的交通工具，他们提供了多样化的出行选择，以满足不同用户的需求。

(4) 用户和品牌。滴滴出行建立了强大的用户网络和品牌影响力，获得了大量用户的信任和喜爱，并且通过不断提供优质的出行体验来增强品牌形象。

成果与影响如下：

滴滴出行通过创业资源的整合，打造了一个庞大的出行服务平台，在中国及国际市场上获得了巨大成功。其改变了人们的出行方式，提供了更便捷、安全的出行选择，同时也推动了交通拥堵减轻和城市交通规划的优化。

该案例展示了如何通过整合不同的创业资源，包括技术、资金、合作伙伴和用户等，创造出一个全新的商业模式并取得成功。创业资源整合的关键在于寻找和利用各类资源的互补性，使各个资源相互支持和增强，从而打造一个具有竞争力和持续发展能力的企业。

思考：

1. 滴滴出行通过整合创业资源，创造了一个成功的出行服务平台。你认为在其他行业中，哪些创业资源的整合可以带来类似的成功？

2. 对于一个创业者来说，创业资源的整合有哪些挑战和难点？如何应对这些挑战？

5.1 创业者的创业资源

创业者在开始创业之前，需要对自己的创业资源进行全面的理解和分析。创业资源包括有形资源、政策资源和无形资源。其中，有形资源包括资金、设备、场地等，无形资源则包括知识产权、品牌、商誉等。

5.1.1 有形资源

有形资源是指能够看得见并且可以量化的资产。有形资源主要包括财务资源和实物资源，它们是企业经营管理活动的基础，一般都可以通过目前的会计方式来计算其价值。常见的有形资源包括以下几方面。

1. 市场资源

创业者需要了解目标市场的规模和增长趋势，这些将影响企业的发展潜力和机会。创业者应该了解目标市场的细分，即将市场划分为不同的客户群体，以便针对特定的客户需求和偏好进行定位。市场资源的有效利用可以帮助创业企业找到市场机会、建立品牌、吸引目标客户，并在竞争激烈的市场中获得竞争优势。

2. 人力资源

人力资源是创业过程中至关重要的资源，它涵盖了创业者本身的技能与经验，以及合作伙伴或团队成员的专业背景和能力。创业者对于所从事的行业应具备深入的了解，包括行业趋势、市场规模、竞争对手等信息。这种行业知识可以帮助创业者做出正确的业务决策。

3. 物质资源

物质资源在创业过程中扮演着重要的角色，它包括各种物质和实体资产，用于支持创业项目的运营和发展。物质资源主要包括办公设施和设备、原材料和库存、设备和工具、交通工具和物流、技术和信息系统、资产和财产等。

4. 资金资源

资金资源是创业过程中至关重要的资源之一。创业者可以利用自身多年的工作积累或其他来源的储蓄作为初始资金投入创业项目；或者将已拥有的一部分财富，如房产、股票等转化为资金支持创业；或者向家庭成员或亲友借款作为启动资金，这种形式的贷款通常有较灵活的利率和还款条件。

天使投资者是愿意在创业的早期阶段为创业者提供资金和其他资源，并获得一定股权或回报的个人或团队。天使投资者通常在创业者找到初步市场验证并具备一定潜力时进行投资。

风险投资公司和私募股权基金通常在创业项目发展到一定阶段、具备较高增长潜力并需要较大规模资金支持时进行投资。风险投资和私募股权通常以股权投资的形式进入，以获取长期投资回报。风险投资有以下几种。

1) 种子轮投资

种子轮投资是从创业项目的早期阶段开始的投资。风险投资者为初创企业提供资金，帮助企业进行产品开发、市场验证和团队构建等。通常在产品概念和商业模式初步验证阶段进行种子轮投资。

2) A轮投资

A轮投资是在种子轮之后的融资阶段，主要用于初步验证和推动商业模式，进行产品的进一步开发和市场规模扩张。在A轮投资中，风险投资者通常要求创业企业具备初步的市场表现和用户数量。

3) B轮投资

B轮投资是在初步验证成功后的进一步融资阶段。在B轮投资中，创业企业已经取得了一定的市场份额和增长，需要资金来加速扩展业务、进一步优化产品和服务。B轮投资通常用于进一步扩大规模、增强市场份额和提升竞争力。

4) C轮投资及之后

C轮投资及后续的轮次通常发生在企业已经发展壮大并需要进一步扩展的阶段。C轮及之后的投资通常涉及较大规模的资金，并用于进一步拓展市场份额、加速增长、进行国际化扩张或进行收购等战略活动。

此外，还有一种特殊的风险投资类型是Pre-IPO融资，即在公司进行IPO(首次公开募股)之前，风险投资者通过私募方式为企业提供融资。这种融资通常用于支持公司进行IPO准备、增强市场吸引力，以及进行扩张和并购等活动。

创业者还可以向银行申请贷款来获取资金支持，通常需要提供具体的商业计划和还款计划。创业竞赛和创业赛事也是创业者获取资金的一个途径，通过展示项目和业务潜力，赢取奖金与投资机会。

选择合适的资金来源对创业者至关重要，要根据自身的资金需求、阶段和发展计划来策划融资渠道。同时，创业者也要注意合规经营和资金风险管理，以确保合理的资本结构和资金安全。除了资金本身，创业者还应注意获得资金后的良好资金管理和有效使用，以确保资本的长期利用效益。

■ 实训5-1　大学生创业团队融资渠道

任务描述：大学生创业过程中，很多资源都不太容易找寻，其中资金资源是最困难的一种资源，很多大学生创业项目都面临资金严重不足的困境。创业融资的渠道在今天越来越广泛，大学生创业者可以根据项目的具体特点和需求，选择恰当的渠道以获得资金支持，推开创新之窗，打开创业之门。

任务实施：请创业小组以实训3-1任务中选择的行业项目为目标，思考下列问题。

任务 5-1-1：思考创业管理团队在该项目上初步准备选定哪些融资方式？它们各有什么代价？

_____
_____
_____

任务 5-1-2：具体到本项目，请创业项目小组核心团队整理自己的融资打算，填写表 5-1 所示的创业项目融资计划表，梳理融资渠道。

表5-1　创业项目融资计划表

序号	实施目标		实施内容	备注
1	直接投资	自有资金		
		亲属资金		
		朋友资金		
		其他资金		
2	外部借款	银行借款		
		融资租赁		
		抵押借款		
		其他借款		
3	风险投资	种子投资		
		A轮投资		
		B轮投资		
		C轮投资		
4	政府资助	孵化平台		
		创业基金		
		优惠正常		
		其他政策		
5	众筹平台	平台选择		

5.1.2　政策资源

近年来，国家出台了很多鼓励大学生创业的政策和优惠措施。为支持大学生创业，国家和各级政府出台了许多优惠政策，涉及注册公司、融资、税收、创业培训、创业指导等诸多方面。

这些鼓励大学生创业的政策里，有很多有力度的帮扶政策，例如，大学毕业生新办咨询业、信息业、技术服务业的企业或经营单位，经税务部门批准，免征企业所得税两年；新办从事交通运输、邮电通信的企业或经营单位，经税务部门批准，第一年免征企业所得税，第二年减半征收企业所得税；新办从事公用事业、商业、物资业、对外贸易业、旅游业、物流业、仓储业、居民服务业、饮食业、教育文化事业、卫生事业的企业或经营单位，经税务部门批准，免征企业一年的所得税。

此外，我国还有商业银行、股份制银行、城市商业银行和有条件的城市信用社可为自主创业的毕业生提供小额贷款(一般贷款额度在 2 万元左右)，并简化程序，提供开户和结算便利。贷款期限最长为两年，到期确定需延长的，可申请延期一次。贷款利息按照中国人民银行公布的贷款利率确定，担保最高限额为担保基金的 5 倍，期限与贷款期限相同。

政府人事行政部门所属的人才中介服务机构，免费为自主创业毕业生保管人事档案(包括代办社保、职称、档案工资等有关手续)2 年；提供免费查询人才、劳动力供求信息，免费发布招聘广告等服务；适当减免参加人才集市或人才劳务交流活动收费；优惠为创办企业的员工提供一次培训、测评服务。大学生创业的贷款期限为两年，如果确定需要延期，可以按照中国银行公布的利率贷款申请延期。担保最高限额为担保基金的五倍，期限与贷款期限相同。

■ **实训5-2　大学生创业政策学习实训**

任务描述：国家鼓励大学生创新创业，扎根中国大地了解国情、民情，在创新创业中增长才干。请创业项目小组通过查阅资料的方式，找寻一下当地政府出台的鼓励大学生创业的政策要点和优惠措施。

任务实施：根据创业小组查阅的相关资料，将当地政府出台的鼓励大学生创业的政策要点和优惠措施记录在表 5-2 内。

表5-2　大学生创业的政策表

序号	实施步骤	实施内容	备注
1	国家出台鼓励大学生创业的政策要点		
2	你就读城市鼓励大学生创业的政策要点		
3	你准备创业的目标城市鼓励大学生创业的政策要点		

5.1.3　无形资源

无形资源通常指的是无法具体量化的资源，如知识、经验、技能、品牌价值及企业声誉等。这些资源不具有物质形态，因此在财务报表上可能无法体现，但在企业成功中起着至关重要的作用。创业团队的无形资源主要包括以下几方面。

1. 知识资源

知识资源在创业过程中扮演着重要的角色，它涉及创业者对行业和市场的了解，以及专业技能与解决问题的能力。

创业者需要具备相关领域的专业知识，这包括对产品或服务的技术特性、行业标准、制造过程等的了解。创业者既需要培养创新思维和解决问题的能力，以应对市场挑战和推动产品或服务的不断发展；也需要具备创新思维与洞察力，能够发现市场机会和解决问题。创业者应该善于发挥自己的创新能力，从而为市场带来独特的价值和竞争优势。

创业者可以利用互联网搜索引擎与在线社区，寻找相关领域的资源、文献和案例研究；通过学习在线课程和培训，获得专业知识及技能。创业者应不断发展和更新自己的知识资源，使之与市场及行业的发展保持同步，并为企业的创新与发展提供有力的支持。

2. 网络资源

网络资源在创业过程中起到了重要的作用，它涵盖了与人际关系网络、合作伙伴、供应商及创业社群和创业生态系统的联系。

与行业内的专家、企业家建立联系，可以得到他们的建议和指导，分享经验与见解；与投资者建立联系，可以获取资金支持与投资机会，分享创业计划和业绩；与经验丰富的导师和教练建立联系，可以得到他们的指导与支持，提升创业者的能力及思维方式。

加入创客空间和孵化器可以与其他创业者建立联系，分享经验和资源，共同解决问题；融入创业生态系统，与初创企业、投资者、孵化器、创业支持机构等建立联系，可以获取更多的机会和资源支持。

通过社交媒体平台建立个人或企业品牌形象，吸引潜在合作伙伴、客户与投资者，并与他们互动和建立联系。加入相关行业或领域的在线社区与论坛，与其他专业人士交流和讨论，寻求合作及建立专业关系。

与潜在客户和用户互动，了解他们的需求及反馈，改进产品或服务，并建立长期的客户关系。通过在线媒体渠道，如公司网站、博客、电子邮件等，与潜在客户保持沟通，进行品牌推广和市场宣传。

■ 实训5-3　大学生创业团队创业资源

任务描述：大学生创业仍然需要认识并合理地利用各种不同来源的创业资源，将这些资源整合起来，才能帮助大学生在激烈的市场环境中实现自己创业的理想。

任务实施：请创业小组以实训3-1任务中选择的行业项目为目标，思考下列问题。

任务 5-3-1：思考创业管理团队在该项目上最需要的核心资源是什么？自己是否拥有或能控制该核心资源？

_____

_____

_____

任务 5-3-2：具体到本项目，请思考核心团队如果拥有该核心资源，是否考虑进行知识产权的布局，如安排专利申请或软件著作等？请思考核心团队如果未拥有该核心资源，是否有获取它的渠道方式和办法？

_____

_____

_____

5.2 创业资源的整合

在整合创业资源时，应考虑多个维度的资源，包括资金、人力资源、合作伙伴、外部支持等，合理安排和整合这些资源将有助于提高项目的成功率与发展速度。此外，创业者还需要综合考虑资源的可获取性、效能和可持续性，并定期进行资源整合的评估与调整。

5.2.1 确定创业资源的整合规划

在确定创业项目的资源整合规划时，创业者需要评估每个资源类别的具体细节和优先级，根据项目的特点与发展阶段进行规划。这需要综合考虑项目的人力资源需求、资金资源需求、技术与知识需求、市场渠道与销售资源需求、竞争环境、设施设备需求、合规与法律资源需求、合作伙伴与供应商资源需求、财务能力等因素，以确保资源的充分配备和高效利用，为项目的顺利进行提供重要支持。

在整合资源的策略及制订计划时，创业者应综合考虑项目的需求、资源的可获取性和优势，同时注重社交网络与合作伙伴关系的建立。另外，创业者还需确保资源整合的目标与优先级明确，并根据实际情况进行灵活的资源匹配和整合。

创业者需要考虑长期的资源管理和发展，包括保持良好的合作关系、拓展新的资源渠道、持续更新及补充资源等。创业者还应注重人才的培养和团队的发展，以保证企业拥有持久的核心竞争力，从而支持创业项目的可持续发展。

5.2.2 不断优化和调整

通过数据驱动的决策和分析、持续改进和创新、客户反馈和市场调研、协作和团队间的知识分享，创业者不仅能实现不断优化与调整，还能不断提高业务流程及产品或服务的质量，以适应市场变化，提升竞争力。

1. 数据驱动的决策和分析

创业者应采用数据驱动的方法来评估和优化业务流程、产品或服务策略及市场推广等方面。通过收集与分析相关数据，如市场调研数据、用户反馈、销售数据等，创业者可以获得有关业务运作的深入洞察和关键指标。基于这些数据，创业者可以做出明智的决策，及时调整业务策略和优化运营效率。

2. 持续改进和创新

创业者应鼓励团队成员不断寻求改进和创新的机会。这可以通过设立创新团队、组织创意和反馈会议，以及激励措施等方式实现。创业者还可以采用敏捷开发和持续集成等方法，通过小步快试、周期性反馈与调整，逐渐改进产品或服务的功能与性能。

3. 客户反馈和市场调研

创业者应积极收集和分析客户反馈,并进行市场调研,以了解客户需求及市场趋势。通过与客户的密切沟通,创业者可以对产品或服务进行改进,并根据市场需求进行调整。这有助于提高客户满意度、增强市场竞争力和发现新的商机。

4. 协作和团队间的知识分享

创业者应鼓励团队成员之间的知识分享和协作,以促进知识的流动及共享。通过定期的团队会议、经验分享会、内部培训等活动,创业者可以促进不同团队之间的合作和互动,加强团队的协同效应;通过分享成功案例、遇到的挑战及学习心得,团队成员可以相互借鉴和学习,推动整个团队的不断优化与调整。

■ 实训5-4 大学生创业团队创业资源整合

任务描述:大学生创业者在创业时,身边可能会有很多的资源,这些资源有可能是个人的人力资源、专业技能、融资资金、协作伙伴、外部的供应商、产品消费者的反馈等。如何整合、合理安排这些有效的资源,提高项目的成功率和发展速度,是进行大学生创业项目成功的关键。

任务实施:请创业小组以实训 3-1 任务中选择的行业项目为目标,思考下列问题。

任务 5-4-1:创业管理团队在该项目上有哪些资源来自创业管理团队外部和内部?这些资源中哪些是核心的有效资源?

_____

_____

任务 5-4-2:具体到本项目,请核心管理团队思考如何整合自己的内外部有效核心资源,并填写表 5-3,完成有效核心资源的梳理和整理工作。

表5-3 创业项目资源整合表

序号	实施目标		实施内容	备注
1	内部资源	人力资源		
		资金资源		
		设施设备		
		技术知识		
2	外部资源	资金资源		
		市场渠道		
		法律合规		
		合作伙伴		
3	数智资源	消费群体		
		竞争对手		
		市场动态		
		数据驱动		

项目 6　完成大学生创业计划书

在创业的筹备期间，创业工作的基础是创业计划书。创业计划书原本的初衷是为了募集相应的外部资金。随着时代的发展，现在的创业计划书可以针对不同的使用者，在内容上进行不同的调整。总的说来，一份优秀的创业计划书在内容上应该框架完整、清晰明了、逻辑层次清楚，不需要非常艳丽的辞藻或夸张的描述。创业计划书就是一份大学生的创业旅程计划，一段陌生并且充满了未知的新征程；而今天的创业计划书则更像是一份大学生创业线路图，可以用心地去描绘这份壮丽图画。

案例引入

我校第十二届创新创业大赛暨第九届四川省国际"互联网+"大学生创新创业大赛选拔赛于艺术楼举行。职业指导专家担任大赛评委，相关领导莅临现场，各学院指导老师及学生到场参加。

参赛团队各展风采：由夏卿程团队负责的《"舞台作品"创作与编排》项目侧重表演设计，展现新颖独特的风采；由税钰棋团队负责的《拾遗——优秀文化传承者》项目为民族优秀文化注入新的活力；由冯小芙团队负责的《天使念宠》项目意在给宠物一个温馨的家；由孙雨欣团队负责的《悠悠羌调，创意北川》项目主要进行羌族文化手工创新；由伍丽媛团队负责的《青山惠农——绘就乡村振兴特色产业蓝图》项目主要助力乡村振兴；由朱冰彬团队负责的《拾遗——小小非遗年画传承人》项目主打儿童市场，使年画成为潮流；由蒋皓宇团队负责的《"研创未来"劳动研学教育领跑者》项目以劳动为基，关注研学教育；由付梓一团队负责的《岐山村红旅筑梦计划——红色公益共富研学基地》项目走访了当地村民，用红色描绘梦想；由刘治红团队负责的《绿色低碳——深化铅蓄电池翻新之环保意识》项目主要关注产品环保；由龙磊团队负责的《轻出于蓝——苏派非物质文化传承与创新》项目将时尚融入了苏派服饰；由王霖团队负责的《"萝进人间"——科普研学"扶摇"立体种植架》项目既注重了蔬菜种植，又兼具亲情陪伴。

专家评委对每个项目进行提问并指出不足，对参赛团队在展示过程中的共性问题进行综合点评，指明本次选拔赛实质上是一次比赛，不能只有创意，还需落地实践，在讲解过程中应体现技术壁垒，具体呈现出商业模式的生产、目标群体及销售方式三方面，同时还要着重体现"团队各学科的交叉融合""专业知识有什么帮助""创新创业课有什么帮助""创新活动有什么意义"四方面的教育维度。

资料来源：https://www.cdcas.edu.cn/xinwengonggao/xwgg_wlyw/13732/。

思考：
1. 创业计划书的结构是怎样的？
2. 创业计划书应该如何打磨？

6.1 大学生创业计划书架构

"凡事预则立，不预则废。"在大学生初创企业成立前夕，撰写创业计划书为初创企业指引了方向。创业计划书要对初创项目的相关环境、内外影响因素、发展的思路、最终达成的目标进行详细的描述。因此，每一个成功的大学生创业者，都注重了创新，有新颖的产品、独特的服务及新的商业运营模式和商业创新点；或者探索出了新的管理制度、方式和方法，从而在细分市场上获得了相应的成功。所以，每个初创的闪光点都来自细致的计划中，这些都体现在了大学生的创业计划书之内。创业计划书图例如图6-1所示。

图6-1　创业计划书图例

6.1.1 创业计划书的基本内容

对创业的行业市场、产品可行性、资金筹集预算进行认真研判后,就可以开始编制创业计划书。创业计划书最应该包括的内容是创业的背景,创业的动机,创业的规模及预算,创业的资金来源,创业的阶段及目标,创业的产品、营销和财务策略等,这些都会影响创业者是否能寻找到恰当的团队成员、合作伙伴,以及外部战略投资者,以获得恰当的资金投资及政策支持。创业计划书不仅仅是大学生初创企业的战略蓝图,更是吸引外部投资者的重要利器。创业计划书基本格式如表6-1所示。

表6-1 创业计划书的基本格式(范例)

1. 项目执行概要	4.2.1 直接竞争者比较
1.1 项目背景及行业发展痛点	4.2.2 间接竞争者比较
1.2 创始人愿景及团队结构	4.2.3 潜在竞争者比较
1.3 市场前景、市场定位及商业模式	4.2.4 行业替代性分析
1.4 产品需求点及创新点	4.3 目标市场定位
1.5 销售收入预测及融资安排	4.3.1 市场细分
1.6 产品落地性安排	4.3.2 目标市场选择
1.7 社会价值及公司责任	4.3.3 目标市场定位
2. 项目背景及行业发展	4.4 目标市场容量分析
2.1 项目背景	4.5 客户画布
2.1.1 政治环境	4.5.1 客户细分
2.1.2 经济环境	4.5.2 客户关系
2.1.3 技术环境	4.5.3 渠道通路
2.1.4 社会人文环境	4.6 创业资源
2.2 行业发展痛点	4.6.1 核心资源
2.2.1 行业发展痛点1	4.6.2 关键业务
2.2.2 行业发展痛点2	4.6.3 主要合作
3. 创始人愿景及团队结构	4.7 风险及策略
3.1 创始人创业初心及背景	4.7.1 发展机遇
3.2 创业团队组建及专业结构	4.7.2 风险及对策
3.3 专业行业导师和资源合作方	5. 产品需求点及创新点
3.4 公司组织架构及安排	5.1 产品需求及定位分析
3.5 公司股权结构及安排	5.2 产品的技术核心
3.6 公司注册及相关准备	5.3 产品的创新点与功能
3.7 公司中长期远景规划	5.4 产品的品牌定位及商标注册
4. 市场前景、市场定位及商业模式	5.5 产品Logo及价值内涵
4.1 市场前景	5.6 产品的专利布局
4.2 竞争者比较分析	5.7 产品的认证及推广

(续表)

5.7.1 产品的认证	7. 产品落地性安排
5.7.2 产品视觉设计及传播推广	7.1 产品的供应链安排
6. 销售收入预测及融资安排	7.2 产品的生产规划
6.1 销售收入及来源	7.3 产品的营销推广
6.1.1 销售收入预测(3 年)	7.4 人力资源计划
6.1.2 成本费用预测(3 年)	8. 公司责任及社会价值
6.2 成本结构分析	8.1 公司责任
6.2.1 成本费用预测(3 年)	8.2 社会价值
6.2.2 利润预测(3 年)	9. 附录
6.2.3 现金流量预测(3 年)	9.1 公司营业执照
6.3 项目融资及安排	9.2 产品外观及说明书
6.3.1 资金总需求	9.3 软件著作权证书
6.3.2 启动资金预算	9.4 商标
6.3.3 股权融资计划	9.5 专利证书
6.3.4 首轮融资及股权结构设计	9.6 相关认证
6.3.5 融资阶段规划及用途分析	9.7 产品订单合同
6.4 项目价值分析	9.8 现金流水及财务报表
6.4.1 盈亏平衡预测	9.9 相关票据
6.4.2 主要财务指标分析	9.10 其他资料
6.4.3 利润率及投资回报率预测	

在编制创业计划书时，应尽可能回答以下问题。

(1) 项目所处的行业有什么样的痛点？企业的产品或服务能够解决该痛点吗？如何进入该行业？项目为什么能够成功呢？

(2) 所在公司的项目团队成员拥有什么样的优秀品质和过往经验？他们参与项目的动机是什么？管理团队具备哪些优势和劣势？公司的人才战略和激励制度与头部企业相比有优势吗？

(3) 如果项目的产品想在所处行业中成功，必须具备哪些关键性的因素？项目产品是否具备高成长性或成长的潜力？项目产品的优势是什么？如何保证企业产品的销售收入和利润率？预期取得的市场份额，项目如何获得这些市场份额？

(4) 项目的竞争对手主要有谁？与竞争对手相比的优势体现在哪些方面？当项目必须要与最大的竞争对手 PK 时，为什么本公司能够成功？

(5) 公司如果要发展，未来的瓶颈可能有哪些？产品会有替代品吗？市场营销策略中最关键的因素是什么？

(6) 作为投资人，为什么投资贵公司项目而不是别的公司项目？为什么投资你的企业而不是别人的企业？如果投资人要退出项目，有哪些可选的方式？

6.1.2　创业计划书的项目选择

在编写创业计划书时，选择合适的项目非常关键，以下是在创业计划书中进行项目选择时应考虑的几个重要因素。

- 个人兴趣和技能。选择与自己兴趣及技能相关的项目可以提高工作的乐趣和积极性，并增加成功的机会。创业者应考虑自己的专业知识、技术技能和行业经验，选择符合自己兴趣与能力的项目。
- 市场需求和机会。选择一个具有市场需求和增长潜力的项目非常重要。通过市场调研和分析，评估当前市场的需求及竞争情况，确定潜在的机会，选择可以填补市场空缺的项目。
- 可行性和可行性研究。进行可行性研究以评估项目的可行性。需考虑市场规模、竞争环境、技术可行性、资源需求、资金可行性等因素，确保项目在可行性和可持续发展上具备潜力。
- 盈利模式和商业可行性。对盈利模式进行深入研究，思考如何获得利润和持续的商业可行性。需考虑产品/服务定价策略、客户获取和留存成本、销售渠道等，确保项目在商业模式上具备长期可持续的盈利潜力。
- 可行性分析和风险评估。综合评估项目的可行性和风险。需考虑资源投入、市场竞争、法律和监管风险等因素，制定相应的风险管理策略并制订实施计划。
- 可扩展性和增长潜力。选择具有可扩展性的项目，即能够在未来实现规模化和增长的潜力。需考虑市场扩展空间、产品线延伸、新客户群体等，确保项目具备可持续发展和增长的弹性。
- 资源和合作伙伴。评估所需的资源和合作伙伴关系。需考虑项目所需的资金、人力资源、技术支持等方面，并寻找合适的合作伙伴来增强企业的能力和竞争力。
- 社会和环境影响。考虑项目对社会与环境的影响，选择具有积极社会价值和环境可持续性的项目，以满足消费者、投资者及监管机构对社会责任的要求。

综上所述，在选择合适的项目时，需要考虑个人兴趣和技能、市场需求和机会、项目的可行性和盈利潜力、风险评估、可扩展性和增长潜力、资源和合作伙伴、社会和环境影响等因素。通过综合评估不同因素，选择具备潜力和可持续发展的项目。

■ 实训6-1　大学生创业计划书的项目选择

任务描述：针对大学生而言，生活中充满了各种各样的创业机会，但是机会不等于商业机会，即不一定能够最终化为实际的落地项目。例如，在学校教学楼门前，卖包子、油条、豆浆等早餐，这是一种创业机会，但是不能转化为商业机会，因为受学校相关规章制度的限制，教学楼门口不允许进行早餐的销售。因此，请同学们结合自己的兴趣爱好、特长和专长，从身边的需求痛点出发，寻找恰当、合适的可以落地的创业项目，并设计调查问卷，进行实地的市场调查，最后根据收集的信息做好分析和筛选。

任务实施：以大学生创业项目小组为单位，进行项目热度分析和验证，并通过调查收集数据，分析结果并给出最终决策，完成表6-2的填写。

表6-2　创业计划书的项目选择表

序号	实施步骤	实施内容	备注
1	列举准备的创业项目		
2	项目热度分析		
3	市场调查与预测		
4	信效度及结果分析		
5	最终决策		

对实训任务的分析，可以采用微博微信指数等工具进行项目的热度分析。微博微信指数包括综合指数和用户指数。综合指数是根据微博微信近期发布的文章、评论、点赞、转发等互动数据计算出的综合得分，用户指数是根据微博微信号的粉丝数量、关注度和互动数据计算出的综合得分。通过微博微信指数，可以了解该关键词的热度和受关注度，以及其他公众号对其的相关度和影响力等信息。该指数可以通过后台的数据接口或第三方平台进行查询，如图6-2所示。

在进行市场调查与预测时，可以先采用各种网络的调查工具，如问卷星，如图6-3所示，获得原始的数据，再采用SPSS软件对该调查结果进行信效度分析，最后根据小组讨论给出最终的决策。

图6-2　微信指数示意图　　　　图6-3　问卷星首页图

6.1.3　项目核心团队组建

在组建项目核心团队时，需要明确角色和职责，找到合适的人才，确保团队成员的互补性和合作能力。同时，要重视团队文化、沟通和协作，建立稳定性和增长潜力的团队。为了成功推动项目，还要兼顾风险管控和激励机制。

实训6-2 大学生创业计划书的项目核心团队组建

任务描述：大学生在进行团队组建时，除了考虑志同道合、有共同的初心和使命，更要确保大家有共同的任务目标和团队意识，确保心往一处想、劲往一处使，确保团队核心成员人人有事做、事事有人担，每个人都能实施负责部分的决策及建议，并由项目负责人进行项目核心成员的招募。

任务实施：项目由教师组成的评审会通过后，项目负责人即可组建自己的团队。可以向班级其他未立项成员发出邀约，搭建自己的核心团队；同时也可以向专业之外的同学发出邀请，加盟项目团队，保证团队结构和能力与项目匹配。请完成表6-3的填写。

表6-3 核心成员组建表

序号	实施步骤	实施内容	备注
1	项目负责人考虑项目核心团队成员条件		
2	向具备项目要求的成员发出邀约		
3	游说争抢优秀人才加盟项目		
4	搭建组织架构		
5	再次筛选人员，确定最终核心团队		

6.2 创业计划书打磨

创业计划书除了执行概要和附录，一共包括七个方面，如图6-4所示，对于第一次完成大学生创业计划书的团队小伙伴们，有必要认真对这七个方面进行修改和打磨，这是一个不断论证、质疑、再论证的过程。

6.2.1 执行概要的打磨

创业计划书执行概要是创业计划书的重要组成部分，是其下面若干子项目的一个集中摘要，通常包括以下内容：第一个是该创业项目的目标，明确指向该创业项目目标；第二个是实现该目标所必须具备的步骤及人员配备；第三个是实现该目标所能调动的相关资源；第四个是执行该项目的明确时间阶段表。如图6-4所示，项目概要是项目中的七巧板，对应了项目具体实施的七个不同部分，犬牙既相互交错又互为整体。

总之，执行项目概要是一个简明、全面的文档，旨在提供关于项目的关键信息，以便相关各方了解项目的目标和实施计划。

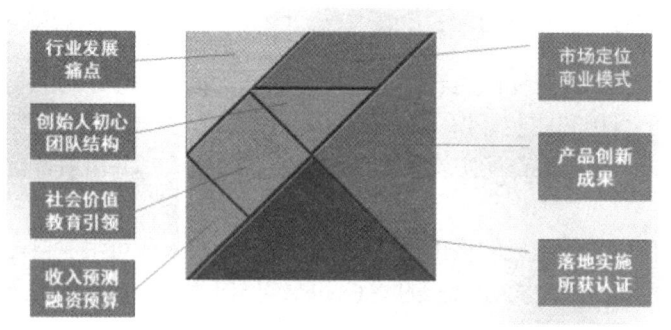

图6-4 项目概要七巧板版图

实训6-3 大学生创业计划书的行业背景分析实训

任务描述：根据选定的项目和核心团队成员的组建，初步完成本次项目执行概要的实训，待全部创业计划书打磨完成后，再形成最终执行概要。

任务实施：项目通过小组讨论完成行业背景可行性分析表填写。

任务6-3-1：请创业管理层完成表6-4所示的行业背景分析判断表。

表6-4 行业背景分析判断表

项目指标	是	否
是新兴产业，不是传统产业		
行业呈地域化分散，而非资源集中化		
行业利好，正在成长而非收缩		
销售的是生活必需品，不是非必需品		
行业处于"蓝海"而非"红海"		
目前具有较高的毛利率		
国家政策是否对该行业有较明确的支持		
行业生命周期是早期阶段，不是后期阶段		
产品或服务解决了行业的痛点，真实顾客会购买		
产品或服务引入市场的时机是否恰当		
产品或服务是否解决了行业问题或填补了市场缺口		
产品或服务是否独立解决了该问题		
项目的关键管理人员是否齐备		
项目是否有政府支持		
企业在关键领域是否有商标权、专利权及计算机软件著作权等知识产权的保护		
项目的关键客户是否签约		
与关键客户能否形成有利的商业合作关系		
在目前的市场中，前5年收入呈现快速的增长		
在合理程度上有确定性的收入和支出能力		
关键客户能够产生稳定的日常性收入来源		

任务 6-3-2：请创业管理层完成表 6-5 所示的行业背景分析表。

表6-5 行业背景分析表

序号	实施步骤	实施内容	备注
1	公司所处行业		
2	公司或项目名称		
3	公司的产品或服务简介		

6.2.2 项目背景及行业发展的打磨

对项目背景及行业发展的打磨可以帮助创业者更好地了解市场、确定产品定位、设计商业模式、预测市场变化并制定合适的战略，从而增加创业成功的可能性。当投资者看到计划书中对行业和项目背景有深入的了解，并且能够清晰地阐述行业的发展趋势和潜在机会时，他们会对创业前景更有信心，认为创业者具备抓住机会并带领企业成功的能力。

1. 项目背景打磨

1) 行业趋势

随着经济的发展和消费升级，人们对于生活品质的要求不断提高，行业呈现出快速增长的态势。同时，政策环境也对企业发展提供了支持，如政府出台的政策鼓励创新创业，为行业发展提供了良好的环境。

2) 市场机会

目前市场中尚存在许多未被满足的需求，如消费者对高品质、个性化产品的追求等。同时，技术的发展也为企业提供了更多的机会，如互联网、大数据、人工智能等技术的应用，可以帮助企业提高生产效率、降低成本、精准营销等。

3) 项目特点

项目应具备创新性强、市场潜力大、商业模式清晰和盈利模式可持续等特点。通过独特的商业模式和创新的营销策略，项目将能够在激烈的市场竞争中脱颖而出，实现快速发展。

2. 行业发展打磨

1) 产业链分析

项目的产业链上游是原材料供应商和设备制造商，中游是产品生产商，下游是消费者。其中，上游原材料供应商和设备制造商的市场规模较大，供应充足，为项目提供了稳定的供应链保障；中游产品生产商的市场竞争激烈，但项目通过创新的生产工艺和独特的产品设计，具有较高的市场竞争力；下游消费者的需求多样化，但项目通过精准营销和个性化定制，能够满足不同消费者的需求。

2) 市场规模

根据市场调研和分析，项目的市场规模要大，且呈现出快速增长的态势。同时，市场中也存在许多未被满足的需求，为项目提供了广阔的市场空间。

3) 竞争格局

若项目所处行业的竞争格局较为激烈，则通过独特的商业模式和创新的营销策略，能够在激烈的市场竞争中脱颖而出。同时，项目还应具有较强的技术实力和人才优势，能够不断提高产品的质量和降低成本，提高市场竞争力。

4) 发展趋势

未来，随着技术的不断进步和消费升级的持续推进，项目应能在所处行业继续保持快速增长的态势。同时，随着人们对生活品质要求的不断提高和个性化需求的不断增长，项目所生产的高品质、个性化产品应具有更大的市场潜力。

实训6-4 大学生创业计划书的项目背景实施

任务描述：根据行业背景的分析，明确了产品所处的行业，也明确了公司项目名称及产品或服务的基本内容。

任务实施：通过创业项目小组讨论，完成表6-6所示的项目背景实施表的填写。

表6-6 项目背景实施表

序号	实施步骤	实施内容	备注
1	本创业项目满足了消费者哪些痛点		
2	本创业项目为什么能进入市场		
3	本创业项目具备的中长期发展前景		

PEST 分析模型是由英国学者格里·约翰逊(Gerry Johnson)与凯万·斯科尔斯(Kevan Scholes)于1999年首次提出的，目前被广泛应用于企业制定重大战略、创业项目立项时分析企业所处宏观环境。PEST 是一种战略分析工具，用于帮助企业分析其外部宏观环境。PEST 分析方法主要涵盖4个关键领域：政治(Politics)、经济(Economy)、社会(Society)和技术(Technology)。

在进行 PEST 分析时，需要收集相关信息并进行综合分析，以便企业能够更好地适应和应对宏观环境的变化。所有这些都是企业的外部环境，一般不受企业自身掌控，但对企业发展与运营又具有非常重要的影响，因此，这些因素也被戏称为"pest(有害物)"。

实训6-5 大学生创业计划书的PEST分析

任务描述：根据选定的项目，分析模拟企业所处宏观环境的影响因素，分别完成企业的PEST分析。

任务实施：通过创业小组讨论，完成表6-7所示的企业项目宏观环境影响因素的分析表。

表6-7 模拟企业PEST分析表

序号	实施步骤	实施内容	备注
1	政治环境		
2	经济环境		
3	社会环境		
4	技术环境		

20世纪80年代,美国旧金山大学的管理学教授海因茨·韦里克(Heinz Weihrich)提出了SWOT分析方法,用于评估一个企业或项目的优势(Strengths)、劣势(Weaknesses)、机会(Opportunities)和威胁(Threats)。该方法自提出后,即获得了广泛认同与应用,经常被用于企业战略制定、创业项目内部分析、竞争对手分析等场合。

SWOT分析的核心要点在于,每个公司的战略必须基于其内部因素(优势和劣势)与外部因素(机遇和威胁)的实际情况而制定,并可进一步细分出SO战略、WO战略、ST战略和WT战略,如表6-8所示。

表6-8 SWOT分析下的四种战略制定

外部因素	内部因素	
	优势(S): 项目内部优势分析	劣势(W): 项目内部劣势分析
机会(O): 项目外部机会分析	SO战略(增长型战略) 依靠内部优势,利用外部机会	WO战略(扭转型战略) 克服内部劣势,利用外部机会
威胁(T): 项目外部威胁分析	ST战略(多种经营型战略) 依靠内部优势,回避外部威胁	WT战略(防御型战略) 克服内部劣势,回避外部威胁

■ 实训6-6 大学生创业计划书的SWOT分析

任务描述:根据选定的项目,分析企业内外部影响因素,分别完成企业的SWOT战略分析。

任务实施:通过创业项目小组讨论,完成表6-9所示的模拟企业战略分析表。

表6-9 模拟企业SWOT战略分析表

序号	实施步骤	实施内容	备注
1	SO战略		
2	WO战略		
3	ST战略		
4	WT战略		

6.2.3 创始人愿景及团队结构的打磨

创业团队的打磨特别适用于大学生创业的早期,从零到一这个阶段。对于大学生创业者来说,创业团队的主要目的是让创业项目尽可能地被执行,同时具备初创企业的指导蓝图与接地气的战略方案的结合。

为什么要考虑大学生创业团队的打磨呢?因为不忘初心,方得始终。一个团队只有一直把握初心,未来的路才能走得长远。创业团队强调成员之间的相互作用,可以帮助团队更好地找到自身定位,更好地成长,这就是团队打磨的真正意义。

大学生组建创业团队,除了千里走单骑,绝大多数的大学生创业团队是与人合伙打天下。那么如何寻找自己创业合作的核心团队伙伴呢?

一个出色的团队应该有团队目标和个人目标,且目标是可行的、可测量的、有实现的。团队中每个成员都应该清楚个人和团队的共同目标,明确各自的角色定位和在组织中的作用。团队的目标就是要创造出比团队成员个人所能创造出的价值总和更多的价值,这也是团队存在的意义。

团队的融合是指个人和团队相互匹配的过程,包括团队及个人能否融入团队,特别是融入团队文化,且个人的意志、能力和公司战略是否相匹配。时间是检验个人的最好标准,通过团队的融合,可以评估个人是否是团队最好的合作伙伴。核心团队成员不同于一般的团队成员,他们是创业初期的核心人员,直接关系到创业的未来。因此,在进行创业核心团队的招募时,应该花更多的精力进行团队核心成员的甄别和筛选。

实训6-7 大学生创业计划书的核心创业团队成员及能力选择分析

任务描述:根据创业项目的要求,特别是所需管理人员的构成与互补,进行团队分析。

任务实施:以创业项目小组为单位,为自己的模拟创业团队成员选人。

任务 6-7-1:请创始人完成表 6-10 所示的核心创业团队成员选择表。

表6-10 核心创业团队成员选择表

序号	实施步骤	实施内容	备注
1	选择核心团队成员的目的		
2	寻找途径		
3	管理模式		
4	团队成员角色分配		
5	完善团队成员的技能		
6	奖惩、激励与退出		

任务 6-7-2:请创始人完成表 6-11 所示的核心创业团队能力分析表。

表6-11 核心创业团队能力分析表

序号	实施步骤		实施内容	备注
1	团队	团队协作能力		
		交流沟通能力		
		学习综合能力		
		独立思考创新能力		
		专业核心能力		
2	成员	团队协作能力		
		交流沟通能力		
		学习综合能力		
		独立思考创新能力		
		专业核心能力		

6.2.4 市场前景、市场定位的打磨

市场前景是指对市场需求、市场趋势、竞争环境、技术发展、政策影响、消费者行为、公司策略和全球经济环境等方面的分析与预测，旨在为企业提供更全面、准确的市场信息及决策依据。

20世纪80年代初，美国哈佛大学教授迈克尔·波特(Michael E. Porter)提出，每个企业所处的行业中都存在着决定竞争规模和程度的五种力量，这五种力量综合起来影响着产业的吸引力及现有企业的竞争战略决策，也称五力分析模型。五力分析模型包括供应商的议价能力、购买者的议价能力、新进入者的威胁、替代品的威胁、同行业竞争者的竞争程度。

■ 实训6-8 大学生创业计划书的竞争对手分析

任务描述：采用五力分析模型，根据模拟企业所处行业对市场竞争情况进行分析。

任务实施：以创业项目小组为单位，完成如表6-12所示的竞争对手分析表。

表6-12 竞争对手分析表

序号	实施步骤	实施内容	备注
1	供应商		
2	购买者		
3	潜在进入者		
4	替代品		
5	现有竞争者		

6.2.5 产品需求点及创新点打磨

产品或服务是每个创业项目较核心、重要的基础，所以在很多创业计划书中介绍该项目的核心产品或服务时，创业团队都会花很多的工夫来介绍产品本身的专利、产品的细节功能，甚至是突出的技术，以此来证明自己的产品是多么的优秀，而往往忽略了产品到底是卖给谁、产品的目标群体有什么样的特征、目标群体在购买产品的时候有着怎样的痛点、消费者背后真正的需求是什么等问题。这些关键问题会被重视，但是在企业执行层面上，往往产品的设计研发和销售环节不一定能一一衔接，所以这就是产品的需求和创新点的打磨要求。

如图6-5所示，好的产品往往具有明确的目标客户群体，真实深刻地了解目标群体的痛点和需要，并将它们提供给目标群体，即消费者往往是具有非常良好的产品或服务体验。

在数字经济时代，可以用到大数据、云计算等工具，帮助企业进行目标群体的画像工作。采用大数据的用户画像是指在传统用户画像的基础上，利用大数据技术对用户数据进行更全面、深入的分析和挖掘，帮助企业更加全面、深入地了解用户需求和行为，形成更加精准、细致的用户形象(如图6-6所示)。通过对大数据的挖掘和分析，初创企业可以更好地把握市场机遇和挑战，制定更精准的经营策略和产品研发方向，从而在激烈的市场竞争中脱颖而出。

图6-5 好产品的基石

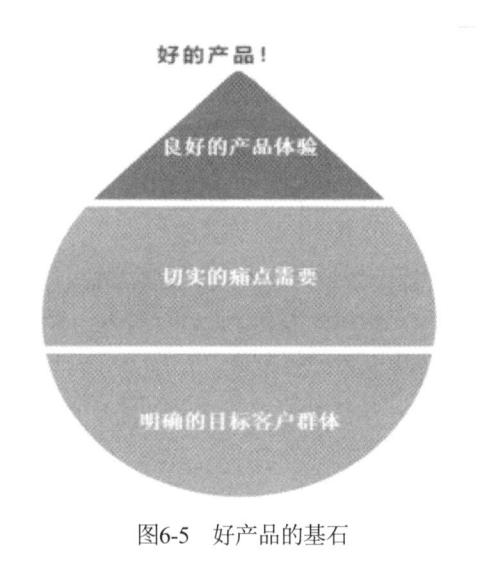

图6-6 用户画像流程图

根据图6-6中的流程，采用数据采集、数据分析工具来画出用户的画像，如图6-7所示。

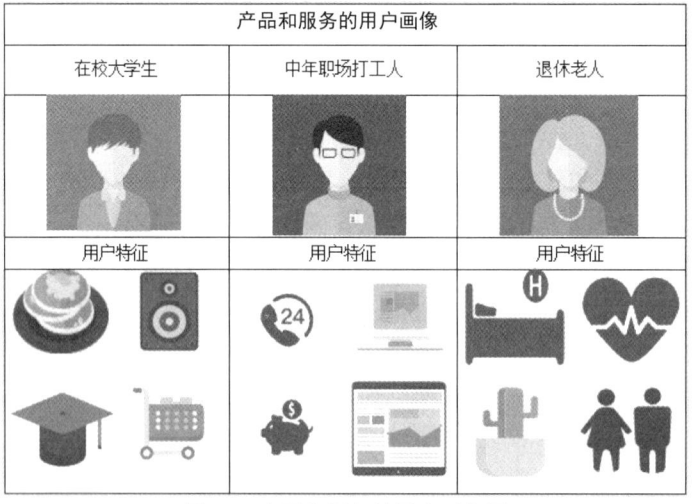

图6-7 产品和服务的用户画像图

　　目标客户是指满足企业产品或服务需求的潜在客户。在定义目标客户时，企业需要通过市场调研、分析竞争对手等方式，确定目标客户群的特征和需求，如年龄、性别、教育程度、职业等。只有明确了目标客户群，才能有针对性地采集和分析数据，进而挖掘潜在客户。

实训6-9　大学生创业计划书的目标客户分析表

任务描述：根据创业项目核心团队对市场目标客户的画像，讨论目标客户群体。
任务实施：以创业项目小组为单位，讨论并填写表 6-13 所示的目标客户分析表。

表6-13　目标客户分析表

序号	实施步骤		实施内容	备注
1	痛点分析	Who?		
2		Where?		
3		When?		
4		What?		
5	需求分析	Why?		

分析瞄准的目标客户群体具体有哪些明确的特征，以方便初创企业进行归纳整理。

实训6-10　大学生创业计划书的目标客户群体特征分析

任务描述：根据创业项目核心团队对市场目标客户的画像，讨论目标客户群体的特征。
任务实施：以创业项目小组为单位，讨论并填写表 6-14 所示的目标客户群体特征分析表。

表6-14　目标客户群体特征分析表

序号	实施步骤	实施内容	备注
1	年龄		
2	购买力		
3	工作状态		
4	时间		
5	性别		
6	购买品种		
7	购买渠道偏好		
8	购买频次		

瑞士的亚历山大·奥斯特瓦德(Alexander Osterwalder)和伊夫·皮尼厄(Yves Pigneur)在《商业模式新生代》一书中提出：商业模式画布是一种工具，可以用来帮助创业者催生创意、降低猜测、确保找对目标用户和合理解决问题，它能够提供灵活多变的计划，满足用户需求，并将商业模式中的元素标准化，强调元素间的相互作用。这是一种通用的商业模型，包括 4 个视角和 9 个模块，基于此他们提出了著名的商业模式画布。此后，这种画布在世界范围内被使用，许多企业发现使用这种精简高效的方法来规划战略和商业模式只需要一页纸，因此商业模式画布得到了广泛传播。

如图 6-8 所示，商业画布共有九个模块。

- 客户细分：了解目标用户的需求、痛点和行为。通过对市场和用户需求的深入理解，为产品设计和营销策略提供依据。

- 价值主张：描述产品或服务的主要特征和优势，以及它们如何满足用户的需求和解决痛点。价值主张应当简洁明了，强调产品或服务的核心价值和差异化竞争优势。
- 分销渠道：描述如何通过不同的渠道和平台将产品或服务传递给目标用户。这包括线上与线下的渠道，以及自有的销售平台和合作伙伴的销售平台。

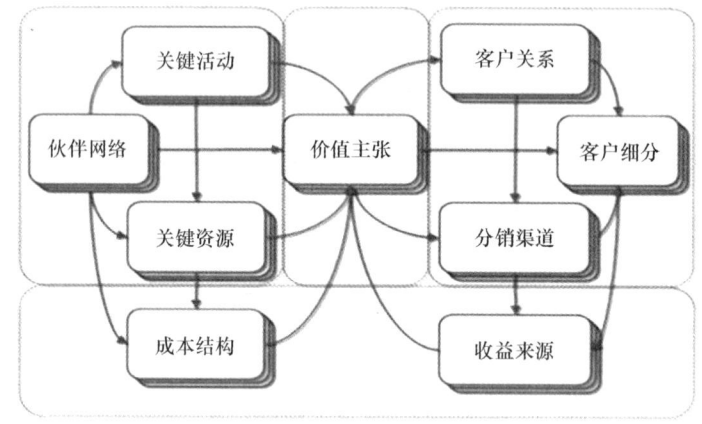

图6-8　商业画布图

- 客户关系：描述如何与目标用户建立和维护关系，包括用户获取、留存及价值提升等方面。通过建立良好的客户关系，可以增强用户黏性，提高用户满意度和忠诚度。
- 收益来源：描述如何合理分配和使用企业的资源，包括人力、物力、财力、技术、品牌及关系等。通过对资源的有效配置，可以提高企业的运营效率，降低成本。
- 伙伴网络：描述与企业的业务模式相关的合作伙伴，包括供应商、渠道商、战略投资者等。与合作伙伴的良好关系可以提高企业的业务效率，并降低风险。
- 关键活动：描述企业最擅长做的事，也就是企业运营中最能带来成功的部分。企业需要不断强化自身的核心能力，以保持竞争优势和持续发展。
- 关键资源：描述企业如何实现盈利，包括收入来源、成本结构和利润率等。关键资源应当与企业的价值主张和业务模式相匹配，以保证企业的长期盈利能力。
- 成本结构：描述为了把事情做成功，企业需要掌握的流程和做好事情的步骤。关键流程应当与企业的业务模式及价值主张相匹配，以保证企业的运营效率和业务成功。

商业模式画布通过严谨系统的流程和工程化的设计步骤来确保最终设计方案的科学性和有效性。商业画布是一种能够帮助大学生创业者厘清创业思路，不胡乱猜测，降低项目风险，确保创业者能够找到真正的目标群体和用户群体，进而合理解决问题的思维工具。商业模式画布能够帮助创业团队催生出创意，确保他们能找到有效的目标用户，合理地解决问题，同时使商业模式具有可视化，能够用统一的商业语言讨论不同的商业领域。

那么如何绘制商业模式画布呢？

商业画布的逻辑来自四个方面，分别是提供什么(参见图6-9)、为谁提供(参见图6-10)、如何提供(参见图6-11)，以及收益、成本分别为多少(参见图6-12)。

步骤1：通过4个视角梳理思路。

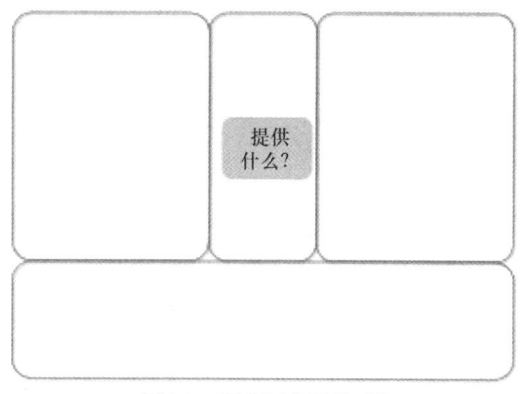

图6-9　商业画布操作1图

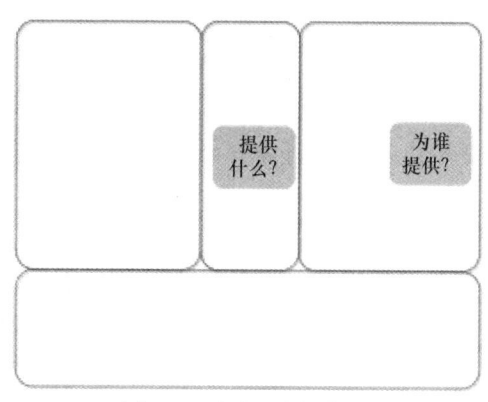

图6-10　商业画布操作2图

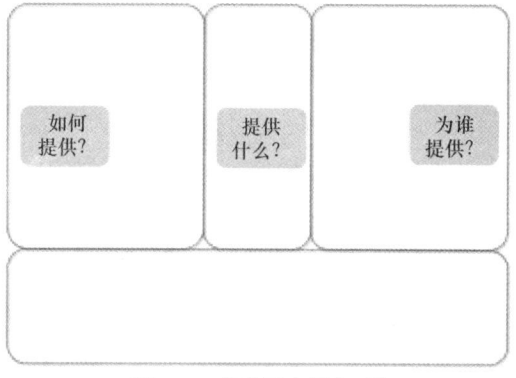

图6-11　商业画布操作3图

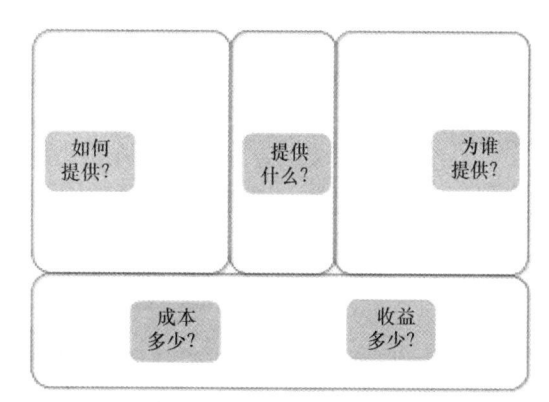

图6-12　商业画布操作4图

根据四个思维流程，站在项目或产品的角度，再来考虑如下问题：
(1) 我们能够帮助谁？我们的目标客户群体是谁(参见图6-13)？
(2) 是怎样帮助目标客户群体，即我们的价值主张(参见图6-14)。

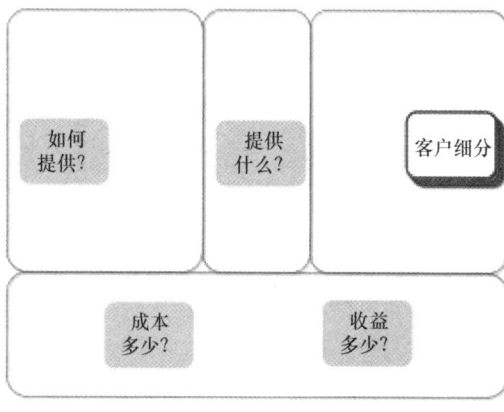

图6-13　商业画布操作5图

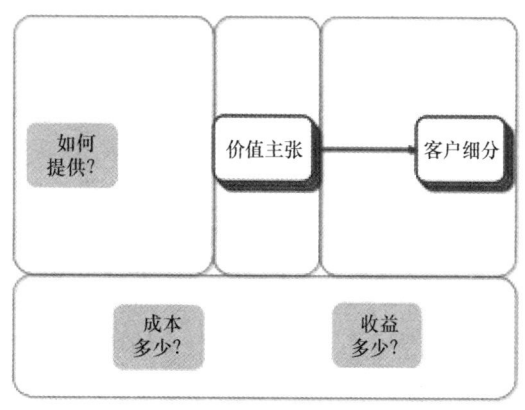

图6-14　商业画布操作6图

(3) 怎样宣传自己，如何提供我们的服务(参见图6-15)？
(4) 我们需要如何通过分销渠道与对方打交道，体现出一种和客户的关系管理(参见图6-16)？
(5) 我们又能得到什么收益呢(参见图6-17)？

(6) 从另一个角度考虑我们是谁(参见图6-17)、我拥有什么东西(参见图6-18)、我们要做什么(参见图 6-19)、谁可以帮助我们(参见图 6-20)，以及最后我得付出什么样的代价才能获得这些收益(参见图6-21)？

步骤2：按上述流程分别画出 9 个构造块。

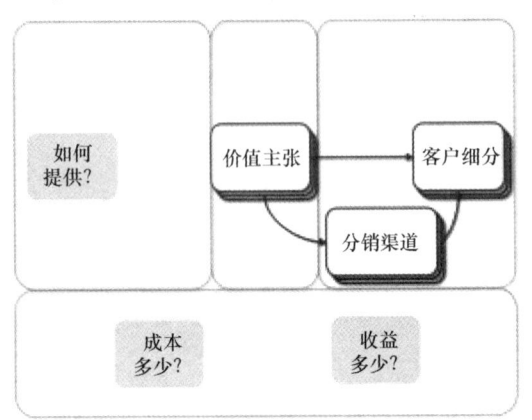

图6-15　商业画布操作7图

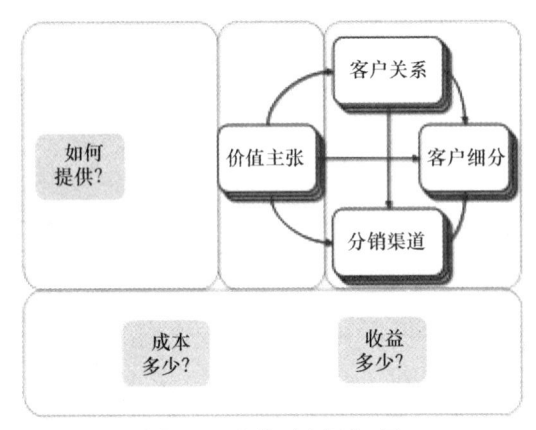

图6-16　商业画布操作8图

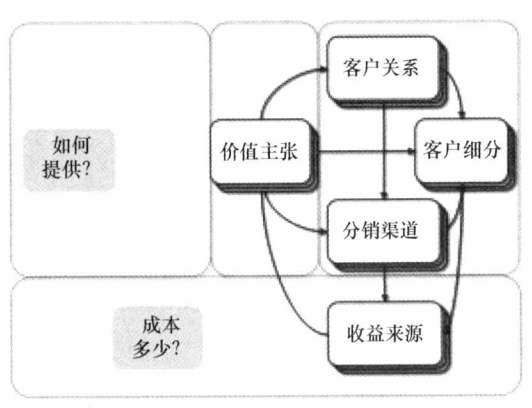

图6-17　商业画布操作9图

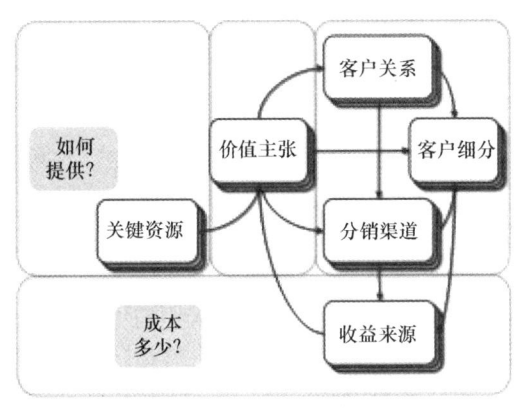

图6-18　商业画布操作10图

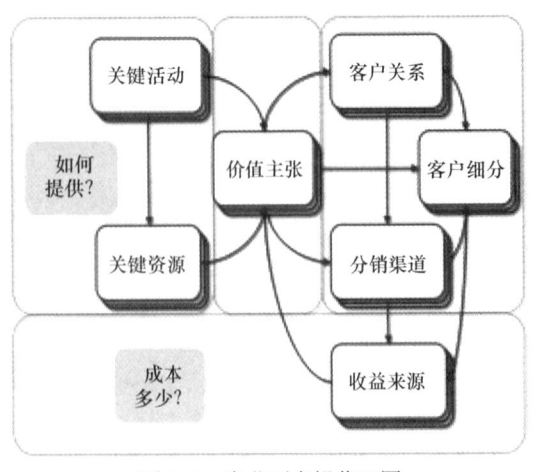

图6-19　商业画布操作11图

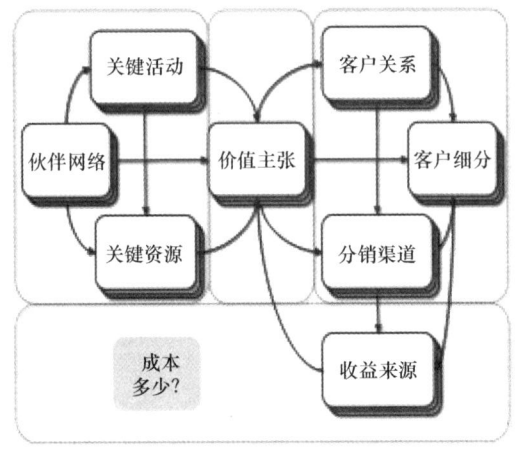

图6-20　商业画布操作12图

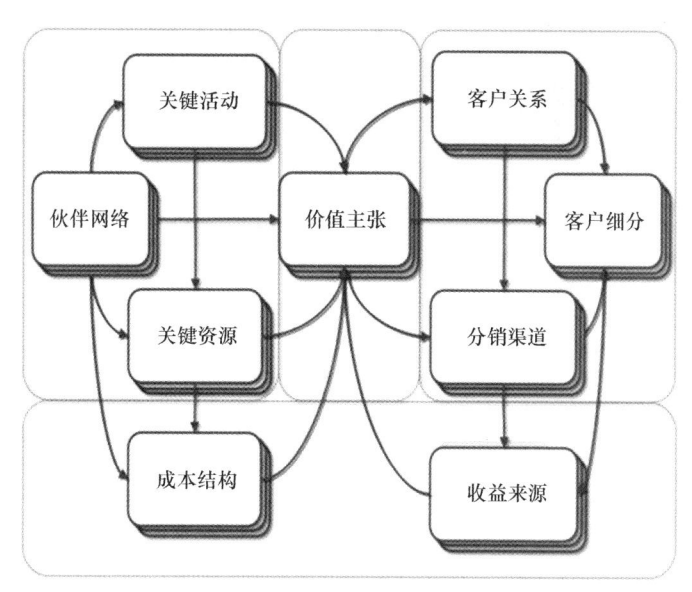

图6-21 商业画布操作13图

实训6-11 大学生创业计划书的商业模式画布

任务描述：根据创业核心团队成员整理的思路，找到真正的目标群体和用户群体，同时帮助创业团队催生出创意，降低猜测，确保能找到有效的目标用户，合理地解决问题。

任务实施：以小组为单位讨论后，填写如表6-15所示的大学生创业团队商业模式画布表，并根据该表格，用便签条将公司的情况贴在图6-22所示的商业模拟画布上。

表6-15 大学生创业团队商业模式画布表

序号	实施步骤		实施内容	备注
1	为谁提供？ (客户细分)	目标客户是谁？ 目标客户画像？ 目标客户有哪些痛点？		
2	提供什么？ (价值主张)	解决目标客户的哪些痛点？ 给目标客户带来哪些价值利益？		
3	如何提供？ (客户关系、分销渠道、关键活动、关键资源、伙伴网络)	如何与目标客户建立联系？产品服务如何送达给目标客户？ 项目有哪些关键业务、核心资源、重要合作？		
4	收入与成本 (收益来源、成本结构)	收益有哪些？ 成本有哪些？ 利润有多少？		

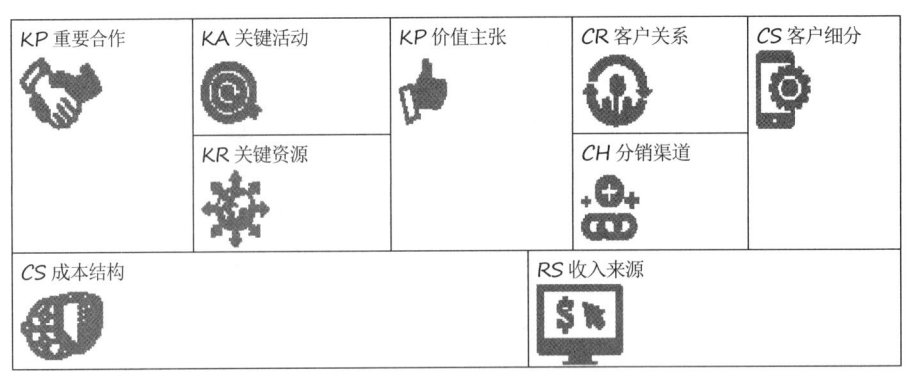

图6-22 标准空白商业画布图

6.2.6 销售收入预测及融资安排的打磨

在撰写创业计划书时,为什么要做财务预算呢?因为投资人不会把钱交给一个没有任何计划和目标的大学生创业者,他们想要知道的是这个创业项目什么时候能够达到收支平衡及什么时候能够获利。那么应该如何进行财务预算呢?首先需要对项目进行整体的财务预算。

大学生创业为什么要考虑融资方案呢?融资方案是大学生创业过程中至关重要的一个环节,因为大学生创业者在进行创业时,通常资金是存在一定的缺口的。而融资能获得必要的资金支持,从而有助于实现创业计划和目标。

值得注意的是,市场风云变幻莫测,所以我们一般预测尽量以三年为界限,不要预测过高或是过于夸大的销售收入,特别是不要给投资者难以置信的利润回报,这样的情况是不足以让投资者信任的,而要带着现实和保守的态度,才能使大学生创业项目获得投资者的认真对待和青睐。大学生初创企业不同发展阶段的主要融资来源如表6-16所示,用不同斜线表示。

表6-16 大学生初创企业不同发展阶段主要融资来源

融资渠道	种子期	萌芽期	成长期	成熟期
创业者				
朋友圈和家庭				
网络众筹				
天使投资				
战略伙伴				
商业银行贷款				
民间信贷融资				
融资租赁				
IPO				
公募债券				
管理层收购				

大学生创业一般为了保证企业在启动阶段业务能够运营正常,大学生创业者需要在业务经

营达到收支平衡前，准备足够的资金以备支付各种费用，这类费用称为启动资金。新企业启动一般来说要准备六个月以上的各种各样的预期费用。因此，创业者应该对所有可能发生的意外情况有所准备，甚至是面对企业运营支出收入为零的窘境。启动资金通常包括固定资产、流动资产及开办费用三大类。

实训6-12 大学生创业计划书的启动资金分析实训

任务描述：根据本项目的实际情况分析各项启动资金及其来源。

任务实施：以创业项目小组为单位讨论，完成大学生创业企业启动资金分析表。

任务6-12-1：请创业管理层完成表6-17所示的大学生核心创业团队启动资金分析表。

表6-17 大学生核心创业团队启动资金分析表

序号		实施步骤	实施内容	备注
1	固定资产	企业用地和建筑物		
		机器设备等(机器、设施设备、工具、车辆、办公家具等)		
2	流动资产	购买并储存原料和成品		
		促销推广(广告、有奖销售、地推、活动表演、赞助等)		
		工资(员工的工资和福利)		
		租金(办公场地、仓库等租金)		
		基础运营费用(电费、水费、交通费、办公用品费等)		
3	开办费	办公费、验资费、注册费、装修费、培训费、技术转让费、营业执照费、加盟费、特许权使用费等		

进行财务预算，要保持以下三年左右的动态核算。

资产负债表的主要要素是初创企业的资产、负债、所有者权益。这三个要素共同构成了资产负债表的基本框架，体现为恒等式：资产=负债+所有者权益。通过对这些要素的核算和披露，可以反映企业的财务状况和经营绩效，为投资者和管理者提供决策参考。

任务6-12-2：请创业管理层完成表6-18所示的创业项目未来三年的预计资产负债表。

表6-18 预计资产负债表

单位：元

项目	2___年	2___年	2___年
流动资产：			
货币资金			
应收账款			
存货			
流动资产合计			
非流动资产：			
固定资产原值			
减：累计折旧			

(续表)

项目	2___年	2___年	2___年
固定资产净值			
非流动资产合计			
资产合计			
负债及所有者权益			
流动负债：			
应付账款			
应付职工薪酬			
应交税费			
负债合计			
股东权益：			
实收资本			
盈余公积			
未分配利润			
所有者权益合计			
负债和所有者权益合计			

利润表是一张反映初创企业在一定会计期间内经营成果的财务报表。它显示了企业在该期间内的收入、费用和利润等关键指标的详细信息。通过这张表，投资者和管理者可以了解初创企业的盈利能力和经营绩效，从而做出相应的投资决策和管理决策。

任务6-12-3：请创业管理层完成表6-19所示的创业项目未来三年的预计利润表。

表6-19 预计利润表

单位：元

项目	2___年	2___年	2___年
一、营业收入			
减：营业成本			
二、营业利润			
减：营业税金及附加			
财务费用			
销售费用			
管理费用			
三、营业利润			
加：营业外收入			
减：营业外支出			
四、利润总额			
减：所得税			
五、净利润			

现金流量表能够全面反映初创企业的现金流情况和财务状况，对于投资者和管理者来说具有非常重要的意义。通过了解这些要素，投资者和管理者可以更好地掌握初创企业的资金流动情况，从而做出更加明智的投资和管理决策。

任务 6-12-4：请创业管理层完成表 6-20 所示的创业项目未来三年的预计现金流量表。

表6-20　预计现金流量表

单位：元

项目	2___年	2___年	2___年
一、经营活动产生的现金流量：			
销售商品、提供劳务收到的现金			
收到的其他与经营活动有关的现金			
现金流入小计			
购买商品、接受劳务支付的现金			
支付给职工及为职工支付的现金			
支付的各项税费			
支付的其他与经营活动有关的现金			
现金流出小计			
经营活动产生的现金流量净额			
二、投资活动产生的现金流量：			
收回投资所收到的现金			
取得投资收益所收到的现金			
处置固定资产、无形资产和其他长期资产所收回的现金净额			
收到的其他与投资活动有关的现金			
现金流入小计			
购买固定资产、无形资产和其他长期资产支付的现金			
投资支付的现金			
支付的其他与投资活动有关的现金			
现金流出小计			
投资活动产生的现金流量净额			
三、筹资活动产生的现金流量：			
吸收投资所收到的现金			
借款所收到的现金			
收到的其他与筹资活动有关的现金			
现金流入小计			
偿还债务所支付的现金			
分配股利、利润或偿付利息所支付的现金			
支付的其他与筹资活动有关的现金			

(续表)

项目	2___年	2___年	2___年
现金流出小计			
筹资活动产生的现金流量净额			
四、汇率变动对现金的影响			
五、现金及现金等价物净增加额			

6.2.7 市场营销策略落地性安排的打磨

市场营销是企业最重要的业务活动。对于营销来说，企业最重要的出口其实在于市场营销能否获得市场的货币选票，以及能否保证企业有源源不断的营收能力。

■ **实训6-13 大学生创业计划书的产品策略分析实训**

任务描述： 根据本项目产品或服务的实际情况分析各项营销策略。

任务实施： 以创业项目小组为单位讨论，完成表6-21所示的市场营销策略分析表。

表6-21 市场营销策略分析表

序号	实施步骤	实施内容	备注
1	产品组合		
2	新产品研发		
3	产品服务		
4	定价因素		
5	定价策略		
6	渠道策略		
7	渠道调整		
8	广告赞助宣传		
9	促销活动		
10	公关管理		
11	其他策略		

6.2.8 公司责任及社会价值的打磨

初创企业的社会责任是指初创企业在追求经济利益的同时，也需要承担起对社会、环境、员工、消费者等各方责任的一种理念。而初创企业的社会价值是评估初创企业发展和社会贡献的重要指标。初创企业应当在实现经济利益的同时，积极履行社会责任，关注员工发展和消费者权益，为社会发展做贡献。

实训6-14　大学生创业计划书的公司价值分析

任务描述：根据本项目的实际情况分析企业的社会价值。

任务实施：以创业项目小组为单位讨论，完成表6-22所示的公司价值分析表。

表6-22　公司价值分析表

序号	实施步骤	实施内容	备注
1	公司使命		
2	公司社会责任		
3	公司社会贡献		
4	公司社会价值		

6.2.9　创业计划书的评价

大学生创业计划书的评价要因使用人不同而采用不同的评价方案。其中最主要的评价是来自外部的项目投资者，他们对项目的评价和认可至关重要。

中国国际"互联网+"大学生创新创业大赛的评审规则突出的是创新性、商业性，以及团队和带动就业这几个要点。首先对创新性的要求是鼓励原始创意的价值，不鼓励模仿，特别强调在互联网的技术、方法和思维下，对创新型企业在寻求技术突破和创新方面的展示，以及对高校科研技术成果的转化；其次对商业性的要求是在商业模式方面强调设计的完整性、可行性，特别是商业模式是否具有相应的田野调查和实操的背景；最后是考察团队的整合情况及能否带动就业，主要是考察人员配备、人才技术的整合能力，而带动就业的能力是站在国家和社会更高层面上，体现了大学生创业企业的社会价值。"互联网+"大学生创新创业大赛评分要求如表6-23所示。

表6-23　"互联网+"大学生创新创业大赛评分要求

评审要点	详细指标	指标内涵
创新性(30分)	创意来源(15分)	突出原始创意特点，解决现实问题
	创意价值(15分)	利用互联网技术、方法和思维寻求新突破，具有先进性和独特性
商业性(40分)	行业调研(10分)	鼓励田野调查和实际操作检验，掌握对项目市场、技术等情况的一手资料
	商业模式(10分)	完整地描述商业模式，测评其盈利能力指导过程的合理性
	市场营销(10分)	营销策略完善且具有强的可行性与创新性
	投资与财务(10分)	全面地分析企业财务，资金需求合理
团队情况(10分)	团队构成(5分)	考察团队成员的教育和工作背景、价值观念、擅长领域，以及成员的分工和业务互补情况
	公司及股权设置(5分)	股权分配的合理性；公司的组织架构、人员配置安排的科学性
带动就业前景(10分)	前景分析(5分)	市场前景分析的合理性，公司发展战略的可行性
	带动就业规模(5分)	预计可能带动社会就业的规模

(续表)

评审要点	详细指标	指标内涵
综合表现(10 分)	现场展示(5 分)	思路明确，突出重点地阐述创业构想，PPT 及视频展示内容逻辑性强，层次分明
	公开答辩(5 分)	正确理解评委提问，能及时流畅地做出回答，回答内容准确可信
总分		

不同使用者的创业计划书的关注点是不一样的，一般情况下，大学生的创业计划书应该保证具有相关维度战略与商机、市场调研、商业模式和财务方面的考虑。上述的评分标准，在于项目本身的投资价值，所以是站在投资者角度去评价创业设计书的。

实训6-15 大学生创业计划书的评价

任务描述：大学生创业方案在评价形式和内容上差别比较大，其关注的侧重点相对来说有所不同，并且不同比赛平台和投资者关注的侧重点也是不一样的。有的创新创业项目注重的是项目的创新性、落地性、实践性，有的项目考虑的是项目的可推进性，有的评价是从项目的商业性可实现角度来考虑的，所以不同的侧重点评价的方案其实差别比较大。本书采用上述商业性角度的评价方案。

任务实施：以创业项目小组为单位讨论细目得分，创业项目小组交叉完成项目评价分数，并将结果填写到如表 6-24 所示的创业计划书的评价表中。

表6-24 创业计划书的评价表

序号	项目	总分	评分	备注
1	战略与商机	25 分		
	目标市场很清晰，且预测表明随着时间推移公司将会成长			
	可以创造出比较优势和竞争优势			
	市场分析完整且准确			
	市场进入与发展战略清晰且持续			
	属于市场上新的商机			
2	市场调研	25 分		
	调研目标已经被清晰定义			
	市场调研样本设计合理			
	研究详细且建立在商机基础上			
3	商业模式	25 分		
	组织的商业模式，流程图都能明确反映战略			
	运营管理流程设计高效			
	核心竞争力突出			
	业务定位明确，业务系统完整			

(续表)

序号	项目	总分	评分	备注
4	财务方面的考虑 基于财务预测上的预算合理且与市场调查一致 财务分析详尽且清晰：固定和可变费用，利润，盈亏平衡点 足够吸引人的股东回报率 结构良好的融资	25 分		
5	合计	100 分		

6.3 路演定义及分类

路演是通过展示公司的产品或服务，以及公司的发展战略和商业模式，来推动公司业务发展的一种营销方式。它不仅是一种推广活动，还是一种沟通和交流的方式，能够让公司和利益相关者之间建立紧密的联系，增进彼此之间的了解和信任。

6.3.1 路演

路演是指在公共场所进行演说、演示产品、推介理念，以及向他人推广自己的公司、团体、产品、想法的一种方式。而大学生创新创业的路演，则演变为在公开场所进行的演说、演示产品和服务、推广项目、推广产品服务或想法的一种方式，如图6-23所示。路演的目的是对项目的宣传和推广，可以增强企业的影响力，让创业项目得到更多人的关注，也得到潜在投资者的认同和肯定。

图6-23 创业计划书路演现场

大学生创业计划书中路演的主要作用如下。

1. 宣传推广

路演是一种宣传推广的方式。通过路演，大学生初创公司可以向投资者、分析师和媒体等利益相关者宣传公司的产品、服务和经营理念，提高公司的知名度和形象，吸引更多的关注和投资。

2. 吸引投资者

路演可以帮助初创公司吸引潜在的投资者。通过路演，初创公司可以向投资者展示公司的优势和潜力，增强投资者对公司的信心和兴趣，从而促进公司的融资和股票发行。

3. 增强市场信心

路演可以帮助大学生初创公司增强市场信心。通过路演，初创公司可以向市场展示公司的经营情况和未来发展计划，向投资者和分析师传递初创公司的价值和潜力，提高市场对初创公司的认可度和信心。

4. 了解投资者需求

路演还可以帮助初创公司了解投资者的需求和反馈。通过与投资者的交流，初创公司可以更好地了解投资者的关注点和需求，从而调整和优化初创公司的经营策略与产品服务。

总之，大学生创新创业路演是创业计划书中不可或缺的一部分，在帮助初创公司宣传推广、吸引投资者、增强市场信心、了解投资者需求和提高比赛的名次，以及获得专家评委认可等方面发挥着重要作用。

6.3.2 路演的准备

路演的关键在于展示整个项目的基本概况，让受众能够了解项目的基本情况、特色、亮点和创新点，所以路演准备主要是在路演的PPT和路演的视频等物料上面。

路演的现场，受众们主要是通过演讲者结合路演PPT进行明确的演讲和阐述，以及中间穿插的路演视频与简短精练的介绍来了解相关情况的，所以路演的准备工作主要包括路演的策划准备及路演PPT的准备。

1. 路演的策划准备

第一步，确定路演的主题，确定路演活动的时间和地点，以及参会嘉宾与演讲内容。

第二步，选择具有影响力和专业性的嘉宾，能够为活动增添亮点及吸引力，确定活动宣传内容。

第三步，确定活动流程和管理方式、预算和资源需求，以及风险与应对措施。

第四步，确定路演活动后的跟进和总结方案。

2. 路演PPT的准备

创业计划书，首要达到的目标是基本能够解答投资者的核心疑问，但又要欲言又止，能够用故事勾住投资者。企业的团队必须要会写、会讲创业计划书，这个过程也是团队内部进一步统一思想、明确思路的过程。因此，创业计划书要求做到：第一，逻辑清晰；第二，观点鲜明；

第三，文字精练；第四，视觉美观。特别是对于商业计划书的PPT，其核心是一定要讲清楚和具有说服力，形式上可以做到多样化。同时，建议每一页的PPT要做到提炼出一句核心观点，并且每一页的核心观点连接起来就是该页的目标摘要。

■ 实训6-16 大学生创业计划书的路演PPT设计

任务描述：根据本项目创业计划书的BP文本，考虑制作与之相匹配的精练的路演PPT。

任务实施：各创业小组结合本项目的BP文本，讨论完成如表6-25所示的PPT页面设计。

表6-25 路演PPT设计表

序号	文本内容	PPT页面呈现	PPT文字	备注
1				
2				
3				
4				
5				

3. 路演视频的准备

路演视频是路演活动中必不可少的部分，下面是一些准备路演视频的要点。

1) 确定视频内容和主题

与路演的策划准备相同，需要确定视频的内容和主题，以及针对的受众群体。根据公司和产品的特点，制作能够突显公司优势和产品特色的视频。

2) 确定视频风格和呈现方式

根据视频内容与主题，确定视频的风格和呈现方式，包括视频长度、镜头切换、背景音乐、字幕等。同时，要选择合适的演员和场景，使得视频更具有说服力和感染力。

3) 准备演讲稿和台词

根据视频内容和风格，准备演讲稿和台词。演讲稿应该简洁明了、重点突出，能够吸引观众的注意力；台词应该与演讲稿相符合，且表达自然流畅。一般，演讲稿的标准如下：项目团队撰写VCR旁白稿，1分钟的VCR不少于240字，1分30秒的VCR不少于350字。

4) 拍摄前的准备

在拍摄前，需要做好相应的准备工作，包括场景布置、演员妆容、服装、道具等；同时，要确保拍摄设备的正常运行，避免出现技术问题。

5) 视频剪辑和后期制作

拍摄完成后，需要进行视频剪辑和后期制作，包括调色、音效、字幕等。在剪辑过程中，要注意保持视频的连贯性和逻辑性，突出公司和产品的特点与优势。一般情况下，视频剪辑和后期制作可以请第三方来进行，只需跟第三方讲好要求即可。

准备路演视频时需要充分考虑视频的内容、风格、呈现方式等方面，同时需要做好相应的准备工作和后期制作。通过精良的视频制作，能够增强路演活动的吸引力和感染力，提升公司和产品的知名度。

实训6-17　大学生创业计划书的脚本设计实训

任务描述：根据本项目路演PPT的版本，考虑制作与之相匹配的视频材料作为补充。

任务实施：各创业小组结合项目的特点，结合路演PPT，讨论完成如表6-26所示的脚本设计。

表6-26　脚本设计

镜号	解说词	画面	字幕	备注
1				
2				
3				
4				
5				

第三篇

操作篇：初创企业运营管理

教学目标

知识目标

- 了解市场预测，理解市场容量，熟悉市场预测和产业分析的基本情况；
- 了解初创企业管理团队，掌握企业的组织架构搭建，掌握企业的人力资源管理的各项职能；
- 理解企业注册的流程，熟悉初创公司的税务处理，熟悉商标和专利注册流程；
- 掌握目标群体和消费偏好的分析，理解市场目标和市场环境分析，了解市场目标的设定和市场环境因素的影响；
- 理解产品设计的基本步骤，包括需求分析、概念设计、详细设计等；
- 了解初创企业财务管理，理解公司会计核算和会计记录，掌握企业现金预算，掌握企业的财务核算；
- 掌握产品结构表(BOM)的定义和作用，理解BOM的层次化文档结构和产品组成关系；
- 具备进行企业综合绩效评估的能力，能够根据评估结果做出合理的决策和提供相应的反馈。

能力目标

- 掌握市场预测的基本情况，根据市场预测进行公司战略布局和战术安排；
- 掌握企业的组织架构设计，掌握人力资源管理的基本职能；
- 通过公司注册环节，掌握大学生初创企业注册公司全流程的能力；
- 能够应用市场营销策略，根据市场需求和竞争状况，选择合适的市场营销策略并实施；
- 具备产品设计的基本步骤的能力，能够系统地进行需求分析、概念设计和详细设计；
- 掌握企业的财务管理，掌握企业盈亏平衡点的分析，能够进行企业资金预算，能够进行公司记账凭证、会计账簿和会计报表的记录和填写；
- 能够在制造业管理信息系统中识别和区分BOM与其他相关数据，并理解BOM在生产制造过程中的作用；
- 能够有效评估企业的产能利用率和工作量，以及掌握调整和优化产能与人员配比的能力；
- 具有系统思维和全局观念，能够全面地看待企业绩效管理问题，并从整体上制定解决方案。

素质目标

- 能够自主学习，按照翻转学习任务单分组分工进行初创企业相关内容的实操，小组协作完成市场预测和市场容量、公司命名、注册的实操，小组协作完成公司会计核算、现金预算的实操等，具备解决复杂问题的能力；
- 具备使用相关查询工具进行当地公司注册信息的能力，具备信息整合能力；
- 具备基本的时间管理和时间筹划能力；
- 具备使用大数据相关工具进行数据采集的能力，具备较强信息数据分析能力；
- 具有创新思维和创造性的能力，能够灵活运用市场营销策略，并针对市场需求进行策略的调整和创新，能够提出具有竞争力和市场需求的产品设计方案；
- 具有对制造业管理信息系统和ERP系统的兴趣和热情，了解这些系统在实际制造过程中的应用和重要性；
- 具有的全局观念和系统思维能力，能够从整体上理解和把握企业的产能与需求管理。

思政目标

- 树立合作意识，在企业经营活动中，只有不断和外部企业进行合作，企业才有可能获得源源不断的原材料、技术更新等，产品的供应链才能够实现无缝衔接；
- 增强社会责任感，对国家鼓励创业的相关法律法规有全面的认知和了解，严格遵守国家各项关于公司注册的法律法规，具有对国家和社会责任的认知和信念；
- 在公司战略规划下，严格遵守国家产业法律法规，对国家鼓励的产业行业主动深入了解，积极将企业发展与国家产业引导政策相匹配；
- 树立市场导向意识，关注市场需求和消费者的需求，注重产品和服务的质量与效益；
- 具备积极进取和解决问题的能力，能够应对产品设计和研发过程中的挑战和难题；
- 关注社会资源的合理分配和利用，积极争取有限的资金和材料资源，遵守诚信和法律规定；
- 能够具备财务工作遵守国家相关法律法规的意识；具备基本的财务管理风险和防范意识，能够充分融入国家的经济和金融宏观政策之中；
- 通过实施科学精确的市场分析和决策过程，提高分析和判断能力，为企业的可持续发展和社会的经济繁荣做贡献。

操作篇的模拟运营企业案例介绍

企业背景：

  本部分模拟运营一家电子书阅读器的初创企业——天才之道电子书阅读器企业，目前由你和你的创业团队伙伴共同管理该企业，你们将从编制公司创业计划书开始，通过操作完成企业的注册流程，然后再经营这家集研究开发、生产制造、销售服务为一体的电子书阅读器公司。

  该电子书阅读器模拟公司是主要以电子阅读器产品和阅读服务为主要业务的小型制造型企业，电子阅读器产品生产工艺流程较为简单，不同型号的产品都是在一个综合车间进行加工制造的，公司产品主要面向不同的客户群体，可以在商超、网店、专营店购买。

  公司在建设银行创业支行开设了存款账户，账号为 010-6785988。公司被税务机关核定为增值税一般纳税人，纳税人登记号为 678598810089776，增值税税率为 13%，所得税税率为 25%。公司城建税按本月应交增值税的 7% 交纳，教育费附加按本月应交增值税的 3% 交纳，地方教育费附加按本月应交增值税的 2% 交纳。

  模拟企业的运营按照最小单位 1 个季度为一个生产经营周期进行运营管理。

  公司对原材料采用先进先出法计价，固定资产按平均年限法分类计提折旧，其中厂房的季度折旧率为 2%，车间和管理部门设备的季度折旧率按照 5% 核算。

  公司月末制造费用、生产工人工资采用工时比例法进行分配，公司按季度结转损益，年终进行利润分配，公司于季度末一次性计算并结转本季度已销产品的实际生产成本。

  公司的记账凭证分为收款凭证、付款凭证和转账凭证，各类凭证分别按顺序编号，公司采用记账凭证账务处理程序处理业务。

  目前已经有几家同类型公司进入这个行业，你们将与竞争对手公司展开激烈的市场竞争，当然也会有合乎各自利益的双赢合作。每家公司在经营之初，都将拥有一笔来自股东的 60 万元的创业资金，用以展开各自的经营活动，公司将经历至少 8 季度的经营，每个季度公司都有机会进行新产品设计研发、厂房购买或者租赁、设备更新和购买、原材料采购、人员招聘培训及调整、产品生产制造、产品的销售宣传推广、服务更新、新市场开发、物流的配置、销售渠道的选择、产品报价，以及促销活动的开展等企业经营活动；也可以选择初创团队与团队之间的战略合作，或者收购重组等业务，每个团队都需要仔细分析讨论并负责每一步企业业务的实施(电子书阅读器企业运营流程如图 1 所示)。希望在不久的将来，你们能够成为整个行业的佼佼者，祝你们成功！

  企业产品及特色如下。

  该企业的产品是电子书阅读器，另外也能提供阅读服务，不过阅读服务目前还不是主要业务，如果未来增长较快，董事会有打算单独再成立一个事业部运营该业务。

  产品采用的屏幕是石墨纸，石墨纸即电子墨水，是一种加工成薄膜状的专用材料，与电子显示设备结合在一起使用，是化学、物理学和电子技术的综合应用。电子墨水由数百万个尺寸极小的微胶囊构成，直径与头发丝适当；每一个微胶囊中含有带正电荷的白色粒子和带负电荷的黑色粒子，它们悬浮在清洁的液体中，通过电极的变化显示出黑白二色。采用黑白双粒子，其优点是光反射率较佳，可达到约 35%~40%，阅读时的感觉更贴近真正的纸张；缺点则是不够坚固强韧，无法承受重压。

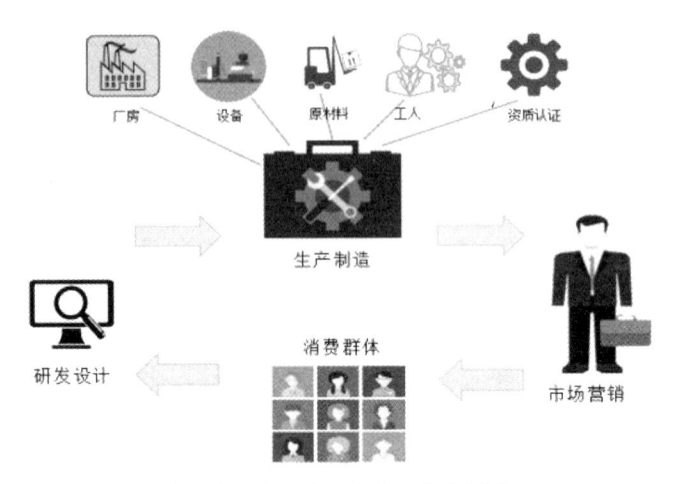

图1　电子书阅读器企业运营流程图

要想使电子书阅读器不伤眼睛，就要考虑用黑白两色粒子在翻书体验上接近纸质书籍。每一次翻页，在普通刷新模式下，整个屏幕的内容都会被刷新，这意味着电子书翻页或更新屏幕内容时，整个屏幕都会重新绘制。普通刷新模式能够提供较好的显示效果和清晰度，但刷新速度较慢，可能会有轻微的闪烁。快速刷新模式是一种改进的刷新模式，它通过在每次刷新时只更新需要改变的部分来提高刷新速度，这意味着翻页或更新屏幕内容时，只是有变化的部分会重新绘制，其他部分将保持不变。快速刷新模式相对于普通刷新模式来说，可以提供更快的响应速度和更低的闪烁效果，公司的电子书阅读器的产品结构如图 2 所示。

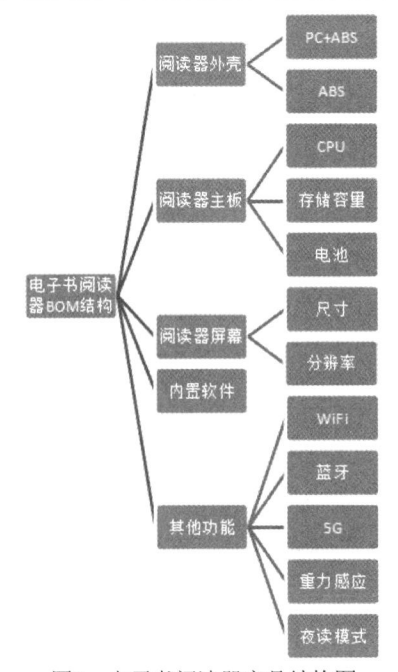

图2　电子书阅读器产品结构图

该公司采用的石墨纸阅读器体现了其核心功能是长续航省电，采用快速刷新模式，同时避免光线直射眼睛，更护眼。为方便后续模拟企业的运营安排，本书模拟运营环节对该产品 BOM 结构进行部分简化和调整。

公司操作阶段，在公司注资注册环节的参数如表 1 所示。

表1 公司注册阶段参数表

单位：元

项目	金额或比例	说明	备注
股东出资	600 000	股东投入该项目的金额，也是公司的注册资本金额	
公司一次性注册费用	3 000	公司开办和设立申请注册过程中的相关费用，只是公司注册环节的一次性费用	

公司财务状况和经营状况参数设定如表 2 所示。

表2 公司财务状况参数表

单位：元/季度

项目		金额或比例	说明	备注
大厂房	购买	100 000	大厂房一般可以容纳 6 条生产线	
中厂房	购买	80 000	中厂房一般可以容纳 4 条生产线	
小厂房	购买	50 000	小厂房一般可以容纳 2 条生产线	
厂房折旧		2%	厂房无论大小，按照固定资产每个季度折旧 2%	
柔性线	购买	120 000	柔性线可以混合投料和每个季度可以自由转产，成品率为 90%，安装周期为 1 季度，加工费用为单件 2 元	
自动线	购买	80 000	自动线不能混合投料，每个季度固定生产该类产品，成品率为 80%，安装周期为 1 季度，加工费用为单件 3 元	
半自动线	购买	60 000	半自动线不能混合投料，每个季度固定生产该类产品，成品率为 75%，安装周期为 1 季度，加工费用为单件 3.5 元	
手工线	购买	40 000	手工线不能混合投料，但是每个季度可以自由转产，成品率为 80%，安装周期为 0 季度，加工费用为单件 4 元	
设备折旧		5%	生产线无论功能型号，按照固定资产每个季度折旧 5%	
普通借款利率		5.26%	正常向银行申请借款的利率，还款周期一般默认是 3 个季度；按照公司所处行业的特点，授信额度一般不超过 20 万元	
行业拆借利率		25%	正常进行行业拆借的利率，还款周期一般默认是 3 个季度，没有授信额度限制；凡出现了临时的行业拆借，意味着企业资金、产能核算超预算，综合评定会单次扣掉 5 分	

公司经营成果类参数如表 3 所示。

表3 公司财务状况参数表

单位：元/季度

项目		金额或比例	说明	备注
办公室租金		10 000	公司行政管理租赁的场地	
大厂房	租赁费	7 000	大厂房一般可以容纳6条生产线	
中厂房	租赁费	5 000	中厂房一般可以容纳4条生产线	
小厂房	租赁费	3 000	小厂房一般可以容纳2条生产线	
柔性线	租赁费	8 000	柔性线可以混合投料和每个季度可以自由转产，成品率为90%，安装周期为1季度，加工费用为单件2元	
自动线	租赁费	5 000	自动线不能混合投料，每个季度固定生产该类产品，成品率为80%，安装周期为1季度，加工费用为单件3元	
半自动线	租赁费	4 000	半自动线不能混合投料，每个季度固定生产该类产品，成品率为75%，安装周期为1季度，加工费用为单件3.5元	
手工线	租赁费	3 000	手工线不能混合投料，但是每个季度可以自由转产，成品率为80%，安装周期为0季度，加工费用为单件4元	
创业团队管理人员工资		10 000	为了保证每个团队管理层运营的公平性，无论管理人员的人数，均扣减相同的工资底数	
养老保险		16%	工资总额的该比例缴纳员工个人养老保险费用	
医疗保险		7.5%	工资总额的该比例缴纳员工个人医疗保险费用	
失业保险		1%	工资总额的该比例缴纳员工个人失业保险费用	
工伤保险		1%	工资总额的该比例缴纳员工个人工伤保险费用，该费用员工个人不用缴纳，由单位购买	
生育保险		0.6%	工资总额的该比例缴纳员工个人生育保险费用，该费用员工个人不用缴纳，由单位购买	
未办理社会保险罚款		2 000/人	入职后没有给员工办理保险的情况下第一年按该金额缴纳罚款，该员工视同签订无固定期限合同	
应收账款1账期贴现率		3%	在1个季度内到期的应收账款贴现率	
应收账款2账期贴现率		6%	在2个季度内到期的应收账款贴现率	
收账款3账期应贴现率		8%	在3个季度内到期的应收账款贴现率	
应收账款4账期贴现率		10%	在4个季度内到期的应收账款贴现率	
研发费用	设计费	30 000/个	产品设计费用，不能确定能否生产出产品，则进行费用化计量	
研发费用	研发费	20 000/个	产品设计费用，可以区分对象，能生产产品则进行资本化计量	
广告费		1 000起	每季度每个产品的广告最低投入，可以不投或者投放，投放最小数量，广告效应是在随后的三个季度内随时间推移逐渐递减的	

(续表)

项目		金额或比例	说明	备注
流转税	增值税(产品)	13%	电子书阅读器产品的适用税率为13%，增值税=销项税额-进项税额，其中销项税额是电子书阅读器销售额计算得到的增值税额，进项税额即企业在生产电子书阅读器采购原料辅料等支付的增值税额	
流转税	增值税	6%	原"营改增"范围内的增值税适用税率为6%	
附加税	城建税	7%	根据缴纳的流转税为基础计算缴纳	
附加费	教育费用附加	3%	根据缴纳的流转税为基础计算缴纳	
所得税	企业所得税	25%	企业经营当季度如果有会计利润，则按照该税率计算缴纳下个季度预缴税费，年末统一结算企业所得税	
行政管理费用		1 000/人	公司运营的行政管理费用，每个季度都会核算一次，按照除管理团队外员工数计算得到，企业员工数越多管理费用越多	
未交付订单的罚金		30%	为了便于行业监管端口统一管理核算，未交付订单属于违约行为，要承担赔偿义务，按未交付的部分计算违约金，订单违约金 = (该订单最高报价×未交付订单数量)×该比例；同时对于订单的报价进行限制，为了防止各个企业恶性竞争，市场监管要求实施最低报价限额制度，即每个订单最低报价=上季度同一市场同一渠道同一消费群体所有报价产品平均数×60%	
跨公司交易产品差异的改造加工费		2	为了便于行业监管端口统一管理核算，在进行跨公司订单交易时，原始订单报价产品与买方接受订单的合同设定产品之间的功能差异存在改造加工费。单个产品改造费=买方产品比卖方产品少的原料配制无折扣价之和+差异数量×产品改造加工费	

项目 7　产业分析与公司战略规划

行业产业分析是指特定行业产业的发展方向和未来发展潜力。本项目将通过分析行业的市场需求预测、技术进步关注、政策环境等因素，预测行业的未来发展趋势。了解行业趋势有助于企业把握商机，提前布局和抢占市场。初创企业一般需要对公司进入的市场环境、市场容量进行整体的分析。在进行公司战略分析时，一般习惯从公司的外部环境开始，就是要把握公司所处环境的现状及变化的趋势，利用有利于企业发展的机会，避开外部环境可能带来的威胁，这也是企业谋求生存发展的最首要的问题。企业外部的环境可以分为宏观环境、产业环境、竞争环境和钻石分析模型四个层面。

特定行业的市场规模，包括行业的总产值、增长率、主要产品或服务的市场规模等。通过对市场规模的深入了解，有助于企业了解该行业的发展潜力和商业机会。产业链结构是行业的重要组成部分，它描述了一个行业从原材料到最终产品的整个价值链。本项目将分析特定行业的产业链结构，包括上游供应商、中游制造商、下游销售渠道及终端消费者等环节。通过分析产业链结构，有助于企业了解行业的利润分布、成本结构及潜在的商业机会。

案例引入

李明是一位正在创业的大学生，他和团队进行详尽的市场调查，发现当前大学生阅读都偏爱在线阅读，并且对护眼功能比较在意。他们结合自身的专业知识和兴趣点，提出了一个解决这些问题的创新项目——电子书阅读器及阅读平台。该产品是护眼石墨阅读器及阅读平台，平台旨在为大学生提供个性化的阅读服务。

首先，李明和团队充分了解了所处行业的相关知识。他们通过查阅文献、与业内专家交流等方式，深入了解电子书阅读器市场的现状、趋势和竞争格局；此外，他们对所提供产品和服务的上下游产业链也有一定的了解，能够清晰地认识到行业的关键要素和发展趋势。

其次，李明在创业前进行了充分的市场调研，了解了目标市场的需求和消费者痛点。他敏锐地发现了电子书阅读器市场的分类，确定提供在线阅读服务是有市场前景的；此外，他还具备准确分析竞争对手优劣势的能力，为自己的创业项目提供了有力支持。李明的创业项目为用户提供了积极阅读服务，并增加护眼意识。该项目的竞争优势在于创新性和可持续性，而面对的挑战在于如何提高用户参与度和知名度。李明的团队成员有 10 人，分别来自不同专业背景，成立公司后，给出了明确的公司战略及其选择，后续按照战略分析实施，公司项目取得了成功。

思考：
1. 李明及其团队为何要进行行业产业分析？
2. 为什么李明团队创业要考虑公司战略？

7.1 行业产业分析

行业产业分析是指对特定行业或产业的整体运行状况、发展趋势、政策环境、竞争格局等进行全面、深入的分析和研究，以帮助企业和投资者做出明智的决策。

7.1.1 市场规模及产业链结构

通常大学生初创企业进入某个市场的时候，一般会先对该市场进行相关的考察，大学生们最关心的其实是市场的容量，如这个市场的蛋糕究竟有多大？通过组建新创企业进入该行业，有没有进入门槛？市场的蛋糕能否保证初创企业生存、发展？所以市场的规模是大学生创业者首先关心的问题。同时，初创企业的行业产业链如果越完备，那么企业在经营活动中所获得的行业便利就会越方便，不论是从原材料的采购到生产制造，再到最终消费者，如果一旦能够形成产业聚集群，达到打通产业链，对于初创企业的帮助将是非常大的。

从全球市场范围来看，中国已经成为全球第三大电子书阅读器消费市场，仅次于美国和日本。由于受到了智能手机、平板电脑等多功能移动设备的冲击和替代，以及电子书阅读器自身创新能力不足、更新迭代比较缓慢的影响，全球电子书阅读器市场规模下降，但是电子书阅读器在中国行业市场发展仍然强劲，年均仍能达到 20% 的增长率。电子书阅读器具有非常突出的优点，它低能耗、携带方便、护眼，具有既环保经济，又节约能源的特点，所以在中国有非常多忠实的用户群体；尤其是对于阅读时间非常长的人群，电子书阅读器具有较强的增长潜力和发展空间。中国电子书阅读器的持续增长显示出了中国人对于阅读的强烈追求，所以，基于数字化的电子书的出版正在成为中国阅读重要发展的方向。随着移动互联网、5G、AI 等技术的不断创新和发展，电子书阅读器在阅读、语音、智能交互等方面将会越来越有发展潜力，也能得到对应消费群体的追捧。

随着数字阅读市场的成熟和完善，特别是电子阅读行业的崛起，预计未来五年，中国数字阅读行业的市场规模能够突破 900 亿元，其中大众阅读市场规模能够占到整个行业的 2/3 的市场规模。从电子书阅读器的产业链生态圈来看，上游企业有各种阅读内容提供者，即阅读内容制作方和内容出版；中游企业包括了数字阅读内容平台，数字阅读软件，电子书阅读器、移动手机、平板电脑等硬件和网络接口；下游主要是指阅读消费者本身。

实训7-1 产品和服务的市场容量分析

任务描述：通过第三方营销咨询公司，模拟初创企业收到了未来8个季度整个电子书阅读器行业市场容量的分析和预测，市场预测的数据如表7-1~表7-10所示。那么请同学以创业项目小组为单位，根据这些数据表粗略地估计一下未来要进入的电子书阅读器的市场容量大概有多少？

任务实施：以创业项目小组为单位，通过第三方营销咨询公司调查收集的数据，给出未来8个季度，模拟电子书阅读器市场大概有多少容量的计算；同时思考可否借助一些大数据工具，帮助自己获得其他解决办法。

第三方营销咨询公司调查收集各主要地区的销售数据，他们将消费群体划分为商务型、经济型、学生型三大类。商务型主要使用群体为白领，应用场景为会议记录、差旅阅读、翻译及投屏等，消费的平均购买能力不超过每台 3280 元；经济型群体为普通收入大众，应用场景为随时随地的纸质感阅读、有声阅读、语音交互等功能，消费的平均购买能力不超过每台 1680 元；学生型群体为在读书的大中小学生，应用场景为能够进行标签与记录、标注和查阅、阅读与查询相结合的阅读功能，消费的平均购买能力不超过每台 680 元。未来市场需求预测数据如表 7-1~表 7-10 所示。

表7-1 华北地区消费者价格预测走势表

定位	1季度	2季度	3季度	4季度	5季度	6季度	7季度	8季度	备注
商务型	3200	3180	3090	3060	3170	3180	3100	3050	
经济型	1680	1670	1660	1650	1630	1650	1640	1630	
学生型	680	690	700	710	680	670	660	650	

表7-2 华中地区消费者价格预测走势表

定位	1季度	2季度	3季度	4季度	5季度	6季度	7季度	8季度	备注
商务型	3100	3200	3250	3280	3160	3130	3080	3120	
经济型	1660	1630	1660	1650	1630	1650	1640	1660	
学生型	600	610	630	650	660	630	610	590	

表7-3 华东地区消费者价格预测走势表

定位	1季度	2季度	3季度	4季度	5季度	6季度	7季度	8季度	备注
商务型	3280	3260	3260	3250	3240	3230	3250	3260	
经济型	1680	1670	1660	1650	1630	1650	1660	1670	
学生型	680	650	640	650	660	630	610	650	

表7-4　华南地区消费者价格预测走势表

定位	1季度	2季度	3季度	4季度	5季度	6季度	7季度	8季度	备注
商务型	3260	3250	3230	3220	3220	3210	3220	3230	
经济型	1660	1650	1630	1610	1630	1650	1630	1610	
学生型	600	680	650	640	660	630	610	630	

表7-5　华西地区消费者价格预测走势表

定位	1季度	2季度	3季度	4季度	5季度	6季度	7季度	8季度	备注
商务型	3100	3200	3250	3280	3160	3130	3080	3120	
经济型	1660	1630	1660	1650	1630	1650	1640	1660	
学生型	600	610	630	650	660	630	610	590	

表7-6　华北地区消费者需求预测走势表

定位	1季度	2季度	3季度	4季度	5季度	6季度	7季度	8季度	备注
商务型	46780	51273	55943	58930	61024	57861	46980	36552	
经济型	38657	26487	31475	33754	55247	57861	41876	47620	
学生型	29865	30521	28864	32022	36885	43250	41876	36552	

表7-7　华中地区消费者需求预测走势表

定位	1季度	2季度	3季度	4季度	5季度	6季度	7季度	8季度	备注
商务型	48780	49833	50962	58736	53325	65288	50277	71512	
经济型	42588	43522	43680	50280	41099	46834	46812	69588	
学生型	38799	39855	61766	55523	59211	58600	55601	46728	

表7-8　华东地区消费者需求预测走势表

定位	1季度	2季度	3季度	4季度	5季度	6季度	7季度	8季度	备注
商务型	49715	50833	44990	57642	58134	51230	50277	68520	
经济型	37893	42527	39698	35287	35099	41834	42810	52577	
学生型	37893	40853	30720	35287	39652	62158	40900	39420	

表7-9　华南地区消费者需求预测走势表

定位	1季度	2季度	3季度	4季度	5季度	6季度	7季度	8季度	备注
商务型	39716	38839	32597	65855	43562	51917	43896	42507	
经济型	44512	55529	39690	35603	36522	41986	43896	42507	
学生型	30788	50853	58917	62010	39331	67359	65156	68473	

表7-10　华西地区消费者需求预测走势表

定位	1季度	2季度	3季度	4季度	5季度	6季度	7季度	8季度	备注
商务型	38719	37258	34957	43886	23583	26790	39872	30528	
经济型	46952	53845	28520	66395	60178	67549	68122	69078	
学生型	32509	47396	58288	32716	36345	30892	27885	38878	

任务7-1-1：根据这些数据表在 Excel 上绘制市场预测的折线图，另行完成实验记录。

任务7-1-2：粗略地估计一下未来要进入的电子书阅读器的市场容量大概有多少？

任务7-1-3：思考可否借助一些大数据工具，帮助自己估算行业的市场容量？

7.1.2　宏观环境分析

站在模拟企业的角度，本节重点关注技术因素对初创企业的影响，技术发展是指特定行业的技术创新和应用情况。本节将分析行业的技术发展现状和趋势，包括新技术应用、研发进展、技术壁垒等。了解行业的技术发展有助于企业掌握最新的技术动态，提高产品和服务的质量和竞争力。技术进步可以使企业对市场和目标群体进行更有效的分析，比如用大数据挖掘技术来获取相应的客户数据，能够更精确地进行相应的目标群体的分析。新技术的出现使得社会对本行业的产品和服务的需求大大增加，从而使企业可以更大规模地扩大经营生产，开辟新的市场范围和空间。技术进步可以创造竞争优势，可以使企业利用新的生产技术和方法，在不增加成本的情况下，提供更优质、更高性能的产品和服务。

模拟电子书阅读企业的科技含量虽然还不够高，但是技术进步却是企业未来成长的必经之路，所以对技术研发的投入是企业的内在要求和外在环境决定的。

■ 实训7-2　电子书阅读器模拟企业的PEST与行业外部因素评估矩阵(EFE)分析

任务描述：行业外部因素影响包括了经济社会、文化人口、环境政策、法律技术等等。制定 EFE 矩阵需要下面四个步骤。

步骤1：列举外部环境中所需要阐明的关键外部因素，汇总影响企业及行业的至少 20 个因素，包括机遇和威胁，先列举机遇，再列举威胁，尽可能详尽、尽可能具体地使用百分比的概率来量化关键因素。

步骤2：为每个因素分配一个权重范围，从 0.0 到 1.0 之间，在不重要到非常重要之间进行选择。该权重表示该因素对企业在行业内取得成功的相对重要性。机遇的权重通常是大于威胁的，但是如果威胁特别严重，其权重就高于机遇。合适的权重可以通过对比成功和不成功的竞争者进行平衡。

步骤3：为每个关键的外部因素配备一个从1到4的评级，表示公司现有战略响应该因素的有效程度，其中1的响应程度最低，4的响应程度最高，程度依次由低到高进行排列。评级是基于公司战略的有效性，以公司为基准，而步骤2中的权重是以行业为基准。

步骤4：将第2步的因数的权重和第3步的评级的结果相乘，得到各因素的加权分数，再将每个变量的加权分数进行叠加，最后得到公司的总加权分数。公司的总加权分数最高为4分，最低为1分，平均加权分数居于其间。若加权分数为最高，反映企业正在以出色的方式响应现有的机遇和威胁；如果企业的加权分数为最低，则表明企业的战略不能规避外部的威胁。

任务实施：请模拟企业管理层根据电子书阅读器行业和企业之间的成功关键因素来进行PEST分析和EFE矩阵的构建。

任务7-2-1：采用PEST分析电子书阅读器模拟企业的宏观环境影响因素。

_____
_____
_____
_____

任务7-2-2：请设计电子书阅读器行业外部因素评估矩阵(EFE矩阵)。请参考表7-11所示的行业外部因素评估矩阵格式设计，另行提交实验记录。

表7-11 电子书阅读器行业外部因素评估矩阵(EFE)表

关键外部因素	权重	评级	加权分数
机遇			
1.			
2.			
3.			
……			
威胁			
1.			
2.			
3.			
……			
合计	1.00*		**

*：权重之和必须为1。**：最后需要得到加权分数；评级值为，1—响应最低，2—响应一般，3—相应较高，4—相应最高；分数的高低体现了机会和威胁的影响；关键外部因素一般不少于20个。

7.1.3 产业环境与行业竞争格局分析

1. 产业环境的分析

一般采用产品的生命周期来进行对应的分区，产品的生命周期一般要经过四个阶段，分别是导入期、成长期、成熟期和衰退期，这些阶段是以产品的销售增长率曲线的拐点作为划分的界线的。产品的增长和衰退是由于新技术、新产品的推出，从而使得现有的产品呈现一个明显的类似于人的生命周期的一个特征，产业生命周期表如表7-12所示。

表7-12 产业生命周期分析表

项目	导入期	成长期	成熟期	衰退期
销售量	低	快速增长	缓慢变化	下降
成本	高	降低	最低并回升	回升
利润	少或亏损	快速增长	顶峰并下降	低
消费群体	创新者	市场大众	市场大众	保守者
竞争对手	少	加剧	激烈	减少
生产量	试产量	小批量	改进型大批量	收缩量

2. 行业竞争格局分析

客户需求是行业发展的重要驱动力，它描述了消费者对特定产品或服务的需求特点。通过分析行业的需求特点、消费群体、消费行为变化等因素，了解客户需求，有助于企业把握市场动向，开发符合消费者需求的产品和服务，提高市场占有率。

竞争格局是行业的重要特征，它描述了行业中的主要竞争对手、市场份额、竞争策略等。本节重点关注通过分析市场份额、竞争对手的销售额和销售策略等信息，揭示行业的竞争格局。通过对竞争格局的深入了解，有助于企业制定有效的竞争策略和商业决策。

▍实训7-3 电子书阅读器模拟企业的竞争态势(CPM)矩阵分析

任务描述： 互联网+正在改变产品的生命周期，提高了分销的速度，将中间的销售环节一一减掉，创造了更新的产品和服务价值，突破了传统的地域和时间的市场限制，改变了交易的空间和时间的模式，突破了生产的标准化和灵活性之间的障碍，从而推动了机遇和威胁性质的转变。互联网+正在改变规模经济和市场进入的障碍，使长尾效应变得更为切实可行，重新界定行业和竞争态势影响的竞争者之间的关系变得尤为重要。构建竞争态势矩阵的主要目的其实是用于区别企业的主要竞争对手和本企业战略地位的特别优势和劣势。竞争态势矩阵的关键成功因素包括了内部因素和外部因素两个方面，其评级从1到4分别是劣势到优势的转变，其中1是主要劣势、4是主要优势、相对2是次要劣势、3是次要优势。在竞争态势矩阵中，关键成功因素不像在EFE中被分为了机会和威胁两大类。从竞争态势矩阵分析，可以使公司关键成功因素的极小差别在同等比较上一目了然，可以直观地看到主要竞争对手与本企业在不同比较因素上的差异，其优势和劣势通过分数的比较呈现了扩大化的差异，很容易进行竞争对手的比较分析。

任务实施：请创业项目小组根据电子阅读器行业主要竞争对手和电子书阅读器模拟企业之间的成功关键因素来进行五力分析和CPM矩阵的构建。

任务7-3-1：基于五力模型分析电子书阅读器模拟企业的竞争形态有哪些？

_____
_____
_____

任务7-3-2：请对目前市场存在的电子书阅读器进行信息收集和整理工作，对每一个竞争对手，尽可能地分析其优劣势。

_____
_____
_____

任务7-3-3：请设计电子书阅读器行业竞争态势矩阵(CPM)。请参考下面的行业竞争态势矩阵表(如表7-13所示)，并另行提交实验记录。

表7-13 电子书阅读器行业竞争态势矩阵(CPM)表

项目		A竞争公司		B竞争公司		C竞争公司		……竞争公司	
关键成功因素	权重	评级	分数	评级	分数	评级	分数	评级	分数
合计	1.00*		**		**		**		**

*：权重之和必须为1。**：最后需要得到加权分数；评级值为，1—主要劣势，2—次要劣势，3—次要优势，4—主要优势；竞争者的强弱，由其总加权分数的高低来决定。

综上所述，行业产业分析是企业制定有效商业策略的重要依据。通过对市场规模、产业链结构、竞争格局、行业趋势、政策环境、技术发展、客户需求、商业模式、人力资源和环境保护等方面的深入了解，企业可以把握行业的发展动态和商业机会，提高产品和服务的竞争力与市场占有率。

7.1.4 公司资源与核心竞争力分析

公司的战略规划除了考虑公司外部的影响因素外，还需要考虑公司内部的资源。公司内部的影响因素主要包括了三个部分,分别是企业资源、企业能力和企业核心竞争力。三者相比较,企业资源的范围大于企业能力,企业能力大于核心竞争力,三者由大到小、由全面到核心,如图 7-1 所示。

图7-1 企业资源>企业能力>企业核心竞争力图

(1) 企业的资源可以分为三类,分别是有形资源、无形资源和组织资源。

- 有形资源一般是指可见的、能用货币进行直接衡量的资源,主要包括了物质资源(如企业的土地、厂房、生产机器设备、原材料等)和相关的财务资源(如应收账款、有价证券等)。
- 无形资产是指企业长期积累的、没有实物形态的,甚至没有办法用货币进行衡量的一些资源,包括企业的品牌、技术、专利、商标、企业文化及组织经验等。
- 组织资源是指企业协调配置各种资源的技能,蕴含了企业的相关规章制度、组织架构、业务流程、控制系统等,是企业实现目标、经营风格或行为方式的一种综合体现。

(2) 企业的能力是指企业能够将配置的资源发挥在生产和竞争方面的能力,能力来源于前述的企业有形资源、无形资源和组织资源的整合。企业的能力体现在研发能力、生产运营能力、营销能力、财务能力、组织管理能力五个方面。

(3) 企业的核心竞争力是指能够为企业带来相对于竞争对手的竞争优势的资源和能力。企业核心竞争力主要采用波特的价值链理论来进行衡量,波特价值链理论认为企业活动分为基础活动和支持活动,基础活动是企业最具核心价值的活动,而支持性活动是属于企业辅助性的活动。

波特价值链不符合现代企业经营的理念,未列出"战略管理"的活动,其局限于制造业,缺乏通用性,没有"财务管理"的活动。而采用图 3-3 所示的卓越价值绩效模式的价值链则规避了波特价值链的局限。卓越绩效模式价值链是以卓越绩效为追求目标,具有对所有类型、规模性质企业的通用性,强调战略管理的统筹和运用,"战略管理"活动在整个价值链里面居前,研究开发则是属于企业基础性的活动,通过绩效监测和持续改进,提高企业的整体核心价值。

■ 实训7-4 电子书阅读器模拟企业的内部因素评价(IFE)矩阵分析

任务描述:内部因素评价矩阵主要的目的是评价企业各职能领域的主要优势和劣势,同时为了识别和评价各个职能领域的关键性因素,在建立内部因素评价矩阵的过程中需要仔细地甄别和判断。科学的方法并不一定代表这个方法能够解决内部评价的全部问题,所以在进行内部评价的时候需要进行审慎的指标选择。一般建议选择 20 个左右具有优劣势的内部因素,先罗列优势因素，后罗列劣势因素，尽可能具体并用数字进行量化。每一个因素权重在 0.0 到 1.0 之间，因素权重代表该因素对企业在本行业取得成功的相对重要性。无论关键因素是内部优势还是内部劣势，都对企业绩效有较大的影响，影响越大，权重越大。各个因素的评级优势从 1 到 4，分别是劣势到优势的转变，其中 1 是主要劣势、4 是主要优势，相对的 2 是次要劣势、3 是次要优势。权重基于行业的评价，评价代表公司的评价。

任务实施：请模拟企业根据电子阅读器行业及电子书阅读器模拟企业内部的关键影响因素，来进行 IFE 矩阵的构建。

任务 7-4-1：电子书阅读器模拟行业内企业的内部关键影响因素有哪些？

_____
_____
_____

任务 7-4-2：请设计模拟电子书阅读器企业内部因素评估矩阵(IFE)。请参考下面行业内部因素评估矩阵格式设计(如表 7-14 所示)，并另行提交实验记录。

表7-14　模拟电子书阅读器企业内部因素评估矩阵(IFE)表

关键内部因素	权重	评级	加权分数
优势			
1.			
2.			
3.			
……			
劣势			
1.			
2.			
3.			
……			
合计	1.00*		**

*：权重之和必须为 1。**：最后需要得到加权分数；评级值为，1—主要劣势，2—次要劣势，3—次要优势，4—主要优势；关键外部因素一般不少于 20 个。

7.2　公司战略分析与选择

通过战略分析，公司可以明确长期的发展方向，以及短期内的重点工作。这有助于公司内部的各个部门和员工了解公司的目标，从而形成合力。战略分析不仅分析公司的优势，也识别公司的风险。通过了解公司的核心竞争力，公司可以更好地把握市场机会，同时也能预防和应对潜在的风险。

7.2.1 公司战略层次

企业层面总体战略可以分为公司层面战略，业务单位层面战略，职能层面战略和运营层面战略。

1. 公司层面战略层面

公司层面战略分为发展战略、稳定战略和收缩战略，具体细分如图 7-2 所示。

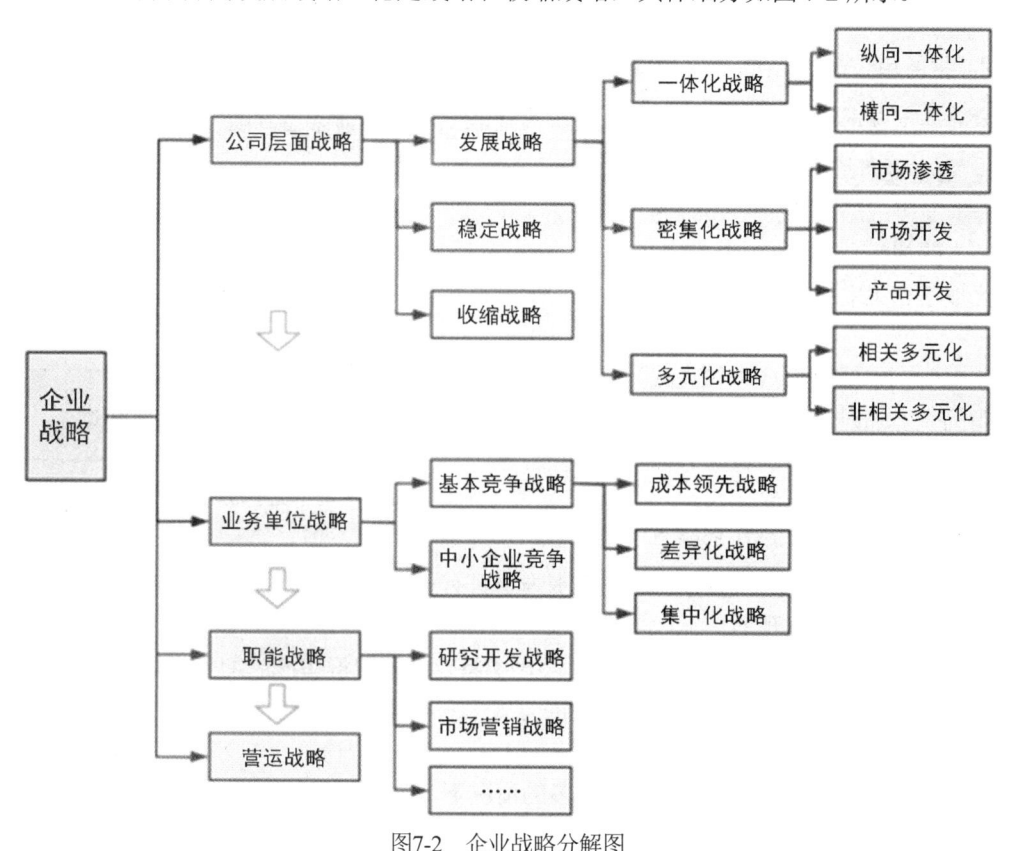

图7-2 企业战略分解图

1) 发展战略

发展战略包括一体化战略、密集化战略和多元化战略。

(1) 一体化战略。一体化战略指企业对具有相对优势和增长潜力的产品和业务，沿着其经营链条的纵向和横向，延展企业的深度和广度，扩大企业的经营规模，实现企业的增长。一体化按照业务方向的拓展，可以分为纵向一体化和横向一体化。

(2) 密集化战略。密集化战略又分为市场渗透、市场开发和产品开发。市场渗透战略是希望增加现有产品或服务的市场份额，增加正在现有市场中经营的业务。

(3) 多元化战略。多元化又分为相关多元化和非相关多元化。多元化战略是指企业进入与现有的产品和市场不同的领域，多元化企业认为自己能够不受产品过时、市场需求的枯竭左右，这种方式得到了很多人的认同。由于市场的迅速变化，企业要想保持现有市场的地位，则寻求多元化的机会，就是改变企业、保持持久不衰的一种战略方式。

2) 稳定战略

稳定战略是指在经营环境、内部条件及外部因素相对稳定状态下，企业希望在战略期里达到经营状态的平衡，即维持战略，希望该战略能够保持在现有的范围和水平上。

3) 收缩战略

收缩战略是指企业在经营的过程中失去了竞争的优势，并且又面临诸多的一些外部影响，比如经济形势的变化、政策的变化、社会需求的变化、市场饱和度的变化等，导致企业缩小原有的经营范围和规模的战略。

2. 业务单位战略层面

企业业务单位层面的战略分为了基本竞争战略和中小企业竞争战略。

1) 基本竞争战略

基本竞争战略波特把它归纳为三种基本的战略，即成本领先战略、差异化战略和集中化战略，如图7-3所示。

	竞争优势	
	产品独特性	低成本优势
产业范围	差异化	成本领先
细分市场	集中化	集中化

图7-3 基本竞争战略图

(1) 成本领先战略。成本领先战略是指的企业通过内部控制加强成本的管控，在企业运营的各个方面尽可能地把成本降到最低。

(2) 差异化战略。差异化战略是指企业向顾客提供的产品和服务在产业范围内更具有自己的独特性，这种独特性可以给消费者带来格外的满足和超过预期。

(3) 集中化战略。集中化战略是指的对某一类特定的消费群体产品细分市场或者区域市场，采用成本领先或者产品差异化这两种不同的方式来获取竞争优势的一种策略。

2) 中小企业竞争战略

在传统产业集中度、成熟度都要强得多的情况下，零散产业和新兴产业大多是以中小企业为主，在这种细分下，中小企业就有了自己的竞争战略。特别是在数字经济时代，产品和服务的长尾效应显得越来越重要，所以做产品的集中差异化更能够获得企业生存的空间。

3. 职能战略层面

职能战略主要涉及新创企业的各个职能，如营销、人力、财务、生产、研发、信息技术等。如何更好地配置企业内部的资源，为各级战略服务，提高组织的效率，就是企业职能战略的目的。

4. 运营层面战略

运营层面战略是指企业在实现其公司层面战略、业务单位层面战略和职能层面战略的过程中，针对企业内部的运营活动所制定的具体策略。运营层面战略主要关注如何通过优化内部流程管理、提升运营效率、降低企业成本、改进产品和服务质量等方式，以增强企业的核心竞争力。

7.2.2 公司战略选择

公司战略选择包括外部环境分析、竞争优势分析、内部资源分析、战略能力评估。

1) 外部环境分析

外部环境分析是了解公司所处的宏观经济、政策法规、技术创新和市场竞争等环境的重要步骤。一般采用 PEST 分析工具进行公司外部环境分析。

2) 竞争优势分析

竞争优势分析是了解公司核心产品或服务在市场上的竞争力和优势的重要步骤。产品、技术、品牌、渠道和服务是竞争优势分析的关键方面。

3) 内部资源分析

内部资源分析是了解公司内部优势和劣势的重要步骤,它包括对人力、物力、财力等资源的全面分析,以确定公司在市场上的竞争优势。研发能力、生产运营能力、营销能力、财务能力、组织管理能力是内部资源分析的关键方面。

4) 战略能力评估

战略能力评估是评估公司在战略规划、资源配置、营销宣传、组织协调、风险管理等方面能力的重要步骤。

◼ 实训7-5 电子书阅读器模拟企业的内部-外部(IE)矩阵分析

任务描述:内部外部(IE)矩阵是一种分析方法,是在 GE 公司提出的多因素业务经营组合矩阵基础上发展起来的。这个矩阵旨在帮助企业根据外部环境和内部条件的变化,综合分析、评价并协调企业各项经营业务,从而明确企业近期和长期的奋斗目标与方向。内部外部矩阵的横坐标是 IFE 总加权分数,纵坐标是 EFE 总加权分数。

前面的实训部分,同学们完成了模拟电子书阅读器企业的 IFE 矩阵和 EFE 矩阵的任务,将两个矩阵汇总,得出各业务的总加权分数,就能够建立企业整体的 IE 矩阵。在 IE 矩阵的横坐标 X 轴上面,一般按照 1.0～4.0 的级数来划分象限,而 IE 矩阵的纵坐标 Y 轴上,也按照 1.0～4.0 的级数来划分象限,将分析界面划分为了一个九宫格的矩阵图形。刻度数则是从 1.0 到 4.0 逐渐递增,分数越大,等级越强。总加权分数最高为 4,最低为 1,平均总加权分数为 2.5。总加权分数为 4,说明企业在整个产业中对现有机会与威胁做出了最出色的反应,即企业的战略能够有效地利用现有机会,并将外部威胁的潜在不利影响降至最小;而总加权分数为 1,则说明公司的战略不能利用外部机会,或回避外部威胁。总加权分可以反映该企业影响内部环境中当前的与未来因素的优劣。创业者可以比较该公司与同一产业其他公司,特别是竞争对手的总加权分。一个在产业内处于平均水平的公司,其总加权分一般为 2.5。

在 IE 矩阵的横坐标中,IFE 加权评分数为 1.0～1.99 代表企业内部的劣势地位,2.0～2.99 代表企业内部的中等地位,而 3.0～4.0 代表企业内部的优势地位。相应的,在纵坐标上,EFE 加权分为 1.0～1.99 代表企业面临着较严重的外部威胁,2.0～2.99 代表企业面临中等的外部威胁,而 3.0～3.99 代表企业能较好地把外部威胁的不利影响减少到最低程度,如图 7-4 所示。

项目 \ 分数段		IFE总加权分数		
		强3.0~4.0	中2.0~2.99	低1.0~1.99
EFE总加权分数	强3.0~4.0	I (增长和建造)	II (增长和建造)	III (保持和维持)
	中2.0~2.99	IV (增长和建造)	V (保持和维持)	VI (收割和剥离)
	低1.0~1.99	VII (保持和维持)	VIII (收割和剥离)	IX (收割和剥离)

图7-4 内部-外部矩阵图

可以把 IE 矩阵分成具有不同战略意义的三个区间。第一区间为 IE 矩阵对角线的第 III、V、VII 格；第二区间为 IE 矩阵对角线左上方的第 I、II、IV 格；第三区间为 IE 矩阵对角线右下方的第 VI、VIII、IX 格。

对落在 IE 矩阵不同区间的不同业务或产品，企业应采取不同的战略：落入 I、II、IV 象限的业务应被视为增长型和建立型业务，所以应采取加强型战略(市场渗透、市场开发和产品开发)或一体化战略(前向一体化、后向一体化和横向一体化)或投资/扩展战略；落入 III、V、VII 象限的业务适合采用坚持和保持型战略，或选择/盈利战略，如市场渗透和产品开发战略等；落入 VI、VIII、IX 象限的业务应采取收获型和剥离型战略或收缩/放弃战略。

任务实施：请根据同学们模拟电子阅读器企业之前实训的 IFE 矩阵和 EFE 矩阵汇总加权分数，结合收集到的竞争对手的相关信息，试着画一个 IE 矩阵图。

任务 7-5-1：请汇总模拟企业之前实训任务的 IFE 矩阵和 EFE 矩阵，计算汇总加权分数。

_____
_____
_____

任务 7-5-2：请参照图 7-5 绘制 IE 矩阵图，并另行提交实验记录。

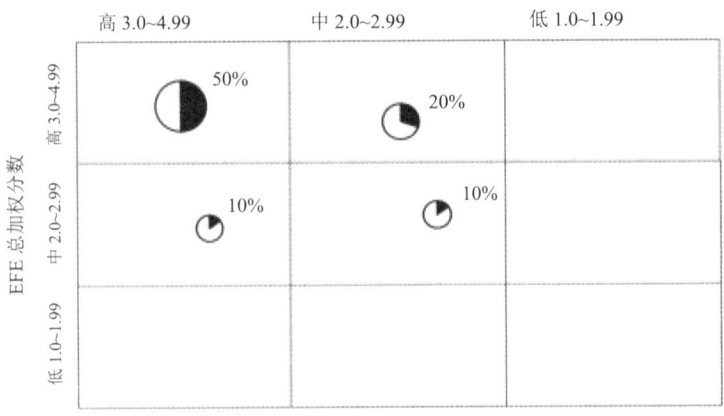

图7-5 内部外部矩阵(IE)图

实训7-6 电子书阅读器模拟企业的定量战略规划(QSPM)矩阵分析

任务描述：电子书阅读器模拟企业的定量战略规划(QSPM)矩阵分析需要罗列出公司外部关键因素的机遇与威胁，内部关键因素的优势和劣势，这些信息可以从 EFE 矩阵和 IFE 矩阵中搜寻得到。按照之前完成的 EFE 矩阵和 IFE 矩阵权重因素保持一致，权重因素应该至少要保证在 40 个因素以上，并且将备选方案一一拆分填入其中；再分析每个因素对战略的影响，评级的优势从 1 到 4，表示公司现有的战略响应该因素的有效程度，其中 1 的响应程度最低，4 的应程度最高，程度依次由低到高进行排列；计算总响应分数时，采用权重和响应分数的乘积，响应分数越高，备选战略成功可能性越大，反之则少。

任务实施：请模拟企业根据电子阅读器行业 EFE 矩阵和 IFE 矩阵权重因素进行定量战略规划(QSPM)矩阵分析。

任务 7-6-1：回顾电子书阅读器模拟企业的 EFE 矩阵和 IFE 矩阵的因素有哪些？

_____
_____
_____

任务 7-6-2：请设计模拟电子书阅读器企业定量战略规划(QSPM)矩阵，参考表 7-15 所示的企业定量战略规划(QSPM)矩阵格式设计，并另行提交实验记录。

表7-15 模拟电子书阅读器企业定量战略规划矩阵(QSPM)表

项目		备选战略1		备选战略2		备选战略3		备选战略N	
关键因素	权重	评级	分数	评级	分数	评级	分数	评级	分数
机遇									
1.									
2.									
3.									
……									
威胁									
1.									
2.									
3.									
……									
合计	1.00*		**		**		**		**
项目		备选战略1		备选战略2		备选战略3		备选战略N	
关键因素	权重	评级	分数	评级	分数	评级	分数	评级	分数
优势									
1.									
2.									
3.									

(续表)

项目		备选战略1		备选战略2		备选战略3		备选战略N	
关键因素	权重	评级	分数	评级	分数	评级	分数	评级	分数
……									
劣势									
1.									
2.									
3.									
……									
合计	1.00*		**		**		**		**

*：权重之和必须为1。**：最后需要得到加权分数；评级值为，1—响应最低，2—响应一般，3—相应较高，4—相应最高；分数的高低体现了机会和威胁的影响；关键外部因素一般不少于40个。

项目 8　初创管理团队组建、公司架构与人力资源管理

公司使命既要满足客户的需求，建立一定的市场份额，又要能够降低成本来增加企业的价值、增加客户的满意度，还希望履行一些社会责任，即能够保障企业实现自身价值目的的同时，也能带动周边社区和本地的发展。因此，企业的目的非常具有自己的特色。

公司的宗旨是阐述公司长期的发展目标，主要是说明公司目前和未来所要从事的经营业务的主要范围；公司的宗旨其实是反映了公司长期发展的公司定位，公司定位需要结合之前实训项目对公司战略进行分析。

案例引入

大学生李明创立的天才之道电子书阅读器公司，经过创业股东讨论，树立了公司的使命和宗旨。

李明从团队组建、创业理念等方面入手，通过复盘他们的创业历程和经验，发现他们的创业管理团队是由来自不同专业背景的 5 名大学生组成的。在选拔核心管理团队成员时，李明注重候选人的创新能力、专业技能和团队协作精神，为了实现优势互补，团队成员在分工协作中承担不同的角色，如产品研发、市场营销、运营管理等。此外，他们还制订了详细的团队培训计划，以提高团队整体素质和应对风险的能力。

李明创立的该电子书阅读器公司，其组织架构在发展过程中也因为外部环境变化和公司规模的变化，而不断重组和调整。在李明公司初创时，面临着生存和市场份额的挑战，所以公司人数不多，只有 7 个员工，李明一人就可以管理全部人员。

前两年公司业务不断发展，公司规模不断扩大，人员也越来越多，公司员工人数增加到 380 人，李明一个人已经完全管理不过来，也没有办法认识公司全部人员，所以李明对公司的组织架构进行了调整。

随着时间推移，初创公司已经开始有了明确的业务方向和初步的市场份额。此时，组织架构需要进一步明确并开始注重规范化。在初创阶段，组织架构调整的重点是如何提高公司的运营效率。

李明的电子书阅读器公司随着业务规模的不断扩大，以及公司连续几年60%以上的增长速度，致使公司业务日趋繁忙，人员结构开始变得不再稳定，出现了离职、内部晋升困难、员工情绪不满等情况。

思考：
1. 为什么公司要确立自己的使命和宗旨？
2. 大学生创业管理团队为什么非常重要？

8.1 公司使命和宗旨

公司使命和宗旨应该相互协调，并与公司的战略计划和组织结构相一致。它们应该明确公司的核心竞争力和优势，并为公司提供长期发展的动力和方向。同时，公司使命和宗旨也应该能够激发员工的热情和创造力，提高客户满意度和忠诚度，为公司的可持续发展提供支持。

8.1.1 公司使命

企业的使命是对企业存在理由的宣言，它需要回答我们的企业为什么要存在的问题。高层企业管理人员负责明确企业的使命。企业使命是企业核心价值观的载体与反映，是企业生存和发展的理由。

企业存在的根本目的是企业的性质和存在理由的直接体现。对于企业来说，企业都是以盈利为目的，企业的首要目标是给企业的所有者带来直接的经济利益。所以企业要通过满足消费者的各种需求，建立相关的市场份额，降低公司的运营成本，提高公司的经济效率来实现企业的价值。

8.1.2 公司宗旨

公司的宗旨是公司最高层面描述公司目标和愿景的声明，它能够激发员工的激情和斗志，引导公司走向未来。公司的宗旨通常都在阐述企业长期的战略意向，具体的内容主要说明了企业目前和未来所要从事的经营业务范围。美国学者德鲁克曾经提出了"企业的业务是什么"，也就等价于提出了"企业的宗旨是什么"。

■ 实训8-1 电子书阅读器模拟企业的公司使命和宗旨

任务描述： 各创业项目小组管理层想一想，如果自己要组建模拟电子书阅读器模拟公司的话，那么公司的使命应该是什么？公司的使命是阐明企业存在的根本理由和企业公司的基本性质，企业的基本性质也包括了组织的形式。

任务实施：请根据创业项目小组的战略分析，讨论公司的使命及宗旨。

任务 8-1-1：请创业项目小组给出模拟电子阅读器企业的使命及宗旨。

_____

_____

_____

任务 8-1-2：请创业项目小组根据市场预测给出模拟企业未来 8 个季度的公司战略。

_____

_____

_____

_____

8.2 大学生创业管理团队组建

大学生创业管理团队是一个非常特殊的群体，是由两个或两个以上拥有共同语言的大学生，因为共同的兴趣爱好、创业理念、价值观、创业的意愿、创业的梦想，为了共同的创业目标，团结协作、相互信任，并共同承担创建新创企业的责任、共同分担创业的风险而组建的工作团队。

8.2.1 大学生创业管理团队的特征

大学生创业管理团队具有以下几个主要的特征。第一，团队具有创新的活力：随着经济技术的快速发展，现在大学生的创新意识越来越明确，对于新事物的兴趣和追求远远胜过了对财富的追求，所以大学生创业团队更具有自我挑战的精神和毅力，也使得大学生创业团队更具有创新性。第二，大学生创业团队具有极高的可塑性：大学生们就是一张白纸，虽然他们对于创业管理的理论、方法都不是特别清楚，但是他们有很高的热情，他们投入自己百倍的热情和希望，对创业项目成功是具有积极意义的；他们的可塑性非常强，在未来当他们拥有一定的创业经验之后，他们的思想认识和创新管理能力将会得到更大的提升。第三，创业管理团队互补性很明确：因为大家第一次创业，对彼此的了解其实还不太够，但是能够明确各自具有的特长，有意识地进行分工，在自己不了解的领域愿意分工协作，所以团队如何进行人员搭配和分配，将是他们未来需要更深入了解的，而保持团队关系的和谐，能够提高团队的工作效率。第四，大学生创业具有动态开放性：创业过程是一个充满了不确定性的过程，团队中可能因为能力、观念等多种原因致使不断有人离开，同时也有人要求加入，因此在组建创业团队时，应注意保持团队的动态性和开放性，使真正完美匹配的人员能够被吸纳到创业团队中来。

8.2.2 大学生创业管理团队的构建

在当今快速发展的商业环境中,大学生创业成为越来越重要的一项选择。然而,要想成功地启动并运营一家企业,单纯依靠个人的力量是很难实现的。因此,建立一个强大的管理团队成为大学生创业过程中的关键步骤。

1. 大学生创业管理团队组建影响因素

(1) 大学生创业者。在全国范围内展开的大学生创业计划大赛中,很多创业者不能把自己的创意表达出来,同时缺乏个性化的创新意识。大学生有抱负,有理想,但缺少实践操作,对于具体的目标选择、市场开拓、经营策略等方面还是缺乏相应的经验与相关的知识。在创业中必然会遇到许多矛盾和困难,如果没有好的意志和坚持不懈的精神,就不会取得成功。然而,从对近几年自主创业的大学生的情况分析来看,不少创业者都缺乏这样的意志,心态不稳。

(2) 团队成员。团队成员之间具有相同的创业思路,共同的愿景、奋斗目标和方向,才能够保证团队之间沟通是顺畅的,否则团队之间一旦出现争执争吵,就可能会导致团队的分崩离析,最终团队项目有可能会失败。

(3) 团队目标与价值观。团队共同的目标和价值观是维系团队成员之间的基准。只有团队为了实现一个共同的目标,才能共同使力,共同奋勇前进;价值观相同,整个团队才会不畏惧艰难,能够互相磨合、彼此妥协,最终达成一致。创建了团队,才能有效发挥其团队作用。

(4) 外部环境。阻碍大学生创业的首要障碍就在于传统就业观念的影响,社会舆论氛围直接影响着人们的价值观和人生观。所以受追求稳定、安居乐业等传统就业观念的影响,现在全社会范围内仍然没有形成提倡创业精神和重视创业行为的社会氛围,而这样的社会氛围必然会影响到学校教育和大学生对于创业的热情。创业的机会非常多,但不是每一个创业机会都可以转变为商业机会,只有那些具有商业价值的机会才能够作为商机的判断标准。不同类型的创业者针对不同的商业机会,采用不同策略进行,才有成功的胜算。

2. 创业管理团队的主要工作

(1) 明确创业目标。创业管理团队的目标是将大学生的努力凝聚起来的重要因素,从本质上来说创业团队的根本目标都在于创造新价值。

(2) 完成创业计划书或方案。制订大学生创业团队成员在不同阶段分别要做哪些工作,以及怎样做的指导计划。创业管理团队进行相应的分工协作,在创业计划书里面明确每个人创业工作的负责部分,形成完整的创业商业计划书。

(3) 招募合适的人员。任何计划的实施最终还是要落实到人的身上去。人作为知识的载体,所拥有的知识对创业团队的贡献程度将决定企业在市场中的命运。

(4) 构建创业团队制度体系。创业管理团队的制度体系能够有效地对创业团队的成员实施约束和激励。有效的约束机制能够使每个人在自己的职责范围之内,按照明确的目标和方向展开相关创业工作,而激励机制是能够激励团队的成员高效运作,实现该部分团队结果的有效达成。

3. 创业管理团队的风险控制

创业管理团队的风险识别是认识和发现造成企业或个人各种损失的存在性或潜在的隐患，并通过一定的程序、方法，系统、全面地分析产生风险的原因、风险损失对企业影响的大小的过程。

(1) 努力营造共同的创业理念和愿景，组建合理结构的团队成员。在创业的过程中，因为大家有共同的创业理念和愿景，能够结合在一起，但是组建合理结构的团队成员，及时选择合理恰当的团队成员，要求成员在选择上能够在能力和技术上做到互补；同时能够保证团队成员、创业成员的角色足够丰富，能够处理创业管理团队遇到的各种各样的问题。

(2) 明确清晰的创业目标，保持团队持续的学习力和创造力。创业的过程中，明确清晰的创业目标能够让大学生创业管理团队的力往一处使。在创业的过程中，团队成员会有各种各样的想法，当走到一定阶段，大家因创业目标不一致会导致分道扬镳，所以明确创业目标，保持团队持续的创新力和学习能力，反而能够打造团队的凝聚力，最终成功完成想要的创业目标。

(3) 制定有效的激励制度，制定科学的股权分配机制与富有弹性的利益分配机制。控制创业风险要保证有效的激励制度，特别是在创业初期财务资金比较紧张的情况下，要拿出更多的钱分配给创业管理团队是不现实的。因此，制定科学合理的股权分配机制和富有弹性的利益分配机制，协调大家的利益，能够保证团队的持久性，这样的团队才是富有凝聚力和战斗力的。

实训8-2　电子书阅读器模拟企业的管理团队组建

任务描述：各创业项目小组管理层想一想，如果要组建模拟电子书阅读器模拟公司的话，那么公司应该怎样组建管理团队？如何选择公司的创业发起人？

任务实施：请根据同学们模拟电子阅读器企业战略分析，讨论公司的初创团队组建。

任务 8-2-1：请模拟电子阅读器企业的创始人考虑核心团队管理人员招募的目的、标准和条件，并考虑如何吸引优秀核心人才的加盟，招募表如表 8-1 所示。

表8-1　核心团队管理人员招募表

序号	实施目标	实施内容	备注
1	招募目的		
2	招募标准		
3	招募渠道和方式		
4	吸引核心人才条件		

任务 8-2-2：请模拟电子阅读器企业的初创团队发起人申报并路演，请同学们投票去参加到你心仪的管理团队之中，没有获得管理团队成员的发起人将取消管理团队组建资格。请将创业发起人及其管理团队的基本信息记录在表 8-2 中。

表8-2　大学生创业管理团队成员汇总表

序号	创业团队成员基本信息	创业团队成员的特长、技能、专利、软著、商标、专长、科研、比赛等成果	备注
1			
2			
3			
4			
5			

任务 8-2-3：请模拟企业的管理层给出自己管理团队的优劣势分析。

_____
_____
_____
_____

8.3　公司架构设计

组织架构是指确定对工作任务如何分工、如何分组，以及协调合作而形成的组织各部门、各层次之间一种相对稳定关系的模式。组织架构多种多样，分别有直线制组织结构、职能制组织结构、直线职能制组织架构、事业部制组织架构、矩阵制组织架构，以及今天网络时代的虚拟组织结构。

8.3.1　各种组织结构

企业的组织结构是企业的骨架，是企业运行和发展的基础。它由不同的部门、职位和员工组成，通过一定的组织形式和关系来协调和促进企业的运营。常见的组织结构有以下几种。

1. 直线制、职能制、直线职能制组织结构

直线制组织结构是一种最简单的集权式组织结构。其领导关系按垂直系统建立，不设专门的职能结构，自上而下形成垂直领导与被领导关系。它的管理是一个单一的管理，能够做到令行禁止，信息传递非常有效，做到组织管理高效率，但是在专业化的管理方面相对薄弱，受管理者个人能力的影响很大，很难胜任组织规模较大时的有效管理。

职能制组织结构是按照专业分工设置相应的职能管理部门，实行专业分工管理的组织结构形式。它体现出专业化的管理，能够极大地减轻管理者的负担，但是容易产生多头领导，很难进行多职能部门的协调，职责难以明确。

直线职能制组织结构是现实中运用得最为广泛的一个组织形态，它把直线制结构与职能制

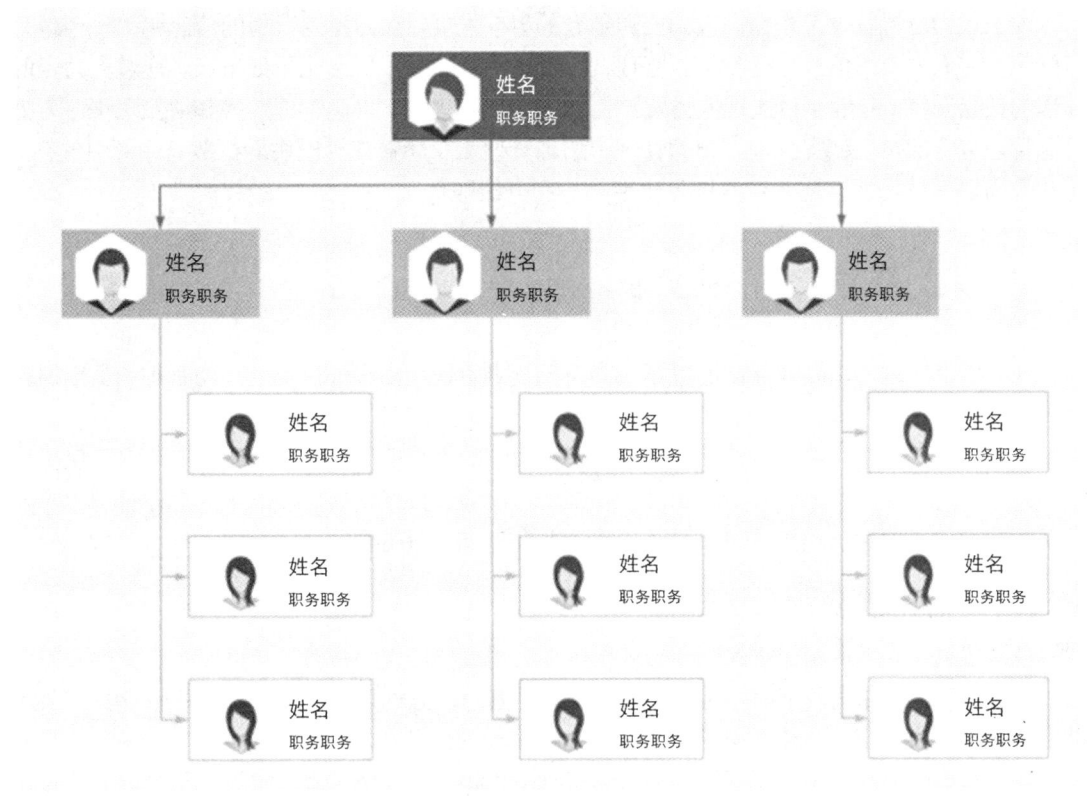

图8-1 人力资源管理系统组织图

8.4 人力资源管理

人力资源管理,是指组织针对其人力资源所需求的各种活动和功能,通过计划、组织、指导、控制和激励等方式对人力资源进行全面有效的管理。作为一项管理领域,人力资源管理的目的是使企业可以获得高效的、具备竞争力的员工队伍,使员工能够发挥其最大的工作能力和潜力,为企业带来稳健的发展和成功。

8.4.1 人力资源管理概述

在企业的发展过程中,人力资源管理的角色不可忽视。不论是人才招聘、员工培训,还是薪酬福利、员工激励,人力资源管理都是企业不可或缺的一环。

人力资源管理是企业成功的关键之一。无论是招聘、培训、薪酬福利还是绩效管理,都需要对员工的需求进行充分的分析和调研,并选择最为适合和有效的方案和方法。只有通过有效的人力资源管理,才能确保企业的长期发展。人力资源管理是指以组织战略目标为导向,通过一系列管理活动,对人力资源进行有效开发、合理配置、充分利用和科学管理的过程。

未来人力资源管理工作会向人力资源数仓的方向发展，人力资源管理的信息化工作会越来越强化，对人力资源信息进行收集、整理、分析、应用的过程信息化无处不在。通过人力资源管理的数仓系统，企业可以实现人力资源信息的共享和集成，提高管理效率和决策水平。人力资源管理包含的员工档案管理、招聘管理、培训管理、薪酬管理等模块均在数仓系统中保存，企业只需要保持日常管理并对其进行定期维护和升级即可。

8.4.2　人力资源管理的业务职能

人力资源管理的主要业务职能包括人力资源规划管理、工作分析及胜任力管理、员工招聘管理、培训与开发管理、绩效管理、薪酬福利管理、员工关系管理等。

人力资源管理是企业发展的重要支撑。通过科学的人力资源管理，组织可以吸引和保留优秀的人才，提高员工的工作效率和满意度，推动组织的可持续发展。在未来的企业管理中，人力资源管理的重要性将不断提升，需要企业高层管理者给予足够的重视和支持。

▪ 实训8-4　模拟企业人力资源供需分析

任务描述：人力资源战略的规划必须要实现公司战略与人力资源的有效衔接，使得人力资源规划能够成为未来公司战略落地的工具；有效的人力资源规划可以使人力资源管理具有前瞻性和战略性，人力资源战略规划的方法分为定性和定量分析。

任务实施：请模拟企业管理层根据人力资源战略规划，选择恰当的定性定量预测方法，预测公司未来 1~8 季度所需要的人员结构，保证公司每个节点上都拥有合适数量、质量和结构的人力资源数量，避免人员短缺或是影响组织目标达成。根据公司战略设定完成表 8-4 所示的人员供需分析情况。

表8-4　完成模拟企业的人员供需分析表

序号	实施要点		实施内容	备注
1	人力资源需求定性定量分析选择	定性分析		
		定量分析		
2	人力资源供给定性定量分析选择	定性分析		
		定量分析		
3	人力资源供需平衡策略选择	供给小于需求		
		供给大于需求		

实训8-5 模拟企业人力资源工作分析

任务描述：人力资源工作分析是分析工作岗位的基本职能、工作的职责、工作的性质、工作的环境和人员胜任力等的基本要求。工作分析是对一个员工所从事的某项工作或者任务进行全面分析，是人力资源管理的基础性工作，工作分析的最终成果是形成工作说明书，工作说明书的内容包括工作识别信息、工作描述、工作职责和任职资格。

任务实施：请模拟企业的管理层根据模拟电子书阅读器企业的人力资源规划，完成公司未来1~8季度所需要的人力资源工作分析，完成最终每个岗位的职位说明书。

任务 8-5-1：请将人力资源岗位分析情况填写在表 8-5 中。

表8-5 模拟企业人力资源岗位分析表

序号	工作岗位	实施要点	实施内容	备注
1		工作识别		
		工作描述		
		工作职责		
		任职资格		
2		工作识别		
		工作描述		
		工作职责		
		任职资格		
3		工作识别		
		工作描述		
		工作职责		
		任职资格		
4		工作识别		
		工作描述		
		工作职责		
		任职资格		

任务 8-5-2：请完成自己所对应岗位的职位说明书，并另行提交实验记录。

实训8-6 模拟企业的人力资源招聘管理

任务描述：人力资源招聘管理是依据公司战略及工作分析的结果进行人员招聘管理的。招聘管理首先是业务部门提出用工需求，经领导审核批准之后启动招聘流程。人力资源部负责实施招聘管理，根据招聘的岗位，确定招聘的渠道，选择恰当的招聘方法，实施招聘并收取相应的简历；填写职位申请表后，进行人力资源的甄选，甄选分为初选和复选，人力资源的甄选和最终确定一般由业务部门决定，人力资源部监督人力选拔流程；选拔流程结束后进行应聘者的背景调查和体检；公司谈话后，最终由公司的最高负责人审批招聘的结果，人力资源部下达用工 offer，对拟招聘者进行录用；新员工报到之后签订劳动合同，完成招聘流程，并对全过程进行评估总结,结束招聘的工作。员工招聘流程如图8-2所示。

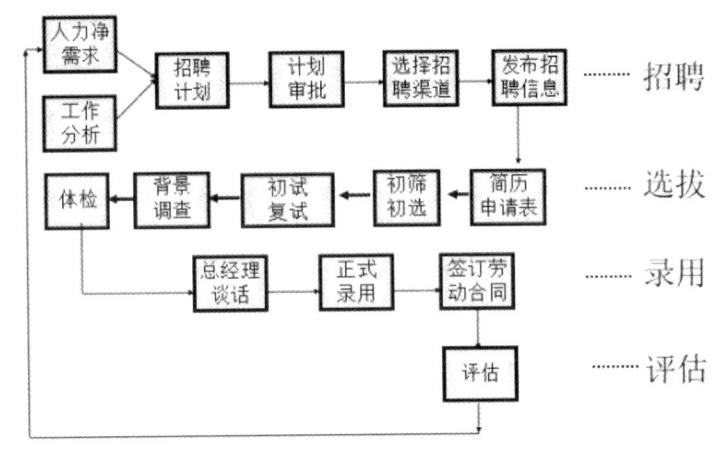

图8-2 员工招聘流程图

任务实施:请根据模拟电子书阅读器企业的人员供需分析及工作分析,由模拟企业管理层根据公司未来1~8季度所需要的人员结构,进行人力资源的招聘、甄选和录用工作。

任务8-6-1:人力资源招聘发布。请根据模拟企业招聘岗位及人数要求等,完成一份对外招聘广告(对内是招聘布告),并另行提交实验记录。

任务8-6-2:请根据模拟企业招聘岗位及人数要求等,完成人力招聘过程管理表,如表8-6所示,并讨论模拟企业招聘各个岗位渠道及招聘甄选方法的选择。

表8-6 模拟企业人力资源招聘管理表

序号	实施要点	实施内容	备注
1	员工招聘审批		
2	员工招聘实施		
3	员工甄选过程		
4	员工录用结果		
5	招聘管理评估		

实训8-7 模拟企业的员工培训与开发管理

任务描述:人力资源员工培训与开发管理是企业向员工提供未来工作中所需要用到的知识和技能,并根据员工的需求和组织战略发展目标相一致的目标,对企业员工的潜能开发和职业技能发展进行规划和实施的过程。

任务实施:请模拟企业管理层根据模拟电子书阅读器企业招聘员工为基础,对公司未来1~8季度所需要的人员结构和技能要求进行人力资源员工的培训和开发管理。

实施模拟企业人力资源员工培训与开发的培训管理。请根据模拟企业招聘的员工,讨论模拟企业在1~8季度期间如何对不同职能部门的员工进行有效的培训与开发,并完成表8-7的填写。

表8-7 模拟企业人力资源培训与开发管理表

序号	实施要点	实施内容	备注
1	员工培训需求分析		
2	公司培训战略目标		
3	制订审核培训计划		
4	选择恰当的培训方法		
5	培训与开发的实施		
6	培训与开发效果评估		

实训8-8 模拟企业绩效管理

任务描述： 企业绩效管理是人们从事某一种企业工作所产生的成绩和成果，绩效管理本身代表着对于企业绩效相关问题的系统思考。绩效管理的根本目的不是为了区分员工、让一部分员工多领钱一部分员工少领钱，而是为了持续改善组织和人员管理，从而实现企业战略目标，引导员工行为尽量跟组织目标相匹配，员工行为与组织目标匹配程度越高，绩效结果就越高，最终达到双赢的目的。

任务实施： 请模拟企业根据模拟电子书阅读器企业工作分析为基础，结合岗位评价，以公司未来1~8季度所需要完成的企业战略目标为基准，制定合理的模拟企业绩效管理。

实施模拟企业绩效管理。讨论模拟企业对不同部门不同岗位的员工如何制定绩效管理，并将讨论结果填写在表8-8中。

表8-8 模拟企业绩效管理表

序号	实施要点	实施内容	备注
1	公司的战略目标		
2	拆解公司目标到部门		
3	拆解部门目标到个人		
4	设置绩效标准		
5	选择绩效管理的方法		
6	实施绩效考核		
7	绩效反馈与面谈		
8	绩效改进		

实训8-9 模拟企业的薪酬福利管理

任务描述： 人力资源薪酬福利管理是指员工因为从事企业所需要的劳动和服务，从企业得到的以货币形式为主、非货币形式为辅的补偿和回报。狭隘的薪酬是指个人获得的工资、奖金等实物形式的劳动报酬。广义的薪酬包括经济性的报酬和非经济性的报酬，非经济性也包括了个人对企业及工作本身在心理上的一种感受。企业的福利形式多种多样，除了法定福利之外，还有其他的很多福利，包括午餐补贴、购房补贴等等，这些都属于薪酬管理的组成部分。

任务实施：请模拟企业根据模拟电子书阅读器企业工作分析和绩效管理，结合公司未来 1~8 季度的市场预测，以竞争对手的薪酬为参考，制定合理的模拟企业薪酬福利管理。

任务 8-9-1：随着数字经济的快速发展，模拟企业的薪酬调查可以采用哪些方法？

_____

_____

_____

任务 8-9-2：实施模拟企业的薪酬福利管理。请根据模拟企业的市场预测与预期收益，分析模拟企业对不同部门不同岗位应如何制定薪酬福利管理，并完成表 8-9 的填写。

表8-9 模拟企业薪酬福利管理表

序号	实施要点	实施内容	备注
1	公司未来预期收益		
2	行业人力成本调查		
3	企业负担人工成本		
4	设置岗位薪酬绩点		
5	实施薪酬福利管理		
6	员工薪酬满意度调查		

实训8-10 模拟企业的员工关系管理

任务描述：员工关系管理是人力资源管理的一个特定领域，通过拟定和实施各项人力资源管理的政策制度，调节管理员工的行为，使之互相联系和影响，以实现企业的发展目标。新型的员工关系越来越受到数字经济的影响，员工入职即纳入企业的人力资源数仓管理，确保员工所有基础信息和每季度产生新的信息更新，员工入职及职业生涯规划管理，员工的离职不再是离开企业而是变为企业的在线管理，员工的满意度不再是只跟薪酬相关，也跟员工的贡献和反馈保持密切相关关系。

任务实施：请模拟企业的管理层根据模拟电子书阅读器企业员工的来源与组成，完成人力资源数仓的规划和建设，制定合理的模拟企业劳动关系管理。

任务 8-10-1：请填写模拟企业人力资源劳动关系管理表，如表 8-10 所示。

表8-10 模拟企业人力资源劳动关系管理表

序号	实施要点	实施内容	备注
1	公司人力资源数仓		
2	公司员工基础信息		
3	公司员工每季度的新数据更新		
4	员工入职及规划管理		
5	员工在职的流程管理		
6	员工离职及在线管理		
7	员工反馈及满意度调查		

任务 8-10-2：请拟定一份工人和销售人员的劳动合同，并做好实验记录。

8.4.3 提升企业员工团队凝聚力

企业员工团队是企业发展的重要组成部分，它不仅关乎着企业的整体运营效率，还影响着企业员工的职业成长。企业团队建设中的十个方面：明确目标、沟通与协作、培训与发展、领导力、激励机制、团队文化、风险管理、反馈与评估、决策效率、多样性与包容性，将帮助企业更好地提高团队凝聚力和竞争力。

企业员工团队建设及提高需要从多个方面入手，通过不断优化这些方面来提升企业员工团队的凝聚力和竞争力，实现可持续发展。

实训8-11 提升模拟企业员工团队凝聚力和竞争力

任务描述：团队凝聚力是企业发展的重要推动力。通过提升模拟企业员工团队凝聚力和竞争力，可以帮助团队成员更好地协同工作，提高工作效率，同时也能增强员工的归属感和忠诚度。

任务实施：请模拟企业管理层根据模拟企业员工的来源与组成，完成人力资源数仓的规划和建设，提高团队凝聚力和竞争力。填写提高团队凝聚力和竞争力实施表，如表 8-11 所示。

表8-11 提高团队凝聚力和竞争力实施表

序号	实施目标	实施内容		备注
1	明确目标			
2	沟通协作	核心管理成员 1： 核心管理成员 2： 核心管理成员 3：	核心管理成员 4： 核心管理成员 5： 核心管理成员 6：	技能及沟通交流会
3	培训发展			计划实施的素质拓展活动及内容
4	领导力			计划实施，诸如无领导小组讨论及公文处理等
5	激励机制	奖励机制：	惩罚机制：	激励及绩效管理
6	团队文化			企业文化的培育
7	风险管理			审计与内控的培训
8	反馈评估			搭建公司意见箱平台
9	决策效率			搭建公司电子化办公平台，凸显扁平化和网络化趋势
10	多样包容			搭建企划部

项目 9　公司注册与成立

注册公司可以使公司成为一个法律实体，拥有独立的法律地位，其财产和权利受到法律的保护，这对公司的股东、员工、客户和供应商都有保护作用。通过注册公司，可以吸纳资金和人力资源，增加经营实力，发挥合作优势，公司可以以团队形式合作，共同拓展事业，提高整体效益。注册公司可以让企业更加受信任，更容易得到客户的信任，从而有利于业务的发展。

案例引入

李明召集了公司创始股东，召开股东大会。在会上大家商议了公司注册前的各项事宜，委托相关人员进行公司注册，并一一讨论通过了公司的章程、董事会的组成人员、公司名称、公司组织架构、公司高层管理人员等事项。

股东大会后，李明准备将电子书阅读器企业进行公司注册，他需先确定公司名称并进行核名，然后提交给当地市场监督管理局进行核名。核名需要的时间为1天，在此期间，他确定了公司名称可用并继续下一步。

提交预申请。在核名完成后，李明需要向当地市场监督管理局提交预申请，包括公司名称、地址、注册资本、经营范围等信息。预申请需要提交到工商部门进行审批，通常需要3个工作日。

提交正式申请。在预申请得到批准后，李明提交了正式申请，包括公司章程、股东会决议、董事会决议等文件。正式申请需要提交到工商部门进行审批，通常需要5~7个工作日。

领取营业执照。在正式申请得到批准后，李明需要携带身份证和授权委托书到当地市场监督管理局领取营业执照。领取营业执照后，公司正式成立。

李明再选择一家银行作为公司的开户银行，并提交相关资料进行银行开户。开户银行会根据公司提交的资料为公司开立一个银行账户，以便公司进行资金往来。李明需要向税务部门提交相关资料进行税务登记，包括公司名称、地址、注册资本、经营范围等信息，并领取税务登记证。

通过以上的步骤，李明的公司注册成立，李明开始了他的商业旅程。

思考：
1. 为什么要进行公司注册？
2. 公司注册有哪些基本步骤？

9.1 公司注册前期准备

公司注册前期准备主要包括确定公司类型和名称、制定公司章程、选择地址、核名、准备材料等。这些前期准备步骤完成后，就可以进行公司的注册了。注册公司需要先准备好公司的章程、股东会或董事会决议、投资者身份证明等文件，然后向工商部门提交申请。

9.1.1 选择公司形式

无论公司注册采用何种组织形式，都应具备两种基本权利，即所有权和经营权，所有权和经营权是企业从事经济运作和财务运作的基础。目前我国适合中小型企业创业的组织形式为有限责任公司、个人独资企业和合伙企业，个体工商户不算企业组织形式。

- 有限责任公司：有限责任公司是根据中国的公司法，由2个以上50个以下的股东所组成的，股东以其出资额为限，有限责任公司以其全部资产对公司的债务承担相应责任的企业法人。有限责任公司的注册资本金没有最低限度要求，一般来说，要求普通有限责任公司具有一定程度上的债务承担能力，能够具有一定的信用额度。有限责任公司不能够向社会公开募集公司的资本，不能发行股票。
- 个人独资企业：个人独资企业是指依法在中国境内设立，由一个自然人投资，并且为投资人个人所有的公司。投资人以其个人财产对企业承担无限连带责任的经营实体。尽管个人独资企业有自己的名称，并以企业的名义从事经营行为，参加诉讼活动，但他不具独立的法人地位。
- 个体工商户：根据国务院对个体工商户的管理条例的规定，有能力的公民依照相关的行政管理许可条例，可以从事工商经营活动，作为个体户，以个人为经营主体，也可以家庭为经营中心。申请登记为个体工商户，应当向经营场所所在地的税务机关申请登记注册，申请人应该提交相应的申请书、身份证明、经营场所的证明。个体工商户要包括相应的登记事项。个体工商户不具有法人资格，不能够设立分支机构。
- 合伙企业。合伙企业是指由各合伙人订立合伙协议，共同出资，共同经营，共享收益，共担风险，并对企业债务承担无限连带责任的营利性组织。合伙企业一般无法人资格，不缴纳企业所得税，缴纳个人所得税，类型有普通合伙企业和有限合伙企业。

新的公司法取消了最低注册资本金的要求，改为备案制。现在公司没有最低注册资本金的要求。但某些特定行业，如银行、证券等，仍需要一定的注册资本，具体金额根据从事的行业和地区规定，需要咨询当地相关部门。

9.1.2 制定公司章程

公司章程是公司依法成立并运行的重要基础文件,类似公司的宪法,旨在规范公司在治理结构、权利义务、内部管理等方面的行为,确保公司合法合规、稳定发展。大学生初创企业前,如果对公司章程不了解,可以先着手了解,可以在当地市场监管局的官方网站上搜索"公司章程范本",可以参考股份有限公司章程范本或有限责任公司(一人公司)章程范本,根据自己公司的情况有针对性地修改公司章程,最好有懂法律的大学生创业者或者从事法律工作者帮助进行公司章程的审核,防范公司章程的法律风险。

公司章程的内容必须要包括下列内容。

- 公司基本信息:包括公司名称、住所、经营范围、注册资本等。
- 公司治理结构:包括股东会、董事会、监事会等机构的组成,以及职责和权利。
- 股权结构:详细描述各股东的出资额、股权比例、权益和义务等。
- 经营管理:规定公司的经营方针、管理机制和决策程序等。
- 财务管理:包括公司财务制度、会计制度、审计制度等。
- 劳动管理:规定公司的人力资源管理政策,如招聘、薪酬、福利、奖惩等。
- 合同管理:规定公司合同管理制度,包括合同审批、签订、执行和终止等。
- 知识产权保护:规定公司对知识产权的保护、使用和管理等。
- 公司变更、解散和清算:规定公司变更、解散和清算的程序与要求。
- 争议解决:规定公司内部争议的解决方式和方法。

同时应该注意公司章程的制定必须符合相关法律法规和政策要求,以确保公司的合法性和合规性,最好由专业法律人士审核公司章程。公司章程尽量满足实用性、可操作性和前瞻性,以确保章程能够有效地指导公司治理和内部管理的实践,对预判的问题有清晰的界定和区分,有前瞻性地设定好相应规定。公司章程是公司治理和内部管理的重要基础文件,对于公司的稳定发展具有重要意义。在制定章程的过程中,需要遵循结构规范和合法合规要求,不断更新和完善章程内容,以适应公司未来发展的需要。

实训9-1 模拟企业组织形式分析

任务描述:选择公司的形式需要考虑多个因素,包括税务、法律责任、运营模式、未来发展等。有限责任公司(LLC)形式提供有限的法律责任,股东只需承担其出资额的风险。股份有限公司(LTD)形式提供了最高的法律责任,同时也有较为复杂的组织结构和管理要求。有限合伙企业(LP)形式适用于需要风险投资的组织,可以为投资者提供有限责任的保护,LP的普通合伙人仍然需要承担无限责任,适用于小型企业或初创企业,所有合伙人都要承担无限责任。对于大学生创业而言,股份有限公司的门槛较高,应根据自身企业的需求和实际情况进行综合选择与考虑。

任务实施:请根据公司形式的特点确定模拟企业的公司形式,并制定公司章程。

任务9-1-1:请模拟企业的管理层思考各类公司形式的优缺点,选择适合自己需求的公司形式。

任务 9-1-2：请模拟企业管理层将公司章程制作要点填写在下面的横线上。

_____

_____

_____

_____

任务 9-1-3：请创业管理团队根据下载的市场监管局官网上的公司章程模板，结合公司和行业的具体特点，完成自己公司章程的制定，并请另行提交实验记录。

创业加油站：

牛羚企业是指具有自主知识产权，连续两年销售收入年均增长在 30%以上，且最近一个会计年度达到 500 万元人民币以上的企业。这类企业像牛羚一样，有强大的生命力，克服重重困难，顽强成长，向前奔腾。

瞪羚企业是指创业后跨过死亡谷，以科技创新或商业模式创新为支撑进入高成长期的中小企业。按照硅谷的解释，瞪羚企业就是高成长型企业，它们具有与瞪羚共同的特征——个头不大、跑得快、跳得高。这些企业不仅年增长速度能够超一倍、十倍甚至数十倍，还能有很大机会迅速实现 IPO。一个地区的瞪羚企业数量越多，表明这一地区的创新活力越强，发展速度越快。瞪羚企业通常根据关键技术突破获得跨越式发展，推出新商品，提供新服务，凭借建立新模式或搭建新业态的方式取得快速成长，并根据市场细节完成快速成长，获得成功。瞪羚企业具有成长速度快、创新能力强、专业领域新、发展前景大的特点，属于小巨人或隐形冠军。瞪羚企业作为创新发展的典型代表，正引领着传统产业的颠覆式变革和原创新兴产业的迅猛发展，是地区经济发展的方向标和发动机，可以加快推动地区经济高质量发展。

独角兽企业是指成立不超过 10 年，估值在 10 亿美元以上，在行业中有颠覆式的创新，发挥着引领作用的企业，具有创办时间较短、行业朝阳、增长速度较快等特征。它们往往拥有独有的核心技术或颠覆性商业模式；有天使投资经历，也有多轮投资经历；是某一个行业的细分领域的龙头，其中部分公司最终成为某一新兴领域的霸主。

雏鹰企业是指注册时间不超过 10 年，具有较强的创新能力，在某一细分领域取得突破，未来具有较高发展潜力，得到市场认可的创新型企业。

9.1.3 熟悉公司注册流程

公司注册手续在本地政府服务窗口办理，公司注册流程具体规定如下。

1. 工商营业执照办理

1) 核名

在线提交企业核名事项"企业(字号)名称预先核准申请表",包括法定代表人身份信息、企业名称字号、经营范围、代理人员信息等,然后等待核名通知书。核名过程是检索是否有重名,如果没有重名,就可以使用这个名称,并会核发一张"企业(字号)名称预先核准通知书"。

2) 提交资料

核名通知书出具以后,应及时提交法定代表人与全体股东及财务负责人身份证件、联系电话、电子邮件等登记信息,备案申请书,企业住所材料(园区提供),代理委托书等工商登记所需材料。所需材料可以在线提交。

其中,提交的租房资料准备如下:去专门的写字楼租一间办公室,如果自己有厂房或办公室更好,有些地方不允许在居民楼里办公;租房后要签订租房合同,并让房东提供房产证的复印件;签好租房合同后,还需要到税务局去买印花税,以租金的千分之一税率购买,印花贴在房租合同首页,后面凡是需要用到房租合同的地方都是需要贴了印花税的合同复印件。

关于提交的公司章程,可以在市场监管局网站下载"公司章程"的样本,修改一下即可,章程最后由所有股东签名。特殊行业企业需要联系一家会计师事务所,领取一张"银行询证函"(必须是原件,会计师事务所盖鲜章);此外,还需要进行企业验资,拿银行出具的股东缴款单、银行盖章后的询证函,以及公司章程、核名通知、房租合同、房产证复印件,到会计师事务所办理验资报告。

所有资料,包括设立登记申请表、股东(发起人)名单、董事经理监事情况、法人代表登记表、指定代表或委托代理人登记表等,填好后,连同核名通知、公司章程、房租合同、房产证复印件、验资报告一起提交给市场监管局等待核发营业执照。大概3个工作日后可领取营业执照。根据市场监管总局关于启用新版营业执照的通知,营业执照的正本样本如图9-1所示;营业执照的副本样本如图9-2所示。

图9-1 公司营业执照正本格式示意图

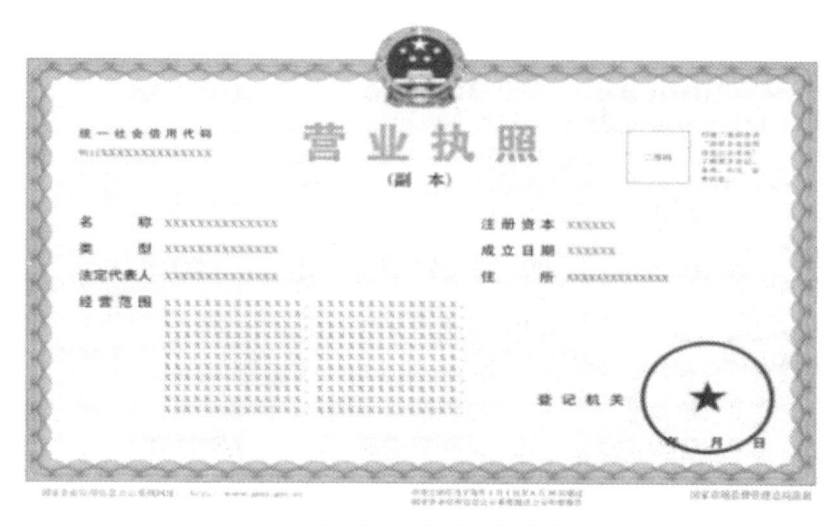

图9-2 公司营业执照副本格式示意图

2. 公安刻章

凭营业执照到县公安局申请刻章备案，由公安指定刻章机构刻制企业公章、发票章、财务章。企业经营过程中均需要用到公章或财务章。之后领取三章，公安局出具刻章证明。

3. 银行事项

到商业银行开设企业基本账户，银行发放开户许可证。所有股东带上自己入股的那一部分钱到银行，带上公司章程、营业执照、公章等，到银行去开立公司账户；开立好公司账户后，各股东按自己的出资额向公司账户中存入相应的钱，银行会发给每个股东缴款单。

办理银行网银业务、国税代扣四方协议等事项。凭营业执照，去银行开立基本账号。开基本户需要填很多表，最好把能带去的东西全部带上，包括营业执照正本原件、身份证、公财章、法人章，要不然跑很多趟。开基本户时，还需要购买一个密码器，今后公司开支票、划款时，都需要使用密码器生成的密码。

4. 税务事项

(1) 电子税务局：法定代表人个人注册，一照一码采集，绑定企业，绑定办税人员，存款账户验证等。

(2) 办税大厅：税务局登记，银行代扣三方协议登记，申请税控盘、发票、月季报、核定征收等。开始营业，应注意每个月按时向税务申报税，即使没有开展业务不需缴税，也要进行零申报，否则会被罚款。

实训9-2　电子书阅读器模拟企业公司注册

任务描述：各个创业模拟公司，根据创业管理团队成员的讨论，确立预成立公司的各项注册准备工作，可查询本地政府服务窗口，了解公司注册本地需办理的手续和费用情况。大学生创业注册最多的是有限责任公司，且公司名称有要求：很少带中国字头，也就是说出现"中国"

两个字的，一般是由国家市场监管总局来进行审批，如中国建设银行、中国银行、中国石油均是属于带中国字头的；如果公司名称是带江苏省的，一般是由江苏省市场监督管理局来进行审批；公司住所所在的城市名一般是可以直接加挂的，例如在南京注册一家企业，可以用"南京市***公司"，所以最常见的是加挂城市名。各地的注册现在都归到了当地市场监督管理局管理，开办流程完全对接国内目前最新的相关工商注册政策法规，体现了最新的、简化的行政审批流程及企业开办三证合一的新内容。

任务实施：请根据模拟电子书阅读器企业完成公司的各项注册内容。

任务 9-2-1：请回答三证合一是哪三证？五证合一是哪五证？请创业管理团队讨论开办企业需要进行哪些流程？

_____

_____

_____

_____

任务 9-2-2：填写模拟企业注册流程表，如表 9-1 所示。

表9-1 模拟企业注册流程表

序号	实施要点	实施内容		备注
1	企业名称预先核准	企业类型： 备选公司名称1： 备选公司名称3： 投资人信息：	申请公司名称： 备选公司名称2： 备选公司名称4： 公司住所地：	
2	公司设立申请	企业类型： 公司法人代表人： 认缴资本： 公司住所地：	公司正式名称： 公司股东信息： 经营范围：	
3	领取营业执照	公司名称： 法定代表人： 注册资本： 住所：	类型： 经营范围： 成立日期： 统一社会信用代码：	
4	开设银行基本账户	开户行： 名称： 注册资金：	银行账号： 统一社会信用代码： 经营范围：	
5	社会保险登记	单位名称： 开户行： 银行基本账号：	住所： 员工信息：	

任务 9-2-3：模拟企业注册成功，确定公司的基本信息，包括名称、类型、法定代表人、注册资本、成立日期、住所和经济范围，填写到模拟企业基本信息表中，如表 9-2 所示。

表9-2 模拟企业基本信息表

序号	实施要点	实施内容	备注
1	名称		
2	类型		
3	法定代表人		
4	注册资本		
5	成立日期		
6	住所		
7	经营范围		

9.2 公司税务登记

公司税务登记是公司向税务部门申报其基本信息和税务信息的法定程序，主要包括了准备相关资料、填写税务登记表、提交、缴纳税款、领取税务登记证等。

9.2.1 新办企业如何进行税务登记

税务登记是企业法律事务中的重要环节，它关系到企业的合法权益和长期发展。对于大学生新创企业来说，进行税务登记是非常必要的一步。税务登记证件是公司进行税务登记的基本文件。根据中国相关税法的规定，公司应当在营业执照颁发之日起30日内办理税务登记。

1. 确定纳税人类型、准备资料

新办企业需要根据自身情况和税法规定，确定纳税人类型。一般纳税人和小规模纳税人的资格申请有所不同，一般纳税人需要提交更为详细的申请材料。进行税务登记需要准备相关证件和资料，具体包括营业执照、法定代表人身份证等。对于不同类型的纳税人，需要提供的申请材料也有所不同。

2. 注册税务账户、开设银行账户

新办企业需要在完成纳税人类型确定和相关证件资料准备后，向当地税务局申请办理税务账户。税务局会对申请材料进行审核，如果审核通过，新办企业需要前往银行开设银行账户。银行账户是企业经营活动中重要的资金管理工具，也是纳税申报和税款缴纳的重要渠道。

3. 签订三方协议、申请开具发票

三方协议是指企业、税务局和银行之间的协议，用于明确各方在纳税申报和税款缴纳过程中的权利与义务。新办企业需要在银行开设账户后，前往税务局签订三方协议。

发票是企业经营活动中重要的财务凭证，也是税务部门监管的重要对象。新办企业需要向税务局申请开具发票，并在日常经营活动中正确使用和管理发票。公司需要严格遵守发票管理的相关政策和法规，正确使用和管理发票。

4. 购买税控设备、培训财务人员

税控设备是指企业用于控制税控电子信息录入和税控信息存储的设备，可以有效防止企业偷税漏税行为的发生。新办企业需要购买相应的税控设备，并按照规定进行使用和管理。新办企业还需要注重培训财务人员，提高其专业素养和技能水平，确保企业的财务管理和纳税行为的合法性与规范性。

5. 建立财务制度、申报缴纳税款

财务制度是企业经营活动中的重要组成部分，它规定了企业的财务管理和会计核算等方面的具体要求。新办企业需要建立完善的财务制度，确保企业的财务管理和纳税行为的合法性与规范性。

根据中国税法的规定，公司需要在一定期限内进行纳税申报。纳税申报的目的是将企业的纳税信息上报给税务部门，以便税务部门进行监管和管理。新办企业需要在规定期限内进行纳税申报，并及时缴纳相关税款，确保企业纳税行为的合法性和规范性。

除了以上几个方面，公司还需要注意其他一些税务相关事项。例如，需要定期进行税务自查，确保公司不存在违规行为；需要关注税收政策的变化，以便及时调整公司的税务策略；需要遵守税务部门的监管要求，配合税务部门的调查和检查等。

新办企业需要全面了解和掌握税务登记的各个方面，严格遵守相关政策和法规，提高纳税意识和诚信度，从而确保企业稳健发展。

9.2.2 网上税务登记流程

网上税务登记流程相对简单，只需要按照规定提交相关资料、按时申报纳税、及时缴纳税款即可。同时，还需要注意维护企业基本信息、了解税收政策变化等，确保企业合法合规经营。

1. 登录电子税务局网站、注册账户、提交资料

首先，打开"国家税务总局—网上办税"页面，用鼠标单击地图上你所在省份，即可打开所在地区的电子税务局。登录电子税务局(有些地区可以不登录，直接单击"公众服务")，在左侧导航栏单击"新办企业纳税人套餐"。

其次，在税务局网站上注册一个账户，填写相关信息，如企业名称、营业执照号码、法定代表人姓名等。注册完成后，系统将自动分配一个纳税人识别号(税号)。

最后，登录办税平台，填写并提交相关资料，主要包括营业执照、税务登记表、法定代表人身份证等。不同类型的纳税人需要提交的申请材料有所不同。按照内容填写营业执照信息、法人信息、会计制度信息，填写完后直接提交审核。

2. 审核流程

提交资料后，税务局将对申请材料进行审核，审核周期一般为 5 个工作日左右。如果审核通过，可以进行下一步操作；如果审核不通过，则需要根据审核意见修改申请材料后，重新提交，一般情况下 0.5 个工作日可审核通过。

3. 报税开户、录入信息，申报纳税，缴纳税款

审核通过后，需要前往银行开设纳税账户。纳税账户是纳税人缴纳税款的重要渠道，需要准确维护相关信息。在开设纳税账户后，需要登录网上办税平台，录入企业基本信息、财务报表等信息。这些信息将作为申报纳税的依据。

在规定的时间内，需要登录网上办税平台进行纳税申报。纳税申报需要根据企业的实际情况，按照税法规定计算应纳税额，并按照规定的申报周期进行申报。

纳税申报后，需要在规定的时间内将应纳税款缴纳到纳税账户中。如果逾期未缴纳，则可能会产生滞纳金等费用。

9.2.3 企业税费

企业税费是指企业按照国家税法规定应当缴纳的各种税费的总称。这些税费包括企业所得税、增值税、营业税、印花税、城市建设维护税、教育费附加等。这些税费在企业经营过程中是必不可少的支出，对于企业的盈利和现金流都有直接或间接的影响。

大学生初创企业可能涉及的税目如下。

1. 增值税

增值税是以商品(含应税劳务)在流转过程中产生的增值额作为计税依据而征收的一种流转税。增值税是对商品生产、流通、劳务服务中多个环节的新增价值征收的一种流转税。

目前我国一般纳税人的增值税适用的是 13%的税率。一般纳税人是指年应税销售额超过财政部规定的小规模纳税人标准的企业和企业性单位，它们应当按照《中华人民共和国增值税暂行条例》及其实施细则的有关规定向主管税务机关申请一般纳税人资格认定，经认定作为一般纳税人。纳税人一经认定为一般纳税人后，不得转为小规模纳税人。此外，未达规定销售额，但是财务制度管理规范的企业，也可以申请认定为一般纳税人。电子书阅读器模拟企业被认定为一般纳税人，其电子书阅读器产品适用 13%的税率。

增值税的计算方法如下。

采购原材料、辅料、燃料等：

$$增值税进项税额=采购价格\times适用税率$$

销售产品或者服务等：

$$增值税销项税额=销售价格\times适用税率$$

这里的采购价和销售价都是不含增值税的，增值税作为价外税单独核算。

$$增值税税额=进项税额-销项税额$$

增值税纳税时间为提供应税劳务、销售货物或完成应税行为的当天,所以销售电子书阅读器的增值税纳税行为发生在货物交付当天,而无论钱是否收到。

初创企业的大学生管理层们的增值税的纳税期限分为 1 日、3 日、5 日、10 日、15 日和 1 个月不等,具体时间取决于经营情况和税法规定。申报期限内,纳税人需要向税务机关提交有关纳税申报表、财务报表和其他相关资料,以完成申报程序,所以增值税的缴纳一般是在下一个月缴纳上一个月的增值税额。

2. 消费税

消费税是以消费品的流转额作为征税对象的各种税收的统称,是政府向消费品征收的税项。由于消费税是国家对于特定商品的调控,所以消费税只对特定商品征税。电子书阅读器不是消费税的征税对象,所以没有消费税的缴纳,本书不做过多介绍。

3. 城市维护建设税、教育费用附加、地方教育费用附加

城市维护建设税简称城建税,是一种专门用于城市维护建设的税收,旨在筹集资金以支持城市的可持续发展和提高居民生活质量。教育费附加是一种用于教育的政府性基金,由税务机关负责征收,同级教育部门统筹安排,同级财政部门监督管理,专门用于发展地方教育事业。地方教育费附加是以单位和个人实际缴纳的增值税、消费税的税额为计征依据,专门用于发展地方教育事业的政府性基金,与增值税、消费税同时计算征收,征收率由各省地方税务机关自行制定。

城建税、教育费附加、地方教育费附加的税费,其中城建税税率按照相关规定,分别为市区 7%、县镇 5%、其他地区 1%;教育费附加的税率为 3%、地方教育费附加的税率为 2%。

城建税税额=纳税人应纳税额(纳税人已缴纳的流转税作为计税的基础)×适用税率。

教育费用附加额、地方教育费用附加额=纳税人应纳税额(以纳税人已缴纳的流转税作为计税的基础)×适用税率。

4. 企业所得税

按照《企业所得税法》规定,大学生创业在我国境内的企业属于居民企业的,应当就其来源于中国境内、境外的所得缴纳企业所得税。企业所得税的税率为 25%,但是国家对重点扶持和鼓励发展的产业和项目给予了税收优惠。

对高新技术企业的认定,包括核心技术的创新性、研发能力的持续性、商业模式的创新性、技术收入的占比与重视知识产权等方面。目前电子书阅读器模拟企业还没有被认定为高新技术企业。

企业所得税的基本税率为 25%,对于符合条件的小型微利企业,税法规定其按照 20%的税率征收企业所得税;对于国家重点扶持的高新技术企业,按照 15%的税率征收企业所得税。企业如果发生了亏损,可以采取一系列的措施弥补亏损,包括用以前年度的利润来弥补等。

企业所得税=应纳税所得额×适用税率。应纳税所得额=利润总额+纳税调整增加额-纳税调整减少额;利润总额=营业收入-营业成本-税金及附加-销售费用-管理费用-财务费用+营业外收入-营业外支出。其中营业收入包括主营业务收入、其他业务收入,主营业务收入是电子书阅读器企业销售产品和提供阅读服务的收入,而其他业务收入主要是指模拟企业销售原材料等

产生的收入。

需要注意的是，企业所得税是按年利润高低来分阶梯缴纳的，具体如下：年利润小于100万元，目前是按2.5%缴纳；年利润100～300万元，前面100万元按2.5%缴纳，多出的金额按5%缴纳；年利润300万元以上，全额增收，按25%缴纳。

对于一般初创企业，企业所得税的缴纳期限为年度结束后15日内，需向主管税务机关报送年度企业所得税纳税申报表并完成税款缴纳。电子书阅读器模拟企业的适用税率如表9-3所示。

表9-3 电子书阅读器模拟企业适用税率表

类别	增值税	消费税	城建税	教育费用附加	地方教育费用附加	企业所得税	个人所得税
税率	13%	—	7%	3%	2%	25%	—

实训9-3 模拟企业第一季度增值税核算

任务描述：增值税是企业最重要的税费，是国家完成国民经济正常运行的保障，是国家最重要的税收来源，增值税的管理非常严格，请模拟企业管理者根据第一季度模拟经营的数据，完成增值税核算相关表格的填写工作。

任务实施：请根据下列核算表完成模拟电子书阅读器增值税应纳税计算和缴纳。

任务9-3-1：请根据下列核算表完成模拟电子书阅读器的增值税计算，并填写表9-4。

表9-4 增值税纳税核算表

序号	项目		栏次	一般货物及劳务		备注
				本季数	本年累计	
1	销售额	按适用税率征税货物及劳务销售额	1			
2		其中：应税货物销售额	2			
3		应税劳务销售额	3			
4		纳税检查调整的销售额	4			
5	税款计算	销项税额	5			
6		进项税额	6			
7		上期留抵税额	7			
8		进项税额转出	8			
9		按适用税率计算的纳税检查应补缴税额	9			
10		应抵扣税额合计	10=6+7+8+9			
11		实际抵扣税额	11(10<5，则10，否则5)			
12		应纳税额	12=5-11			
13		期末留抵税额	13=5-11			
14		应纳税额合计	14=10-11			

任务9-3-2：填写模拟电子书阅读器增值税缴纳表，如表9-5所示。

表9-5　模拟电子书阅读器增值税缴纳表

序号	实施目标	实施内容	备注
1	核销销售、采购数据和相关纳税数据		
2	一般纳税人进项税发票确认		
3	一般纳税人增值税申报及缴纳		

实训9-4　模拟企业的第一年企业所得税核算

任务描述：企业所得税是企业最重要的税费，是国家完成国民经济正常运行的保障，是国家最重要的税收来源，所得税是按照纳税年度进行计算，纳税年度从当年的公历1月1日起到当年的12月31日止。企业所得税一般分月或者分季预缴，应当自下月(季)终了15日内申报预缴，在年度终了之日起5个月内向税务机关报送年度所得税纳税申报表，结清税款。请模拟企业的管理者根据第一年度模拟经营的数据，完成下面的企业所得税核算填写工作。

任务实施：请根据下列核算表完成模拟电子书阅读器企业所得税应纳税计算和缴纳。

任务9-4-1：请根据模拟电子书阅读器企业所得税应纳税计算填写表9-6。

表9-6　企业所得税纳税核算表

序号	项目		栏次	金额	备注
1	利润总额计算	一、营业收入	1		
2		减：营业成本	2		
3		营业税金及附加	3		
4		销售费用	4		
5		管理费用	5		
6		财务费用	6		
7		资产减值损失	7		
8		加：公允价值变动收益	8		
9		投资收益	9		
10		二、营业利润	10=1-(2+3+4+5+6+7)+8+9		
11		加：营业外收入	11		
12		减：营业外支出	12		
13		三、利润总额	13=10+11-12		
14	应纳税额计算	加：纳税调整增加额	14		
15		减：纳税调整减少额	15		
16		应纳税所得额	16=13+14-15		
17		税率25%	17		
18		应交所得税额	18=16×17		
		减：减免所得税额	19		
		减：抵免所得税额	20		
19		应纳税额	21=18-19-20		

任务 9-4-2：填写模拟电子书阅读器企业所得税缴纳表，如表 9-7 所示。

表9-7 模拟电子书阅读器企业所得税缴纳

序号	实施目标	实施内容	备注
1	上传财务报表和相关纳税数据		
2	月结后，填写企业所得税表，申报纳税		
3	年度终了后，进行年度汇算清缴		

创业加油站：

企业在运营过程中，会涉及相关税费的缴纳。我国的税费种类较多，税费的征收对象和目的也不相同，最普遍的税费是增值税、企业所得税、城建税、教育费用附加，而其中的城建税和教育费用附加是附加税费，是以缴纳的流转税为计税基础的。大家简单了解一下税费分类，如表 9-8 所示。

表9-8 税收按照课税对象的分类

类别	流转税	所得税	资源税	财产税	特定目的税	行为税
征税对象	以商品交换的交易额和劳务收入额作为征税对象	以各种所得额作为征税对象	以开发利用特定自然资源为征税对象	以拥有或支配的财产为征税对象	为达到特定目的，进行调节而征收	以特定行为作为征税对象
主要税种	增值税、消费税	企业所得税	资源税	契税	车辆购置税 土地增值税	印花税

9.2.4 企业发票管理

企业发票管理是财务管理的重要环节之一，需要引起高度重视。通过建立完善的制度和流程、提高人员素质、加强监督检查等措施，可以有效地提高企业发票管理的质量和效率。

1. 电子发票开具

电子发票的开具：可以通过税务机关的官方网站、第三方电子发票平台或者其他合法渠道进行。企业可以选择根据客户需求手动录入发票信息，也可以通过与业务系统集成，自动生成发票信息。电子发票应当在企业确认交易后及时开具，确保开具的发票信息准确无误，并确保发票的真实性和合法性。

2. 电子发票存储与保管

电子发票的存储与保管：可以存储在本地计算机或云端存储设备中，但必须保证数据的安全性和保密性。通常纸质发票的电子版应当永久保存，企业应当制定备份策略，定期对电子发票数据进行备份，以防数据丢失或损坏。企业还需要采取安全防护措施，例如加密技术、权限控制等，防止电子发票数据被非法访问或篡改。

3. 电子发票查询与检索

电子发票的查询与检索：通常可以根据发票号码、开票日期、纳税人识别号等条件进行查询和检索。在查询与检索过程中，需要保证数据的安全性和完整性，因此需要定期备份数据。

4. 电子发票报销与入账

电子发票的报销与入账：员工可以通过企业内部的报销系统或第三方电子发票平台提交报销申请。企业可以根据实际情况选择线上报销或线下报销方式，并制定相应的报销流程。财务部门需要对报销申请进行审核，对合格的申请进行入账处理，并确保入账信息的准确性和完整性，符合相关税法规定，即可在税前扣除。

5. 电子发票审计与监控

电子发票的审计与监控：制定合理的审计策略，对企业内部电子发票的开具、存储、查询、报销等进行全面审计。运用专业的监控工具，例如日志分析工具、数据挖掘工具等，对电子发票数据进行实时监控和分析。通过对电子发票数据进行分析，可发现存在的问题和风险点，及时采取措施进行整改和防范。

6. 系统管理与维护

电子发票管理系统的建设与维护：在系统建设初期，需要进行全面的需求分析和规划，明确系统的功能和性能要求。建立健全系统管理制度，包括用户管理、权限管理、数据备份等方面的规定。企业要定期对系统进行维护和升级，保证系统的稳定性和安全性，同时对发现的问题及时进行处理和改进。

■ 实训9-5 发票管理信息系统

任务描述：随着数字经济和信息技术的快速发展，电子发票逐渐成为企业管理财务和税务的重要工具。电子发票管理包括电子发票的开具、存储与保管、查询与检索、报销与入账、审计与监控以及系统管理与维护。

任务实施：请根据下列步骤完成发票开票工作。

任务 9-5-1：企业插好金税盘/税控盘，双击桌面发票系统会自动开启开票软件界面，正常进入开票软件，单击"增值税电子普通发票填开"，进入填开界面。

选择"开始开票"，此时开票软件界面会自动最小化，则进入正常开票环境，此时可以进行发票开具；根据账号登录后，进入"工作台"。

在功能栏中选择"发票填开"，进入手工填开界面，输入购方信息：支持模糊搜索与 6 位开票代码；或者在"购买方名称"一栏输入企业名称，系统则会自动关联。在"购买方名称"一栏输入企业开票 6 位代码，系统会自动关联对应企业信息并自动填充。

输入商品信息：新建用户第一次开票需手工输入商品信息，也可提前在"商品信息"中添加；手工输入名称后，需对商品相关的信息进行设置，如税收分类编码、规格型号、优惠政策等；输入其他商品信息，如数量、单价、总价等。

输入销方信息：首次使用的用户，需要手工输入销方信息，进行发票开具；开过电子发票后，系统会自动保存，待下次开具时自动填充。在右上方填写交付地址，手机号码/邮箱；选择"提交开票"。

开具发票时，注意区分金额为含税价和不含税价；注意区分普通发票(电子)、普通发票(纸质)和专用发票。

表9-9所示为发票管理系统信息表。

表9-9 发票管理系统信息表

序号	实施目标	实施内容		备注
1	购买方	名称： 地址、电话：	纳税人识别号： 开户行及账号：	
2	销售情况	货物或者应税劳务名称： 规格型号： 数量：	 单位： 金额：	
3	商品信息	税收分类名称： 商品名称： 单价： 规格型号： 享受优惠政策：	税收分类编码： 税率： 含税价： 优惠政策类型：	
4	客户信息	企业名称： 纳税人识别号： 开户行及账号： 手机号码：	 地址、电话： 邮箱地址：	

在"开票记录"中，企业可对所有发票情况进行综合管理；可以通过系统对本企业的发票进行时间、发票类型、发票种类、发票号码代码、开票方式、开票账号、开票人等多维度的筛选查询，查询后可进行批量导出，此处导出为Excel列表，导出来的是只有发票基本信息、无票面版式的文件。

选择"开票完成"状态发票，可进行发票批量打印。开票完成的发票，可进行票面预览或重复交付；开票失败的发票，可直接查看失败原因，处理后可直接选择"重开"。系统为了降低财务风险，一张发票连续交付3次后，需要输入验证码验证后才可进行交付；失败发票多次页面"重开"后仍未成功，可联系工作人员在后台进行处理。

系统支持税收分类编码推荐功能，可以按照规则填写商品信息来推荐，也可手动选择信息；还可以使用系统下载模板，通过文件填写导入系统。

任务9-5-2：进行发票申领与开票实训练习，填写表9-10。

表9-10 发票申领与开票表

序号	实施目标	实施内容	备注
1	申请领取增值税发票		
2	税务机关批准		
3	在开票系统中设置基本信息		
4	根据实际业务开具增值税发票		

9.3 公司商标和专利的申请

商标和专利的申请过程可能比较复杂，需要专业的律师或代理人协助完成。同时，为了保护公司的知识产权，还需要建立一套完整的知识产权管理制度。

9.3.1 商标注册流程

商标是品牌的象征，注册商标可以保护企业的品牌形象和知识产权，避免他人侵权使用，从而维护企业的商业利益和信誉。注册商标可以建立品牌声誉，增强消费者对品牌的信任和认可，从而增加品牌忠诚度和市场竞争力。具体流程如下。

1. 申请提交

申请商标注册，应当向商标局提交以下文件：
- 商标注册申请书。
- 申请人身份证明文件。
- 商标图样。
- 商标注册委托书(可以通过代理机构代为申请)。

2. 官方审查、公示期

商标局在收到申请后，将对商标进行审查，包括商标的新颖性、合法性和显著性等方面。经过官方审查后，商标局将发出受理通知书，正式受理申请。

在商标申请获得受理之后，将会在商标局官方网站上进行公示，为期三个月。任何第三方都可以在公示期内提出异议，如果异议成立，商标申请将被驳回。

3. 注册审查、核准注册

在公示期结束后，商标局将对商标注册申请进行最后的审查。如果申请符合法律规定，商标局将核准商标注册。

如果商标注册申请被核准，商标局将向申请人发出商标注册证书。

4. 发证、公告、续展

在获得商标注册证书后,商标正式注册成功,申请人成为该商标的合法拥有者。

商标注册成功后,将在官方网站上进行公告,以便第三方知晓并避免侵权。

商标注册有效期为十年,届满前可以申请续展。如果商标未能在有效期内进行续展,则商标将被注销。

9.3.2 专利申请流程

通过正式的专利申请流程,创新者才能获得专利权的保护,从而有效地维护自己的合法权益。通过与专业的专利代理人合作,并严格按照专利局的要求进行操作,可以大大提高专利申请的成功率。具体流程如下。

1. 专利类型与申请

- 发明专利:针对的是前所未有的技术方案,包括产品、方法或者改进的新技术,保护期为20年。
- 实用新型专利:针对的是产品的形状、构造或者其结合所提出的适于实用的新的技术方案。保护期为10年。实用新型专利受理单及专利证书如图9-3所示。
- 外观设计专利:针对的是对产品的形状、图案或者其结合及色彩与形状、图案的结合,所作出的富有美感并适于工业应用的新设计,保护期为10年。

图9-3 实用新型专利受理单及专利证书

2. 申请流程

(1) 提出申请：申请人填写专利申请表，提交申请文件。
(2) 初步审查：经受理登记后，初步审查申请文件是否符合公告要求。
(3) 详细审查：经初步审查通过后，对符合要求的申请进行详细审查，包括对申请文件的实质性审查和技术性审查。
(4) 审批：审批委员会对申请进行审批，并做出是否授权的决定。
(5) 授权公告：如果审批通过，则进行授权公告，颁发专利证书。

3. 申请材料

- 发明专利申请书或实用新型专利申请书。
- 申请人的姓名或者名称、地址或者居住地址。
- 说明书或者权利要求书。
- 图片或者照片(用于说明发明或者实用新型的技术特征)。
- 其他必要的材料，如实验报告、技术领域内的参考文献等。

4. 申请注意事项

- 申请文件应当以中文书写，并符合国家专利局的规定。
- 申请人应当确保申请文件的真实性、创造性和非侵权性。
- 申请人在提交申请前，应当对申请文件进行仔细审查，并进行必要的修改和完善。
- 申请人应当按照国家专利局的规定缴纳申请费用。

5. 申请费用

- 发明专利申请费用包括申请费、审查费、公告费和授权后的年费等。
- 实用新型专利申请费用包括申请费和授权后的年费等。
- 具体费用标准可以咨询国家专利局或者当地专利代理机构。

6. 申请时间与周期

- 发明专利申请周期一般为2～3年，具体时间根据案件的复杂程度和技术特点而定。
- 实用新型专利申请周期一般为6～18个月，具体时间根据案件的复杂程度和技术特点而定。
- 外形设计专利申请周期一般为6～12个月，具体时间根据案件的复杂程度和技术特点而定。

■ 实训9-6 模拟企业的商标和专利申请流程查询

任务描述：模拟企业要进行商标和专利申请均需向政府部门进行申请。在国家知识产权局商标局可以申请商标。根据相关法律规定，申请商标注册的当事人，应当按规定的商品分类表填报使用商标的商品类别和商品名称，向商标局提出注册申请；然后，由商标局依法进行审查，符合有关规定的，予以初步审定公告；自公告之日起三个月内，无异议的，予以核准注册，发给商标注册证。专利申请去国家知识产权局办理。具体到如何申报专利，可以聘请专利代理机构撰写专利申请文件，并向国家知识产权局递交申请文件，经国家知识产权局审核符合专利权授予的条件，则可以获得专利权。

任务实施：如果管理层对申请流程还有不清楚或者不明确的地方，请查询国家知识产权局商标局和国家知识产权局专利申请的流程。

任务9-6-1：请模拟企业管理层讨论公司的商标和logo的设计，并解释商标和logo的含义，另行做好实验记录。

任务9-6-2：请查询商标申请流程，并填写在下面的横线上。

_____
_____
_____
_____

任务9-6-3：请查询专利申请流程，并填写在下面的横线上。

_____
_____
_____
_____

项目 10　市场营销管理

设定目标群体是投入市场营销之前相当重要且关键的一个步骤。以商品或服务的销售为例，可以按照下列的方式循序渐进来进行设定：哪些客群会对我们所销售的商品、服务感兴趣？这些人购买的动机为何？在什么场景或情境之中，会需要用到这些商品、服务？我们所提供的商品、服务，可以为特定客群带来哪些具体的利益或好处？

消费市场平稳发展，互联网成为必要的购买渠道，大促带动消费。消费从满足刚需转向注重生活感受，同时偏好领域的消费在加深，逐步向自我完善拓展，即使是主要满足功能需求的品类也在向注重感受、深度消费及关注产品储值能力方面拓展。在此推动下，市场趋向同品牌同品类下的更细分拓展，市场机会也酝酿于其中。

案例引入

天才之道模拟电子书阅读器制造企业，计划推出一款适合普通大众的经济型产品。该企业希望了解市场目标和市场环境，以制定有效的营销策略。

1. 市场目标分析

在市场目标分析中，需要确定自己的目标客户、目标市场和目标销售额。

目标客户：普通大众的阅读消费者群体，包括阅读收听者、阅读爱好者和注重护眼健康生活方式的人群。

目标市场：重点关注发达的都市区域和县城及以上区域，因为该市场对电子书阅读器有较高的需求和接受度。

目标额：通过市场研究和竞争分析，制定了每年销售100万个电子书阅读器的目标。

2. 市场环境分析

市场环境分析包括对竞争状况、消费者行为和宏观环境因素的分析。

竞争状况：该企业的竞争对手包括已经建立起较高品牌知名度的电子书阅读器品牌。需要研究竞品的产品特点、定价策略和市场份额，以便找到自己产品的差异化和竞争优势。

消费者行为：电子书阅读追求者越来越注重轻巧、便携和具有方便价值的电子书阅读器。他们喜欢方便携带的书籍类产品，注重包装标签上的功能信息，且对产品的价格和体验有较高要求。了解消费者的购买决策过程、偏好和行为习惯，能帮助企业更好地满足他们的需求。

思考：
1. 在竞争激烈的电子书阅读器市场中，该企业的产品可以有哪些差异化和竞争优势？
2. 在了解消费者行为后，该企业应该如何进行产品营销？

10.1 目标群体和消费偏好分析

目标群体和消费偏好分析可以帮助企业更好地了解消费者的需求和兴趣，从而制定更精准的营销策略，提高产品或服务的竞争力。这种分析方法可以通过市场调研、数据分析、消费者访谈等手段进行，需要综合考虑消费者的多方面因素，是一项复杂而精细的工作。

10.1.1 目标群体

年轻群体的消费主要受到兴趣圈层与社交需求的影响，并易于接受新鲜事物与新的营销方式。在营销方式上，可以站在年轻群体的角度思考，从兴趣、文化、价值观等层面出发。品质、价格和品牌是当前用户的主要消费关注点，在消费需求提升的同时，体验消费的营销价值机会可继续挖掘。

定位于年轻人群或需要向该人群拓展的 App，通过贴近年轻人兴趣或生活方式的广告创意及形式向年轻人群触达。较年长人群最关注产品和服务的"性价比"属性，且更容易受情感营销的影响，同时对资讯和休闲娱乐内容有较明显的偏好，针对较年长人群的营销重点为满足其"性价比"需求和信任、社交、成就感等"情感"需求，广告素材以贴近生活和赢取信任感为主要特征。因较年长人群偏好资讯交互式社交，媒介组合策略。

现阶段年轻群体是奢侈品的主要消费受众，它成为消费者彰显自我的表达方式，品牌在营销方向上更应关注潜在的用户和需求的挖掘。奢侈品行业的全渠道营销速度加快，线上线下联动，线上触点不仅直接促进销售，还具备内容与社交属性，成为线下品牌门店的服务延展。随着公域的 KOL 和 KOC 的声量带来的商业价值被挖掘，具备展示机会的社交媒体平台逐渐成为奢侈品品牌的重要营销阵地。

消费是营销的新起点，为了满足多样化的消费，品牌的营销方式必须从自嗨型的硬广宣传的传统模式中跳出来，改为用移动社交平台带有不同标签的产品故事及各种新型的营销方式在短时间内宣传蔓延，打造品牌感染力。

10.1.2 消费者偏好

消费者偏好是指消费者在购买决策中所倾向的产品特征、品牌、价格范围、购物渠道等方面的偏好。消费者偏好是市场营销中重要的考虑因素，了解消费者偏好可以帮助企业更好地满足消费者需求，制定有效的营销策略。消费者偏好可以受到多种因素的影响，如表 10-1 所示。以下是一些常见的消费者偏好方面。

- 产品功能认知：消费者可能对产品的特性、性能和功能有特定的偏好。例如，某些消费者更喜欢有机和天然成分的产品，而另一些消费者可能更关注产品的功能和性能。
- 品牌认同度：消费者可能对某些特定品牌有偏好，这可能基于品牌声誉、品牌形象、品牌故事或个人的购买经验。
- 价格接受范围：消费者的价格偏好可能受到个人财务状况和消费预算的影响。有些消费者可能更关注低价位产品，而另一些消费者可能更倾向于高品质或豪华产品。
- 购物渠道：消费者可能偏好在实体店面进行购物，也可能更喜欢在线购物。一些消费者可能更愿意在专门店或专卖店购买特定的产品，而另一些则更依赖电子商务平台。
- 个人价值观和生活方式：消费者的个人价值观和生活方式也会影响他们的偏好。例如，一些消费者注重可持续发展和环保的产品，而另一些则更注重时尚和潮流。

了解消费者偏好对企业决策非常重要。通过市场调研、消费者洞察和数据分析，企业可以了解消费者群体的偏好，从而调整产品设计和定位、价格策略、渠道选择和营销推广方式，以满足消费者需求并获取竞争优势。

表10-1 消费者偏好权重表

序号	产品定位	功能	品牌	价格	销售	理念	备注
1	高端产品	40%	25%	10%	10%	15%	
2	中端产品	30%	30%	20%	15%	5%	
3	低端产品	15%	25%	35%	20%	5%	

10.1.3 市场营销目标群体分析方法

目标群体分析是指通过研究潜在消费者和现有消费者的需求、行为、态度和购买行为，来确定目标市场的细分和定位。在进行市场营销目标群体分析时，可以采用以下方法。

1. 市场调研

通过市场调研，可以了解目标市场的特点、趋势和消费者需求。市场调研可以通过问卷调查、个别访谈、焦点小组讨论等方式，收集并分析消费者的数据和反馈。这些数据可以帮助企业确定目标受众的特点、兴趣爱好、需求及购买行为。

2. 品牌触点分析

了解目标受众与品牌的互动触点，包括社交媒体、线上线下购买渠道、广告媒体等，可以确定消费者接触品牌的方式和渠道。根据不同受众的喜好，选择合适的渠道和策略进行品牌推广与市场营销。

3. 数据分析工具

利用现代数据分析工具，如人工智能和机器学习算法，可以将大数据解析为有用的见解。

通过对消费者行为、趋势和偏好的数据分析，揭示受众背后的模式和关联，从而更好地了解目标受众。

通过上述方法进行市场营销受众分析，可以深入了解目标受众的特点、需求和行为习惯，有针对性地制定营销策略和推广方案，提高市场营销效果，增强品牌与受众之间的连接。

创新加油站：

VALS2 生活方式分类系统是由美国斯坦福国际研究院创立的一种观察理解人们生存状态的方式，通过人的态度、需求、欲望、信仰和人口统计学特征来观察并综合描述人们。这个系统从两个层面对生活方式进行分类：第一个层面是消费者资源，这不仅包括物质或外部资源，也包括心理和体力方面的资源；第二个层面是自我取向，这个取向被分为原则取向、地位或身份取向、行动取向三种类型。

VALS2 系统自 1978 年创立以来，已被广泛认同和引用，其有多个版本。VALS2 两个重要的细分市场为实现者和创新者。实现者：拥有丰富的资源，原则和行动取向；活跃，购买活动体现趣味、独立和个性；大学文化，占人口的 8%，平均年龄 43 岁，平均收入 58,000 美元。创新者：具有在不同程度上表达三种基本动机的能力，是成功、活跃、老练、富有自尊感的"领导式"人物，并继续寻求挑战；他们拥有丰富的资源，是变革的领导者，善于接受新观念和新技术。

■ 实训10-1　模拟企业的消费者创新性衡量

任务描述：每一个消费者对新事物的接受度是不一样的，大家的态度和倾向、偏好和喜爱、排斥和怀疑是不一样的。有一些人可能非常乐意采用新的产品和服务，有的人则可能对新的产品和服务持怀疑和否定态度。所以我们需要测验一下消费者对电子书阅读器这种产品创新性的接受程度，来反映消费者对该产品的接受程度。

任务实施：请模拟企业管理层根据下表调查至少 30 名消费者，看看他们对电子书阅读器的接受程度。

任务 10-1-1：请根据表 10-2 所示进行消费者创新性的调查。

表10-2　模拟企业消费者创新性调查表

序号	实施要点	调查结果*	备注
1	通常当有新的电子产品上市，我是朋友圈中最后一个去购买的	1.　2.　3.　4.　5.	
2	如果看到购物种草评论说有新的电子产品，我会很感兴趣并购买	1.　2.　3.　4.　5.	
3	和朋友们比起来，我拥有的电子产品是最少的	1.　2.　3.　4.　5.	
4	在朋友圈中我是最后一个知道电子书阅读器的	1.　2.　3.　4.　5.	
5	即使从来没有听说过电子书阅读器，遇上我也购买	1.　2.　3.　4.　5.	
6	我比别人更早了解各种电子书阅读器	1.　2.　3.　4.　5.	
合计分值**			

*：调查结果用 1~5 的程度来测量，程度从低到高，程度越贴切，分值越高。**：分值越高，创新性越低，反之则越高。

任务 10-1-2：根据上述消费者对电子书阅读器的接受程度，请模拟电子书阅读器企业的管理层进行消费者问卷调查，将设计好的问卷列示出来，并请另行提交实验记录。

任务 10-1-3：对前述任务中市场调查的数据进行分析，采用 SPSS 软件进行聚类分析，看看能够划分多少类消费群体？

_____
_____
_____
_____

10.2 市场目标和市场环境分析

市场目标和市场环境分析概述是一种重要的市场营销工具，可以帮助企业更好地了解市场和消费者需求，制定更加科学的市场营销策略，从而提升企业的市场竞争力。

10.2.1 市场目标

市场目标是企业在市场竞争中希望实现的具体目标和成果。通过设定明确的市场目标，企业可以指导公司的战略规划和执行，以及评估市场营销活动的效果。以下是一些常见的市场目标。

1. 市场份额增长

企业希望在特定市场中增加自己的市场份额，以实现更大的市场占有率。市场份额增长可能意味着吸引更多的客户，获得更多的销售机会，并取得竞争上的优势。

2. 销售增长

企业期望实现销售额的增长，以提高收入和盈利能力。销售增长可以通过引入新产品、拓展新市场、增加重复购买率等方式实现。

3. 客户满意度提升

企业注重提升客户满意度，通过提供优质的产品和服务，建立良好的客户关系，并获得长期客户忠诚度。客户满意度的提升有助于增加客户忠诚度和口碑宣传效应。

4. 品牌知名度提升

企业希望提高自身品牌在目标市场中的知名度和认知度。通过有效的品牌推广活动，可提升品牌形象和声誉，建立品牌价值和品牌忠诚度。

在设定市场目标时，企业应考虑目标的可行性、可度量性和与企业整体战略的一致性。市场目标应该具体、可衡量、可操作，并与企业的长期发展目标相符合。在实施市场营销方案时，应该不断跟踪和评估市场目标的达成情况，及时进行调整和优化。

10.2.2 市场环境分析

市场环境是指企业所处的外部环境,包括了各种与企业经营活动相关的因素。市场环境分析是企业了解和评估外部环境因素对其经营活动的影响的过程。

企业可以根据自身情况选择适合的方法或结合多种方法进行分析。通过深入分析市场环境,并将其与企业内部情况结合,企业可以更好地理解和应对外部环境的挑战,为战略决策提供有针对性的指导。企业可以根据自身的情况,选择适合的理论和工具进行市场环境分析,以便更好地认识市场环境的变化和趋势,从而制定有效的营销策略和决策。

■ 实训10-2　模拟企业的市场营销目标

任务描述: 模拟电子书阅读器公司,未来1~8季度计划拥有近20家线下门店,同时拥有线上企业官方商城,进驻知名电商平台。近年来随着国内纸质书籍购买量持续下降,市场竞争加剧,利润空间萎缩,电子书阅读器反而大行其道,是公司发展的有利拐点。公司通过第三方公司购买了大量的消费者基础数据,但是没有利用数据充分洞察消费者,损失了很多销售机会。公司准备在营销部成立消费者数据分析中心,挖掘消费者的特征、购物偏好,实现对消费者的精细化运营,提升企业经营业绩。

任务实施: 请完成模拟企业的市场营销目标表,如表10-3所示。

表10-3　模拟企业市场营销目标表

序号	实施目标	实施内容	备注
1	目前营销现状		
2	明确企业的营销群体		
3	选择目标市场及定位		
4	制定产品策略		
5	制定价格策略		
6	制定渠道策略		
7	制定促销策略		

■ 实训10-3　电子书阅读器模拟企业的波士顿(BCG)矩阵分析

任务描述: 波士顿矩阵图是波士顿咨询公司用相对市场份额地位和市场增长率两个指标,来描绘不同的事业部之间市场的相对差异问题。

波士顿矩阵图纵坐标是市场增长率,它的分界线一般采用10%,超过10%属于高增长,低于10%属于低增长区域;横坐标是相对市场占有率,它的分界线一般用1.0来作为分界线,1.0是指的和行业最大的竞争对手的比较结果。其根据市场增长率和相对市场占有率由高到低分为四个象限,市场增长率处于高位,相对市场占有率处于低位的属于问题类业务;市场增长率处于高位,相对市场占有率也处于高位的,属于明星类业务;相对市场占有率处于高位,而市场增长率处于低位的属于金牛类业务;市场占有率处于低位,市场增长率也是处于低位的,则属于瘦狗类业务。

任务实施：请根据模拟企业管理层分析的不同公司产品业务大约处在波士顿矩阵模型的哪个象限里面，并参照图10-1，完成企业产品的波士顿矩阵模型分析，另行完成实验记录。

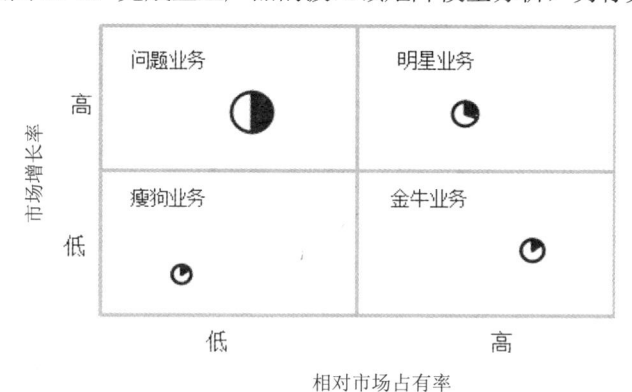

图10-1 波士顿矩阵图

10.3 市场营销策略及分析

通过明确目标市场、分析竞争状况、了解消费者需求和心理、评估营销活动效果等手段，企业可以制定出更具针对性的营销策略。在实际操作中，企业需要注重创新性思维和数据支持，加强跨部门合作，以实现更好的市场营销效果。

10.3.1 市场营销策略及影响因素

在操作市场营销策略时，需要结合企业实际情况和市场环境，综合考虑以上各方面因素，制定具体的营销方案并加以执行。同时，需要不断监测市场反馈和竞争情况，及时调整和优化营销策略。

市场营销策略是企业以顾客需要为出发点，根据经验获得顾客需求量与购买力的信息、商业界的期望值，有计划地组织各项经营活动，通过相互协调一致的产品策略、价格策略、渠道策略和促销策略，为顾客提供满意的商品和服务而实现企业目标的过程。市场营销策略的目的是创造顾客，获取和维持顾客；从长远的观点来考虑如何有效地战胜竞争，立于不败之地；注重市场调研，收集并分析大量的信息，只有这样才能在环境和市场的变化有很大不确定性的情况下做出正确的决策；积极推行革新，其程度与效果成正比；在变化中进行决策，要求其决策者要有很强的能力，有像企业家一样的洞察力、识别力和决断力。常见的市场营销策略如下。

1) 产品策略

产品是指能提供给市场，用于满足人们某种欲望和需求的任何事物，它是核心产品、形式产品和附加产品的总和。了解产品分类和产品等级有助于企业制定合理的营销策略。

2) 价格策略

价格策略是市场组合中最活跃的策略，定价成功与否对产品及企业的营销成败有着重要影响。

3) 渠道策略

渠道设计和渠道管理已成为许多产品成功营销的最关键因素，良好的销售渠道也是绝大多数产品取得成功的必要保证。分销渠道也叫"销售渠道"或"通路"，是指促使某种产品和服务顺利经由市场交换过程转移给销售者消费使用的一整套相互依存的组织。

4) 促销策略

促销是企业营销活动的最后一环节，其内容从本质上看是企业与消费者所进行的信息互动，用于互动的手段包括人员推销、广告、营业推广和公共关系等。这些手段各有优点和缺点，因此，必须综合协调运用以形成促销组合。

市场营销策略就是企业通过积极主动地参与市场的活动。选择适应的市场营销策略，从而有效地引导消费者的欲望，影响消费者的行为，以最少的费用获得最大的营销效果。同时要了解中国现在适用的市场营销策略。

实训10-4　模拟企业的市场营销策略

任务描述：为进一步提高模拟电子书阅读器企业的市场占有率，最终能够实现公司业务的快速增长，在营销策略上不断提出新的挑战和实施方法，以提升企业整体的营销能力。

任务实施：请模拟企业管理层完成营销策略的各项任务。

任务10-4-1：模拟电子书阅读器公司主要针对不同层次的目标消费群体，采用多产品多市场策略，产品的属性跟消费群体的偏好相匹配，尽量做到通过产品本身留住目标客户，培养客户对产品的忠诚度。请完成模拟企业的市场营销产品策略表，如表10-4所示。

表10-4　模拟企业市场营销产品策略表

序号	实施要点	实施项目						备注
	产品名称	基本参数	目标群体	目标区域	价格区间	销售平台	促销要点	
1								
2								
3								
4								
5								
6								

任务10-4-2：模拟电子书阅读器公司主要面向阅读消费类群体采取产品差异化的定制方式，提供各种型号的电子书阅读器产品和网络阅读平台服务。但目前主要采取基于成本的定价方式，定价策略与公司的整体营销战略没有很好地衔接，面临着从传统定价向基于消费者价值的个性化定价方式的转变。现需要明确公司重点单品的价值，为营销策略提供重要的依据，探索基于客户价值细分的差异化定价策略，并且需要充分考虑市场竞争与阅读行业调整等因素，实现产品的动态定价。

数据模型的检索方法有 ABC 分析模型、模糊 C 均值聚类模型、客户支付意愿模型、个性化定价模型、遗传算法等；数据来源有一方数据、二方数据、三方数据；数据类型有结构化数据和非结构化数据；数据资源包括了销售订单数据、消费者信息数据、商品信息数据、商品成本数据、消费者线上浏览及购物行为数据、竞争商品销量数据等。

请借用爬虫软件，对电子书阅读器企业的产品报价进行数据检索，参照行业不同消费群体的定位，完成模拟企业不同产品的市场营销定价表，如表 10-5 所示。

表10-5 模拟企业市场营销定价表

序号	实施要点	实施内容					备注
	产品名称	分析模型算法	数据来源	数据类型	数据资源	定价	
1							
2							
3							
4							
5							
6							

任务 10-4-3：模拟电子书阅读器公司在电子书行业处领先地位，销售额增长快速，近年来企业扩张成效显著。随着新销售平台的增加也暴露出了很多问题，部分销售渠道开业半年左右业绩不佳，甚至亏损。因此企业引进了专业的渠道选择团队，结合大数据分析给出渠道关停建议并进行科学分配，全面提升销售渠道整体经营业绩。

市场营销渠道数据模型的检索方法有 AHP 层次分析法、雷达模型、投资回报预测模型等；数据来源有一方数据、二方数据、三方数据；数据类型有结构化数据和非结构化数据；数据资源包括了渠道分布数据、消费者分布数据、商业平台数据、客群画像数据、物流洞察数据、平台销售预测数据等。

请借用爬虫软件，对电子书阅读器企业的产品销售渠道进行数据检索，参照行业不同消费群体的定位，完成模拟企业不同产品的市场营销渠道选择表，如表 10-6 所示。

表10-6 模拟企业市场营销渠道表

序号	实施要点	实施内容					备注
	产品名称	分析模型算法	数据来源	数据类型	数据资源	渠道选择	
1							
2							
3							
4							
5							
6							

模拟电子书阅读器公司，主打Y、Z世代用户阅读，品牌年广告投入预算在50万元，但销售转化效果却未达预期，现需对广告数据进行多维分析，以输出明年广告精准投放整体策略，完成品牌进入销售排行榜前列的目标。

请借用爬虫软件，对电子书阅读器企业的产品广告投放进行数据检索，参照行业不同消费群体的定位，完成模拟企业不同产品的市场营销口碑对比表，如表10-7所示。

表10-7　模拟企业市场营销口碑对比表

序号	实施项目	实施过程			备注
	项目	传统口碑传播	网络口碑传播	广告媒体传播	
1	传播主体	朋友或熟人	消费者	企业投放	
2	传播方式				
3	传播内容				
4	传播范围				
5	互动类型				
6	传播成本				
7	传播效果				

广告精准投放数据模型的检索方法有广告转化漏斗模型、雷达模型、K-Mean聚类分析模型、文本分析、ABTest分析法等；数据来源有一方数据、二方数据、三方数据；数据类型有结构化数据和非结构化数据；数据资源包括了店铺网站流量监控数据、微信端投放结果数据、微博粉丝通投放结果数据、周红书投放结果数据、抖音投放结果数据、会员画像数据、目标人群标签爬取数据、竞品评价爬取数据等。完成如表10-8所示的模拟企业市场营销广告投放表。

表10-8　模拟企业市场营销广告投放表

序号	实施要点	实施内容					备注
	产品名称	分析模型算法	数据来源	数据类型	数据资源	广告精准投放	
1							
2							
3							
4							
5							
6							

任务10-4-4：模拟电子书阅读器公司每年参与双十一大促，业绩节节增高，但也出现了因备货不足延迟发货而被电商平台处罚扣分的情况。今年双十一，为了能有更好的业绩、平台评分和消费者体验，准备进行双十一销售预测，提前做好备货预案，争取双十一业绩再攀新高。

市场营销广告投放数据模型的检索方法有回归预测分析模型、波士顿矩阵模型等；数据来源有一方数据、二方数据、三方数据；数据类型有结构化数据和非结构化数据；数据资源包括了历年双十一平台成交数据、企业历史订单数据、店铺运营流量日报数据、双十一在售商品数据、促销活动结果数据、单品预热期订单数据等。

请借用爬虫软件，对电子书阅读器企业的双十一大促进行数据检索，参照行业不同消费群体的定位，完成如表10-9所示的模拟企业不同产品的市场营销双十一促销策略表。

表10-9 模拟企业市场营销双十一促销策略表

序号	实施要点	实施内容					备注
	产品名称	分析模型算法	数据来源	数据类型	数据资源	促销活动	
1							
2							
3							
4							
5							
6							

实训10-5 模拟企业的市场报价的实训

任务描述：为保证模拟电子书阅读器企业的市场占有率，最终实现公司产品销售的增长，作为以产定销的生产制定模式，公司要考虑每笔订单的销售报价问题。

任务实施：请完成营销区域产品的报价工作。模拟电子书阅读器公司主要针对不同层次的目标消费群体，采用多产品多市场策略，产品的属性与消费群体的偏好相匹配，需要根据每个层次消费者的不同偏好来进行产品报价。比如对于低端消费群体属于价格敏感性，报价对于他们的销售影响立竿见影；对于高端用户反而没有太明显效果。完成模拟企业产品的报价表，如表10-10所示。

表10-10 模拟企业产品报价表

序号	市场区域	消费层次	产品名称	报价	产能销售上限	备注
1	华北市场	商务型				
		经济型				
		学生型				
2	华东市场	商务型				
		经济型				
		学生型				

(续表)

序号	市场区域	消费层次	产品名称	报价	产能销售上限	备注
3	华中市场	商务型				
		经济型				
		学生型				
4	华南市场	商务型				
		经济型				
		学生型				
5	华西市场	商务型				
		经济型				
		学生型				

10.3.2 市场营销分析

通过市场营销分析，企业可以了解市场需求和消费者偏好，从而制定出更精准的市场策略，提高产品或服务的针对性，满足消费者需求。同时，市场营销分析可以帮助企业确定目标市场，即企业应该针对哪些消费者群体，制定相应的市场策略，提高市场占有率和竞争力。市场营销分析的内容如下。

1. 营销人员的配置与企业产能匹配

确保营销人员的配置与企业产能的匹配是非常重要的，这样可以有效地支持市场营销活动，并保持企业的竞争力。以下是一些关键考虑因素。

- 人员数量与角色分工：根据企业规模、市场需求和销售目标等因素，确定合适的营销人员数量，确保有足够的人力资源来开展市场营销活动，并满足市场需求。在营销团队中设定不同职责和角色，如市场经理、产品经理、销售代表等，根据企业的目标和战略，确保各个岗位之间的协作与协调。
- 专业技能知识与培训发展：考虑营销团队成员的技能和专业知识，确保他们具备适应市场变化和执行营销计划的能力。这可能包括市场调研、品牌管理、数字营销、销售技巧等方面的专业技能。可提供持续的培训和发展机会，以提高营销人员的技能水平和专业素养。市场营销领域不断变化,因此,培训有助于跟进新趋势和最佳实践。
- 产能、销售预测与绩效管理:理解企业的产能和能力,以及对市场的销售预测。确保营销团队能够根据产能情况制定合理的销售目标,并利用资源来支持这些目标的实现。建立有效的绩效管理体系,以确保营销人员的业绩与企业目标相一致。设定明确的指标和目标,并提供激励和认可机制,以确保团队保持高效和积极的工作状态。

2. 营销效率分析

营销效率分析是评估市场营销活动投入与产出之间的关系,以评估企业的营销效果和资源利用情况。以下是进行营销效率分析时常用的指标和方法。

- 营销费用占比是指企业在总营业收入或总支出中,用于市场营销活动的费用所占的比例。营销费用占比的具体数值可以因行业、企业规模和市场策略等因素而异,一般来说,营销费用占比范围为5%~20%。
- 营销投资回报率(ROI):营销投资回报率计算营销活动带来的收益与投入之间的比例。公式为(销售收入-营销费用)÷营销费用×100。较高的ROI表示营销投资带来了更高的收益。
- 客户获取成本(CAC):客户获取成本是指企业为获得一个新客户所投入的费用。公式为营销费用÷新客户数量。较低的CAC表示企业能以较低的成本获得新客户。
- 客户生命周期价值(CLV):客户生命周期价值是指一个客户在与企业建立长期关系期间的预期收益总和。通过计算客户的平均购买金额、购买频率和留存率等指标来评估CLV。较高的CLV表示客户对企业的长期价值较高。

3. 新营销策略和手段的考量

在考虑新的营销策略和手段时,以下是一些重要的考虑因素。

- 技术和数字化趋势:考虑新的技术和数字化趋势对市场营销的影响。例如,社交媒体、移动应用程序、智能设备、数据分析等技术可以提供新的营销渠道和工具,并实现个性化、在线和实时互动。
- 品牌一致性和整合:确保新的营销策略和手段与品牌定位和核心价值保持一致。考虑如何整合新的营销手段与已有的传统营销手段,实现全面而一致的品牌传播。
- 数据和分析能力:考虑企业现有的数据收集和分析能力,判断是否需要建设或加强相关能力来支持新的营销策略和手段。
- 创新和持久性:评估新的营销策略和手段是否具有创新性与持久性。创新的营销策略可以有效地吸引目标消费者的注意力,而持久性则可以保持市场竞争优势。

综合考虑这些因素,企业可以制定全面而有针对性的新营销策略和手段,以应对市场变化并实现业务增长。同时,定期的数据分析和市场反馈也是评估新营销策略和手段有效性的关键。

■ 实训10-6 模拟企业的市场营销效率的实训

任务描述:为进一步提高模拟电子书阅读器企业的市场营销效率,最终能够实现公司业务的快速增长,我们在营销人员与企业产能的配置、营销费用占比、营销效率分析、新营销策略和手段的考量上都做了充分的思考和论证,以提升企业整体的营销水平和效率。

任务实施：请完成模拟企业的市场营销主要竞争对手分析和市场营销分析表。

任务 10-6-1：请完成模拟企业的市场营销主要竞争对手分析表，如表 10-11 所示。

表10-11　企业的市场营销主要竞争对手分析表

序号	项目		本企业	A企业	B企业	C企业	D企业	F企业	备注
1	资产、财务状况	收入							
2		利润							
3		净利润							
4		资产							
5		负债							
6		现金流							
7	市场占有率	华北市场							
8		华东市场							
9		华中市场							
10		华南市场							
11		华西市场							
12	未来产能及规模分析	员工数量							
13		员工结构							
14		在建产能							
15		在建厂房							
16		资质认证							
17	最优产品分析	高端产品							
18		中端产品							
19		低端产品							
20		产品功能							
21		销售价格							
22		功能价格比							

任务 10-6-2：请完成模拟企业的竞争优势分析表，如表 10-12 所示。

表10-12　模拟企业的竞争优势分析表

序号	细分市场	竞争对手	对手竞争优势	对手竞争劣势	备注
1	华北市场	主要对手			
2		次要对手			
3	华东市场	主要对手			
4		次要对手			
5	华中市场	主要对手			
6		次要对手			

(续表)

序号	细分市场	竞争对手	对手竞争优势	对手竞争劣势	备注
7	华南市场	主要对手			
8		次要对手			
9	华西市场	主要对手			
10		次要对手			

任务10-6-3：请完成模拟企业的市场营销分析表，如表10-13所示。

表10-13　模拟企业市场营销分析表

序号	实施目标	实施内容	备注
1	销售布局		
2	营销人员与产能匹配		
3	客户订单与客情维护		
4	产品配送		
5	货款收款制度		
6	销售费用占比		
7	营销效率分析		
8	新营销策略和手段		
9	客户忠诚度培养		

10.4　订单获取与处理

快速、准确、高效的订单获取与处理能够提高客户满意度，进而增加客户忠诚度和口碑传播。并且，有效的订单管理可以减少错误、减少人工干预，提高企业运营效率。同时，通过现代自动化和智能化的订单处理，不仅能够降低错误和成本，还能提高工作效率。

10.4.1　订单获取

初创企业可以建立起多元化的订单获取渠道，并根据市场反馈进行调整和优化，从而有效地获取订单，推动业务的发展。

(1) 建立品牌知名度：通过有效的品牌建设和推广活动，提高品牌的知名度和认知度。包括创建专业的官方网站和社交媒体账号，优化搜索引擎排名，发布有价值的内容，与潜在客户建立联系，积极参加行业展会和活动等。

(2) 口碑推荐和用户反馈：提供卓越的产品或服务，争取客户的口碑推荐。通过积极回应用户反馈和提供优质的售后服务，增强用户满意度并建立口碑。

(3) 个性化营销和目标广告：根据潜在客户的特点和兴趣，通过个性化营销和定向广告，向特定的目标客户群体进行推广，提高订单转化率。

个性化营销和目标广告可以提高营销的精确度和效果，使企业能够更好地与潜在客户进行沟通和互动。通过个性化的内容和广告，企业可以与客户建立更紧密的关系，提高品牌认知度和客户忠诚度。同时，目标广告的精准投放也能够节省广告投放成本，提高广告投资的回报率。

(4) 利用企业加速器等平台：与企业加速器或创业服务平台合作，利用他们的资源和网络，获取商业赋能和市场验证的支持，提高订单获取的机会。

通过综合运用以上策略，初创企业可以建立起多元化的订单获取渠道，并根据市场反馈进行调整和优化，从而有效地获取订单，推动业务的发展。

10.4.2 订单处理

订单处理是指处理和管理客户订单的流程与操作。有效处理订单对初创企业的业务运营至关重要，它确保了顺利交付和客户满意度，并建立了良好的客户关系。建立自动化的订单处理系统和流程可以提高效率并减少错误，使初创企业能够更好地管理和增长业务。

1. 订单接收与确认

首先，初创企业需要建立一个适当的渠道来接收客户订单。这可以通过网站、电子邮件、电话等途径，要确保确切地获取订单详细信息，如产品名称、数量、价格、付款方式和交付地址等。

在接收订单后，企业需要确认并核实订单的准确性。这包括检查产品库存是否足够、确认价格和付款条件，以及核实客户提供的交付地址等。

2. 备货与追踪

一旦订单被确认，初创企业需要准备订单的产品、包装和配送等。要确保产品完整、质量良好，并用合适的包装方式进行保护。如果需要安排物流和发货，应确保与合适的物流合作伙伴协调。

一旦订单发货，初创企业需要跟踪订单的状态和交付进度，以确保客户能够及时收到产品。这可以通过与物流合作伙伴沟通，并向客户提供订单追踪号码或其他跟踪方式来实现。

3. 签收与记录

一旦客户收到产品，企业需要确认交付已完成，并确保客户满意。如果需要客户签收，则确保有签收文件或相应记录。

初创企业应建立有效的订单管理系统，记录和跟踪每个订单的相关信息。这将有助于及时处理客户查询、退换货，以及与客户之间的沟通。

4. 确认收款和财务流程

一旦订单交付完成，初创企业需要确认客户的付款，并更新财务记录。这可能需要采取适当的措施来处理付款延迟或非付款情况。

■ 实训10-7 模拟企业的市场订单交付

任务描述：为进一步提高模拟电子书阅读器企业的市场订单获取与交付，最终实现公司业务的快速增长，根据模拟企业市场订单进行了交付实训，以提升企业整体的营销水平和效率。

任务实施：请模拟企业管理层完成市场订单交付工作。

任务 10-7-1：请完成模拟企业的市场分类产品订单获取能力影响因素表，如表 10-14 所示。

表10-14 模拟企业的市场分类产品订单获取能力影响因素表

序号	市场区域	消费层次	订单分配影响因素							备注
			权重*分析/%	产品功能	产品品牌	产品报价	销售能力	价值理念	
1	华北市场	商务型	100						
2		经济型	100						
3		学生型	100						
4	华东市场	商务型	100						
5		经济型	100						
6		学生型	100						
7	华中市场	商务型	100						
8		经济型	100						
9		学生型	100						
10	华南市场	商务型	100						
11		经济型	100						
12		学生型	100						
13	华西市场	商务型	100						
14		经济型	100						
15		学生型	100						

*：不同市场分类单个产品订单都受上述因素影响，每类产品因为消费者的定位不同，目标消费群体对购买产品的态度不同，订单的销售因素自然不同。

任务 10-7-2：请完成模拟企业的市场分类产品订单交付影响因素表，如表 10-15 所示。

表10-15　模拟企业的市场分类产品订单交付影响因素表

序号	市场区域	消费层次	订单交付影响因素						备注
			是否交付*	资质要求	市场需求	回款周期	最高指导价	最低售价要求	
1	华北市场	商务型							
2		经济型							
3		学生型							
4	华东市场	商务型							
5		经济型							
6		学生型							
7	华中市场	商务型							
8		经济型							
9		学生型							
10	华南市场	商务型							
11		经济型							
12		学生型							
13	华西市场	商务型							
14		经济型							
15		学生型							

*：确定交付所有要件符合，可考虑该订单的交付，否则企业需要考虑转售该订单或者委外生产，不然面临违约风险。

任务 10-7-3：请完成模拟企业的市场订单登记表，如表 10-16 所示。

表10-16　模拟企业的市场订单登记表

序号	订单号	市场区域	消费层次	产品名称	订单数量	回款账期	销售收入	商品成本	销售毛利	备注
1										
2										
3										
4										
5										
6										
7										
8										
合计										

任务 10-7-4：请完成模拟企业的市场订单交付表，如表 10-17 所示。

表10-17 模拟企业市场订单交付表

序号	市场区域	消费层次	产品名称	报价	产能销售上限	订单量	交付完成率*	备注
1	华北市场	商务型						
		经济型						
		学生型						
2	华东市场	商务型						
		经济型						
		学生型						
3	华中市场	商务型						
		经济型						
		学生型						
4	华南市场	商务型						
		经济型						
		学生型						
5	华中市场	商务型						
		经济型						
		学生型						

*：不能交付的订单按照购销合同约定属于违约行为，应向采购方支付相应的违约金，违约金计算按照规则约定进行。

项目 11　产品设计及研发

产品设计的基本要素包括功能、形状和结构、材料和质感、色彩和图形、用户体验、制造和生产，以及可持续性和环境影响。这些要素共同影响产品的外观、功能和性能，设计师需要在这些要素间进行平衡和协调，以创造出满足用户需求且具有商业价值的优秀产品。

案例引入

天才之道模拟电子阅读器有限公司成立于 2017 年，是一家集研究开发电子书阅读器的科技企业。北京天才之道电子阅读器有限公司从创立开始就做了大量的市场调研，发现电子阅读器市场上国内中低端品牌与国际高端品牌的技术差距正逐步缩小，消费者更多地关注产品价格，价格竞争开始成为市场竞争的主要手段。在此基础上，北京天才之道电子阅读器有限公司对目标消费者的年龄进行了细分，将目标市场消费者的年龄定位在 23~35 岁。这个阶段的年轻人有一定支付能力或者相对经济独立，普遍处于事业的开拓期和发展期，并且个性张扬、勇于尝试，对于新鲜事物的接受程度比其他年龄段的人要高。

天才之道电子阅读器有限公司实施科研、中试、生产一体化，将资源和能力配置到价值链的各个环节，牢牢掌控价值链的各个经营活动，把握生产经营的全部所得。

随着企业业务发展，天才之道电子阅读器有限公司发现自己在融资、采购、生产、销售等价值活动方面处于劣势，导致企业开发出的新彩色阅读器无法尽快实现商业化转化。于是公司以增加最终的企业利润为目标，将自身的经营业务聚焦于研发和营销服务两个价值创造环节上，而将生产制造环节外包出去。

最近企业准备设计了一款具有智能阅读灯的新电子书阅读器产品。该产品智能灯具有可调节的亮度和色温，可以提供舒适的阅读环境。此外，该电子书阅读器还内置了一个小型音箱，可以播放音乐和有声读物。这款灯为夜读的阅读爱好者创造了更好的阅读体验。

思考：
1. 在产品设计中需要考虑哪些因素来满足目标用户的需求？
2. 在推广和销售这款产品时，应该如何确定目标受众，并采取哪些营销策略来吸引他们？

11.1　产品设计概述

产品设计首先需要关注和理解用户的需求。通过市场调研、用户访谈和数据分析等手段，收集用户对产品的需求、痛点和期望，从而明确设计方向。根据对用户需求的理解，确定产品的设计目标，这些目标可以是提高用户体验、增加功能或是优化流程等。要确保设计目标与产品战略和业务目标保持一致。

11.1.1　产品设计

产品设计是为了满足用户需求和期望而进行的一系列创造性活动，旨在提供特定解决方案或创造新的体验。产品设计旨在创造出易于使用、符合用户需求、具有吸引力且具有可持续性的解决方案。优秀的产品设计能够确保产品在竞争激烈的市场中脱颖而出，同时提高用户满意度和忠诚度。

1. 产品设计概念

产品设计是指对产品的造型、结构和功能等进行综合性的设计，以便生产制造出符合人类需要的实用、经济、美观的产品。因此，产品设计也叫为了使用的设计，有人称其为造物艺术。

2. 产品设计的基本要素

1) 功能结构与外观

产品设计的首要考虑是产品的功能。产品应能够满足用户的需求和期望，提供具体的功能和解决方案。设计师需要确定产品的核心功能，并确保其表现稳定可靠。产品的形状和结构决定了其外观和内部组成。设计师需要考虑产品的形态学、比例、平衡和结构安排，以便实现产品的功能和美学目标。

2) 材料和质感

选择适当的材料可以影响产品的外观、质感和寿命。设计师需要考虑材料的特性、可持续性、美观性和适用性，以及与产品设计的整体风格和品质匹配。

3) 用户体验

产品设计应关注用户体验，包括人机交互、易用性、舒适性等方面。设计师需要考虑产品的界面设计、交互流程、操作方式等，以确保用户能够方便、愉悦地使用产品。

4) 制造和生产

产品设计应考虑到制造和生产的可行性与成本效益。设计师需要与制造商合作，选择合适的制造工艺和流程，并优化产品设计，以提高生产效率和质量。

5) 可持续性和环境影响

现代产品设计越来越关注可持续性和环境影响。设计师需要考虑产品的材料选择、能源效率、废弃物管理等方面，以减少对环境的负面影响。

11.1.2 产品设计的要求

产品设计是一个非常重要的环节，它直接关系到产品的质量和用户的体验。产品设计的基本要求是指设计过程中需要满足的基本标准和要求，以确保设计出符合用户需求、能够成功上市并具备优良质量的产品。以下是产品设计的基本要求。

1. 满足用户需求

产品的设计应该是以用户为中心的，要从用户的角度出发，了解用户的需求和痛点，才能设计出符合用户需求的产品。因此，产品设计师需要进行市场调研，了解用户的目标、问题和偏好，设计出能够解决问题并带来价值的产品。以此为基础进行产品设计。

2. 实用性和功能性

产品设计应具备实用性，能够有效地完成所需功能。产品的功能应该是实用的、易于操作的，而产品的性能则应该是稳定的、高效的。因此，产品设计师需要对产品的功能和性能进行充分地考虑和测试，确保产品的质量和稳定性。

3. 质量和可靠性

产品设计应注重质量和可靠性，确保产品长期稳定运行，并减少故障和失效。需要选择合适的材料、制造工艺和供应链管理，确保产品达到一定的质量标准。

4. 易用性和用户体验

产品设计应追求简单易用，减少用户的认知负荷和操作难度。用户应能够轻松理解和使用产品，并获得良好的用户体验。

5. 安全性和环境友好

产品设计应考虑用户的安全需求，通过合理的设计和防护措施降低使用过程中可能产生的安全风险。产品设计应注重环境友好，减少对自然资源的消耗和环境的污染。选择可持续的材料、能源节约的设计和制造方法，可提高产品的可回收性和循环利用率。

6. 可维护性和可量产性

产品设计应考虑后期维护和升级的需求，使产品易于维护和更新，减少维修成本和提升产品寿命。产品设计应与制造和生产工艺相匹配，确保产品能够在有效的时间内、以合理的成本进行量产，需要考虑生产过程中的工艺要求。

■ **实训11-1 模拟企业产品的评价实训**

任务描述：产品的设计应该充分考虑消费者的需求，消费者的偏好对产品的设计工作影响巨大。将消费者购买的电子书阅读器，结合竞争对手的5种产品进行产品的比较评价，消费者会选择哪一个产品，取决于消费者选择规则的评价调查。

任务实施：请模拟企业管理层根据下列表格调查至少 30 名消费者，看一看他们对电子书阅读器产品的评价。

任务 11-1-1：请采用如表 11-1 所示的评价表，调查消费者对 6 种产品评价的平均数。

表11-1 模拟企业产品及竞品评价表

序号	实施要点	实施项目						备注
	评价标准	竞品1	竞品2	竞品3	竞品4	竞品5	自产品	
1	价格							1~5 分*
2	重量							1~5 分
3	大小							1~5 分
4	处理器							1~5 分
5	翻页速度							1~5 分
6	文件传输							1~5 分
7	阅读平台							1~5 分
8	售后服务							1~5 分

*：分数从 1~5，其中 1 分最差，5 分最高。

任务 11-1-2：请采用表 11-2，调查消费者的最低接受标准，各种产品属性都应该达到最低水平，只有所有属性都达到了规定的最低要求，该产品才会继续进行评价。

表11-2 模拟企业产品及竞品评价表

序号	评价标准	最低接受标准	备注
1	价格		
2	重量		
3	大小		
4	处理器		
5	翻页速度		
6	文件传输		
7	阅读平台		
8	售后服务		

任务 11-1-3：请用消费者的评价平均值和管理层根据消费者调查的权重设定，表 11-3 将二者的乘积作为每个产品的综合评价。

表11-3 模拟企业产品及竞品综合评价表

序号	实施要点	权重	实施项目						备注
	评价标准		竞品1	竞品2	竞品3	竞品4	竞品5	自产品	
1	价格	25							
2	重量	5							

(续表)

序号	实施要点	权重	实施项目						备注
	评价标准		竞品1	竞品2	竞品3	竞品4	竞品5	自产品	
3	大小	10							
4	处理器	20							
5	翻页速度	5							
6	文件传输	10							
7	阅读平台	15							
8	售后服务	10							
9	总分	100							

总之，通过上述分析，结合消费者评分较高的产品功能属性，充分考虑公司产品研发方向和定位。

11.2 产品的研发

根据产品定位和市场需求，制订详细的研发计划，包括研发时间表、资源分配、人员配置等。在产品研发过程中，需要不断关注技术创新，以提高产品的性能、降低成本并满足市场需求。技术创新有助于保持产品的竞争优势，提高市场竞争力。

11.2.1 产品BOM结构及其管理

BOM 结构列出了产品制造过程中所需的全部零部件和原材料，无论是直接还是间接的。这有助于确保供应链的连续性和稳定性，并帮助企业提前预测和规划需求。通过明确产品所需的零部件和原材料，BOM 结构有助于优化生产计划，减少库存积压，提高生产效率。

1. 产品结构表

产品结构表(bill of materials，BOM)是一种层次化的文档，用于展示产品的详细组成部分和相关信息。它列出了构成产品的所有物理组件、零件和材料，并提供了关于每个组件的规格、数量、供应商、成本等信息。BOM 是制造过程中的重要工具，它有助于组织和管理产品的构造、采购和装配。

2. BOM管理

BOM 管理(bill of materials management)是指对产品结构表(BOM)进行有效的组织、维护和管理的过程。BOM 管理对于制造业和产品开发非常重要，它能确保产品的构成清晰、准确，并且能够支持制造和采购的需求。

实训11-2　模拟企业的产品品号编码

任务描述：为进一步提高模拟电子书阅读器企业的供应链管理工作，需要对不同的产品进行品号编号工作，方便进行 ERP 系统的管控工作。模拟电子书阅读器产品编码示意图如图 11-1 所示。

模拟电子书阅读器产品编码

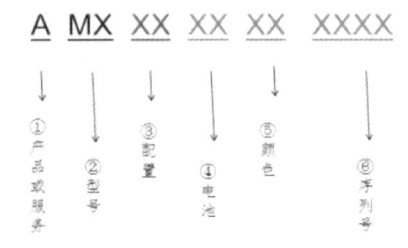

A　MX　XX　XX　XX　XXXX

① 产品或服务　② 型号　③ 配置　④ 电池　⑤ 颜色　⑥ 序列号

图11-1　模拟电子书阅读器产品编码示意图

任务实施：请完成模拟电子书阅读器企业的品号编码原则表，如表 11-4 所示。

表11-4　模拟电子书阅读器企业的品号编码原则表

序号	第1码	第2码	第3～7码	备注
1	1 原材料	1 阅读器外壳类	3～7 码为流水号	
2		2 阅读器主板类		
3		3 阅读器屏幕类		
4		4 内置软件类		
5		5 辅助功能类		
9	2 半成品	1 厂内自制		
10		2 委外加工		
11	3 成品	1 商务 MX 系列		
12		2 经济 RX 系列		
13		3 学生 SX 系列		
14	6 商品	2～7 码全部为流水号		

请按照上述原则，给模拟电子书阅读器企业的所有原料与产品进行编码。

_____
_____
_____

11.2.2　产品研发

产品研发是指将产品的设计概念转变为实际可供市场销售的产品的过程。在产品研发中，有一些基本规则是需要了解和遵循的，具体内容如下。

1. 创新性和可行性分析

产品研发的核心目标是创新，寻找新的解决方案、技术和设计来满足用户需求，并提供比竞争对手更好的产品。

在进行产品研发之前，需要进行可行性分析，评估研发项目的技术、市场和商业可行性，以确定是否值得进行投入。

2. 用户需求与设计思维

产品研发应该以满足用户需求为导向，深入研究用户的痛点、期望和行为，以确保最终产品能够真正解决用户的问题，提供有价值的解决方案。

设计思维是产品研发过程中的一种方法和思考方式，强调以人为中心的创新，注重理解用户需求、洞察用户行为和体验，并迭代地进行设计和测试。

3. 原型开发与敏捷开发

原型是产品研发中非常重要的一个环节，通过制作低保真或高保真的原型，进行用户测试、验证设计和收集反馈，以便优化产品的功能、外观和用户体验。

敏捷开发是一种以迭代和增量方式推进项目的开发方法，通过不断地反馈和调整，快速响应变化和优化产品。

4. 质量控制与持续改进

在产品研发过程中，质量控制是至关重要的，应采取一系列的方法和措施确保产品符合设计要求，并通过测试、验证和质量管理来控制产品的质量。

产品研发不是一个线性的过程，而是一个持续改进的循环，要根据市场和用户的反馈，不断进行改进和优化，以适应变化的需求和提升产品竞争力。

通过以上规则能够帮助研发团队更好地进行产品设计和开发，最终创造出具有创新性、用户满意度高且具有市场竞争力的产品。

11.2.3 产品研发的一般流程

产品研发的流程可以因不同的企业和产品而有所差异，具体流程会根据项目要求和组织的需求进行调整。在整个研发过程中，需要有跨部门的紧密协作和有效的项目管理，以确保产品按时、按质完成研发，并成功上市。同时，要对市场和用户的反馈与需求保持敏感，及时进行反馈和改进，以持续提升产品的竞争力和用户满意度。以下是产品研发的基一般流程。

1. 技术开发

根据产品设计，开发和验证相关的技术和解决方案，确保产品的可行性。根据设计要求，进行技术上的详细设计，选择合适的技术和工艺。

2. 工程设计

基于产品的功能和外观要求,进行产品的组成部分和结构的设计,包括零件的设计和装配方案。根据结构设计,制定具体的工程规格和要求,包括材料选择、尺寸和公差等。

3. 原材料供应

根据工程设计和制造要求,采购所需的原材料和零部件;考虑成本、质量和供应链的因素,选择合适的供应商和合作伙伴。

4. 制造和装配

制造所需的设备和工具,按照制定的工艺流程,将原材料加工、组装成成品产品。

5. 测试和验证

对产品进行各项功能和性能的测试,确保其符合设计要求。对产品进行严格的验证测试,包括可靠性、耐久性、遵守相关法规标准等方面的测试。

6. 产品改进和优化

根据测试结果和实际反馈,对产品的设计和制造进行改进和优化。不断迭代和提高产品的性能、质量和用户体验。

7. 批量生产和交付

设定生产规模和计划,开始批量生产产品。控制生产质量和成本,确保产品的供应和交付。

这些流程并非线性进行,而是具有相互交织和重叠的特点。在整个研发过程中,不同的组织和团队可能有不同的流程和调整,应根据项目的实际情况进行相应的安排。重要的是,保持有效的沟通和协作,及时调整和优化设计,并持续关注市场和用户的反馈,以保证最终产品的质量和市场竞争力。

实训11-3 模拟电子书阅读器企业产品研发实训

任务描述:在明确了前一个阶段产品的设计基础之上,考虑模拟电子书阅读器企业的各项产品的设计属性。这个阶段,模拟企业管理层需要明确考虑每一个具体的产品所需要的原料配比和工艺流程的搭配。

任务实施:请完成模拟电子书阅读器企业的每个产品的设计。

任务 11-3-1:模拟电子书阅读器公司主要针对不同层次的目标消费群体,采用多产品策略,请结合企业的设计研发,完成每一个产品的原料配比和工艺流程设计,并填写表11-5。

表11-5 模拟电子书阅读器企业产品研发表

序号	实施要点	实施项目					备注
	产品名称	外壳	主板	屏幕	内置软件	其他功能	工艺流程	
1								
2								

(续表)

序号	实施要点	实施项目						备注
	产品名称	外壳	主板	屏幕	内置软件	其他功能	工艺流程	
3								
4								
5								
6								
7								
8								

任务 11-3-2：请画出每个产品的 BMO 结构和工艺流程，另完成实验记录。

项目 12 财务记录与财务管理

通过财务视角来看待企业的管理，可以帮助企业的经营者用定量定性的方法收集企业的管理数据，获取企业流程的信息，从而加速决策的过程。使用正确的信息在正确的时间，通过财务的语言流向各类各级管理人员。决策者通过监控财务数据的关键指标，可以掌控业务执行的状况，同时能够调整管理的策略。

案例引入

天才之道模拟电子书阅读器的企业在过去的几年里，企业取得了快速的发展，但也面临着许多财务和运营方面的挑战。

该企业发现自己的产品在市场上很受欢迎，但由于销售和分销成本的控制不力，使得利润率没有达到预期。为了解决这个问题，企业实施了一项新的销售策略，即与零售商合作以降低销售费用，同时优化产品设计以降低制造成本。这些举措使得企业的利润率得到了显著提升。

该企业在扩大业务时，面临着现金流短缺的问题。为了解决这个问题，企业通过优化应付账款和应收账款管理，提高了现金流水平。此外，企业还与银行合作，通过短期贷款和商业信用证等方式筹集资金，满足了企业的短期资金需求。

在考虑进入新的市场或开发新产品时，该企业进行了详细的分析。结合财务数据和市场信息，企业确定了新项目的盈利潜力和风险水平。这些分析帮助企业做出明智的投资决策，使得企业在扩大业务的同时，保持了稳健的财务状况。

通过上述措施，该企业在收入与利润管理、现金流管理、投资决策分析等方面取得了显著进步。这些进步不仅帮助企业在市场竞争中保持领先地位，也使得公司的财务状况更加稳健和健康。

该企业管理层认识到制作记账凭证、会计账簿、会计报表等可以记录企业的经济交易和业务活动，因此对财务凭证进行认真记录，确保交易事实的真实、准确、完整和可靠。记账凭证可以作为编制财务报告的依据，为企业提供正确的财务信息，帮助企业做出正确的决策。记账凭证、会计账簿、会计报表可以为审计工作提供重要的证据，确保企业财务报告的真实性和准确性。任何会计凭证除记录有关经济业务的基本内容外，还必须由有关部门和人员签章，对会计凭证所记录经济业务的真实性、完整性、合法性负责，以防止舞弊行为，强化内部控制。

思考：
1. 为什么说会计是现代企业通用的商业语言？
2. 企业为什么要进行财务管理工作？

12.1 盈亏平衡分析及资金预算

盈亏平衡分析和资金预算对于企业或项目的重要性不言而喻。它们可以帮助企业决策者了解项目的盈利潜力和风险、预测未来的现金流、降低风险、制定更有针对性的营销策略，以及做出更明智的投资决策。

12.1.1 盈亏平衡点的计算

初创企业的运营策略是为实现企业目标而制定的，是指导企业运营活动的行动纲领。站在公司战略的高度，安排企业的各项运营工作，并由此安排各项经营活动的财务预算安排等。

1. 固定成本、变动成本

固定成本是指在一定范围内不随产量变动的成本，通常包括租金、设备折旧、底薪工资等。变动成本是指随产量变动而变动的成本，通常包括原材料、包装费用、运输费用等。

2. 销售量、销售收入

销售量是指销售的产品数量。在计算盈亏平衡点时，销售量是一个关键的因素。盈亏平衡点是指销售量与成本相等时的点，即销售收入等于总成本。销售收入是指销售产品或服务所获得的收入。在计算盈亏平衡点时，销售收入是一个关键的因素，因为它反映了公司从销售中获取的收益。

3. 边际贡献

边际贡献是指每增加一单位产品销售所增加的收益。在计算盈亏平衡点时，边际贡献是一个重要的概念。如果产品的售价低于其变动成本，那么销售该产品将会降低总利润，因为其边际贡献为负数。

计算盈亏平衡点的公式为：盈亏平衡点 = 固定成本÷(1-变动成本÷销售收入)。其中，变动成本÷销售收入得到的值是指边际贡献率。盈亏平衡点如图 12-1 所示。

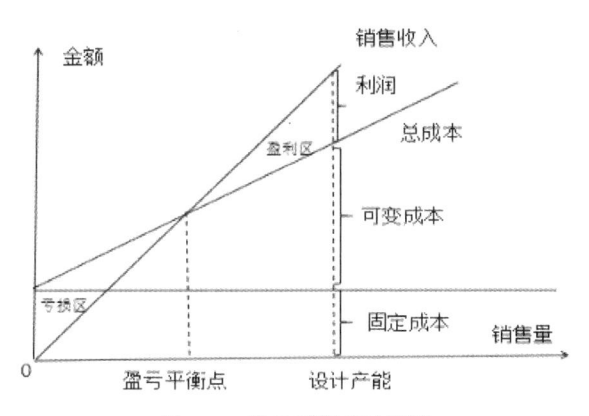

图12-1 盈亏平衡点示意图

在实际应用中，盈亏平衡点是一个非常重要的概念，可以帮助企业了解其盈利和亏损的平衡点，从而更好地规划生产和销售策略。同时，也可以通过计算盈亏平衡点来评估不同产品或市场的盈利潜力，为企业的决策提供有力的支持。

实训12-1　模拟电子书阅读器企业盈亏平衡计算

任务描述：模拟电子书阅读器企业通过销售收入和总成本，分析在特定销售收入下企业的收入和成本的平衡关系，以避免企业亏损或者实现利润最大化。盈亏平衡又可以理解为企业是为了达到总收入与总成本的平衡。在盈亏平衡点下，表明企业处于亏损状态；而在盈亏平衡点上，企业才有盈利的可能性，即盈亏平衡点是企业盈利的临界点。

任务实施：请模拟企业管理层完成模拟电子书阅读器企业的盈亏平衡计算。完成模拟电子书阅读器公司每种产品的盈亏平衡点的计算，将计算结果填写在表12-1中。

表12-1　每种产品的盈亏平衡点表

序号	产品名称	产品单位变动成本			固定成本*	预计销售收入	预计销售量	盈亏平衡点	是否要继续推进	备注
		直接材料	直接人工	变动制造费用						
1										
2										
3										
4										
5										
6										
7										
8										

*固定成本：是通过工时计算分摊到每个产品上的固定成本。

12.1.2 新创企业资金预算

新创企业的资金预算需要考虑到初始投资、运营成本、税费、市场营销、储备资金、再投资、其他费用,以及退出机制等多个方面。只有对各个方面进行全面而细致的预算,才能够确保企业在经营过程中有足够的资金支持,从而实现企业的长期稳定发展。

1. 初始投资

初始投资是新创企业资金预算的第一步,包括注册资本、银行贷款和其他资金来源。注册资本是创业者的启动资金,可以根据企业规模和需要进行调整。银行贷款是最常见的其他资金来源,可以通过抵押资产或担保人来获取。

2. 运营成本

运营成本是新创企业日常运营所需的资金,包括房租、水电、员工工资、采购成本等。这些成本需要按月进行预算,以确保企业有足够的资金来维持日常运营。

3. 税费

税费是新创企业必须支付的一项费用,包括所得税、增值税等。税费的预算要根据企业的收入和支出情况进行计算,以确保企业能够按时缴纳税款。

4. 市场营销

市场营销是新创企业扩大市场份额和提高品牌知名度的重要手段。预算包括宣传推广费用、广告费用、参展费用等。市场营销预算需要根据企业的营销策略和市场情况进行合理规划。

5. 储备资金

储备资金是为了应对突发事件和不可预见的风险而设立的准备金。储备资金的数额需要根据企业的实际情况进行评估,以确保企业在面临突发事件时能够有足够的资金应对。

6. 再投资

再投资是指将企业的经营利润用于扩大规模、提升品质或开发新产品等方面的投资。再投资预算需要考虑到企业的长期发展和市场变化等因素,以确保企业的持续发展。

7. 其他费用

其他费用包括人员开支、办公室租赁等其他杂项支出。这些费用也需要根据企业的实际情况进行预算,以确保企业能够全面掌握各项支出。

8. 退出机制

退出机制是指投资者或创业者在未来某个时间点以何种方式退出企业所获得的收益。退出机制的预算需要根据企业的具体情况和市场环境进行评估,以确保投资者或创业者在退出时能够获得合理的收益。

实训12-2 模拟电子书阅读器企业资金预算

任务描述：模拟电子书阅读器企业如果要在短期内进行公司业务的拓展，提高资金的使用效率是最快的发展方式。在企业业务向好时，可以通过资金预算的方式，提高资金使用的效率和收益，保障企业平稳快速地发展，而不至于受困于资金的低效使用和浪费。

任务实施：请完成模拟企业的资金预算，并将预算结果填写在表12-2中。

表12-2 模拟电子书阅读器企业资金预算表

序号	预算项目	第一年 1季度	2季度	3季度	4季度	第二年 1季度	备注
1	期初余额						
2	股东投资						
3	公司注册费						
4	应收账款收现						
5	应付账款付现						
6	缴纳税费						
7	办公室租金						
8	上季度订单本季付款						
9	采购原材料						
10	购买厂房						
11	租赁厂房						
12	购买手工线						
13	购买半自动线						
14	购买全自动线						
15	购买柔性线						
16	招聘工人费						
17	工人培训费						
18	工人辞退费						
19	工人工资及福利						
20	资质认证						
21	产品加工费						
22	设备维护费						
23	设备改造费						
24	设备升级费						
25	出售设备						
26	招聘销售人员费						
27	销售人员培训费						

(续表)

序号	预算项目	第一年				第二年	备注
		1季度	2季度	3季度	4季度	1季度	
28	销售人员辞退费						
29	销售人员工资及福利						
30	开拓市场费						
31	广告费						
32	市场营销费						
33	管理层工资及福利						
34	行政管理费						
35	订单违约金						
36	银行借款本金						
37	银行借款利息						
38	同业拆借本金						
39	同业拆借利息						
40	应收账款贴现费						
41	产品研发费						
42	产品设计费						
43	成品采购						
44	订单转销						
45	原材料转销						
46	成品转销						
47	支付企业所得税						
48	未签订劳动合同罚金						
49	银行还本						
50	期末余额						

■ 实训12-3　模拟电子书阅读器企业融资借款

任务描述：模拟电子书阅读器企业如果要在短期内进行公司业务的拓展，借款是最快的发展方式。在企业业务向好时，可以通过银行方式借款或者通过融资租赁方式获得机器设备等。

任务实施：请完成模拟电子书阅读器企业的融资借款。

任务12-3-1：模拟电子书阅读器公司通过银行借款，并填写表12-3。

表12-3　模拟电子书阅读器银行融资表

序号	实施目的	实施内容	备注
1	确定融资目标		
2	提交借款申请		

(续表)

序号	实施目的	实施内容	备注
3	银行专业评估		
4	银行审批		
5	签订借款合同		
6	接收银行资金		

任务 12-3-2：模拟电子书阅读器公司通过融资租赁，并填写表 12-4。

表12-4　模拟电子书阅读器公司通过融资租赁表

序号	实施目的	实施内容	备注
1	确定目标资产		
2	联系融资租赁公司		
3	融资租赁专业评估		
4	融资租赁审批		
5	签订融资租赁合同		
6	接收目标资产		

任务 12-3-3：模拟电子书阅读器公司通过融资成本，并填写表 12-5。

表12-5　模拟电子书阅读器公司通过融资成本表

序号	实施目的	利率	实施内容	备注
1	自有资金	—		
2	银行借款	5%～15%		
3	同业拆借	5%～24%		
4	融资租赁	5%～24%		
5	风险投资	—		

12.2　企业会计报表及账务记录

会计报表及账务记录是企业财务状况的直接反映，包括资产、负债、所有者权益等财务信息的记录和汇总。这些信息有助于企业管理人员、投资者、债权人及其他利益相关者了解企业的经营状况，评估企业的偿债能力、盈利能力及未来发展趋势。

12.2.1　企业会计报表的内容

会计报表的主要内容包括会计凭证、资产负债表、利润表、现金流量表、所有者权益变动表和财务报表附注。

会计凭证是记录经济业务发生或者完成情况的书面证明，是登记账簿的依据。每个企业都必须按一定的程序填制和审核会计凭证，并根据审核无误的会计凭证进行账簿登记，如实反映企业的经济业务。会计账簿是指以会计凭证为依据，全面、连续、分类记录经济业务的账簿。企业必须按照规定的会计账簿种类、格式登记经济业务。会计账簿是会计报表的编制依据，也是审计工作的重要依据。

会计报表是反映企业一定时期内财务状况和经营成果的书面文件，是会计工作的重要组成部分。它包括资产负债表、利润表、现金流量表、所有者权益变动表和财务报表附注等。通过编制会计报表可以全面反映企业的财务状况和经营成果，为投资者、债权人和其他利益相关者提供决策依据。

12.2.2 企业账务记录

模拟电子书阅读器公司在经营中，都采用统一的会计制度进行经济业务的记录工作，这项工作主要通过企业会计凭证、会计账簿和会计报表进行记录。在未来，这项工作将逐渐通过会计机器人进行记录和核对，同学们应该懂得整个会计记录的流程，通过计算机辅助完成这个记录工作是目前的标准配置。

根据企业的运营管理流程，我们进行实务操作也按照如下流程进行：

关注财务会计软件基础数据→市场销售分析→现金预算→外部银行→研发部→生产制造部→外部招聘→人力资源部→生产车间→市场部→销售部→订单交付→贴现→循环

账务记录操作流程如下：

安装软件→建立账套→选择会计科目(2009会计准则并做适当增删)→录入凭证→记账月结(即为季度结，因为模拟企业最小运营单位为季度)→循环记录

报表流程如下：

产能核算→原料价格集合→原料金额核算→季末结算→季初结算→循环记录

第一季季度决策：

1. 收到投资

借：银行存款

　　贷：实收资本

2. 公司注册费用

借：管理费用

　　贷：银行存款

3. 办公室租金

借：管理费用

　　贷：银行存款

4. 研发产品(包括研究和开发)

1) 产品设计部分

借：管理费用

　　贷：银行存款

2) 产品开发部分
借：无形资产
　　　贷：银行存款
5. 厂房租赁不需要记账，期末会直接付租金(租金放到制造费用里支付)
6. 厂房购买
借：固定资产
　　　贷：银行存款
7. 购买设备
1) 购买手工线
借：固定资产
　　应交税费——应交增值税(进行税额)
　　　贷：银行存款
2) 购买柔性线
借：在建工程
　　应交税费——应交增值税(进行税额)
　　　贷：银行存款
8. 购买原料
1) 本季度到货付现
借：原材料
　　应交税费——应交增值税(进行税额)
　　　贷：银行存款
2) 本季度到货下季度付款
借：原材料
　　应交税费——应交增值税(进行税额)
　　　贷：应付账款
9. 到市场招聘工人和销售人员均属于管理开支
借：管理费用
　　　贷：银行存款
10. 到人力资源部签订合同，所有人包括工人、销售、管理，否则按照每人2000元/季罚款如果订单没有交付，则需要支付违约金
借：营业外支出
　　　贷：银行存款
11. 工人和销售人员培训
借：管理费用
　　　贷：银行存款
12. 资质认证需要查看市场营销中资质认证的时间要求
借：管理费用
　　　贷：银行存款

13. 到生产车间之中安排生产(所有生产线领用原料之和)
借：生产成本
　　贷：原材料

14. 设备升级
借：制造费用
　　贷：银行存款

15. 一般情况下，手工线安排完生产后应该立即卖掉，以免产生折旧，不记账，期末记账

16. 市场开拓
借：销售费用
　　贷：银行存款

17. 广告费用
借：销售费用
　　贷：银行存款

18. 产品报价不记账

19. 决策中，随时可以到银行贷款
借：银行存款
　　财务费用
　　贷：短期借款

第一季度交货时间：

20. 设备折旧
借：制造费用
　　贷：固定资产

21. 交付订单
1) 交货收现
借：银行存款
　　贷：主营业务收入
　　　　应交税费——应交增值税(销项税额)

2) 交货未收现
借：应收账款
　　贷：主营业务收入
　　　　应交税费——应交增值税(销项税额)

22. 贴现
借：银行存款
　　财务费用
　　贷：应收账款

23. 支付制造费用(包括租金、设备维护、加工费、工人工资)
借：制造费用
　　贷：银行存款

24. 支付管理人员工资和保险
借：管理费用
　　贷：银行存款

25. 支付销售人员工资和保险
借：销售费用
　　贷：银行存款

26. 支付行政管理费用
借：管理费用
　　贷：银行存款

27. 出售手工线
借：银行存款
　　贷：固定资产

28. 未交货产品的罚金
借：营业外支出
　　贷：银行存款

进入第二季度，完成第一季度账目，完善第一季度会计资料

29. 查看三栏明细制造费用余额，结转制造费用
借：生产成本
　　贷：制造费用

30. 查看三栏明细生产成本余额，结转生产成本完工入库
借：库存商品
　　贷：生产成本

31. 结转成本，主营业务成本=期初存货+本期增加库存商品-销售后仓库剩余商品
借：主营业务成本
　　贷：库存商品

32. 核算营业税金，查看三栏明细应交增值税余额在借方不做处理，余额在贷方做账
借：营业税金及附加
　　贷：应交税费——应交城建税
　　　　　　——应交教育费用附加
　　　　　　——应交地方教育费用附加

33. 核算利润
借：主营业务收入
　　贷：本年利润①

34. 核算利润
借：本年利润②
　　贷：主营业务成本
　　　　营业税金及附加
　　　　销售费用

　　　　管理费用
　　　　财务费用
　　　　营业外支出
35. 当亏损时，结转利润
借：利润分配——未分配利润
　　　贷：本年利润(②-①)
36. 当盈利时，结转利润
借：所得税费用(①-②)×25%
　　　贷：应交税费——应交所得税
借：本年利润(①-②)×25%
　　　贷：所得税费用
借：本年利润(①-②)×(1-25%)
　　　贷：利润分配——未分配利润
完成记账后，进行月结即可(即完成记账并月结，再查看报表是否平齐)

开始第二季度记账
37. 在建柔性线可用
借：固定资产
　　　贷：在建工程
38. 收现
借：银行存款
　　　贷：应收账款
39. 付现
借：应付账款
　　　贷：银行存款
40. 交税
借：应交税费——应交增值税(已交税金)
　　　　　　——应交城建税
　　　　　　——应交教育费用附加
　　　　　　——应交所得税
　　　贷：银行存款
组间交易
a. 订单购买方
借：营业外支出
　　　贷：银行存款
产品改造成本特别注意
b. 订单销售方
借：银行存款
　　　贷：营业外收入

支付营业税：
借：营业税金及附加
　　贷：应交税费——应交增值税
c. 原料销售方
借：银行存款
　　贷：其他业务收入
　　　　应交税费——应交增值税(销项税额)
同时结转原料成本
借：其他业务成本
　　贷：原材料
d. 原料购买方视同采购原料
41. 上季度下单原料到货，与原料采购相同处理
42. 以下业务相同，循环季度记录，参照以上业务处理

主营业务成本=期初公司仓库中存货总额+本期增加库存商品-期末公司仓库中存货总额=期初公司仓库中存货总额+本期生产成本-期末公司仓库中存货总额=期初公司仓库中存货总额+(本期发生制造费用+本期领用的原材料) -期末公司仓库中存货总额

或者：查找财务软件中三栏式明细中库存商品，用该库存商品-期末公司仓库中存货总额
以上过程请用截图软件进行截图记录，并完成相应的实验记录

实训12-4　电子书阅读器模拟企业的会计记录

任务描述：请模拟电子书阅读器企业的财务负责人，带领全体管理层，按照上述的模拟企业从筹集资金业务、采购业务、生产业务、销售业务、利润归集和分配业务的会计分录入手，完成模拟电子书阅读器企业的所有账务处理。

任务实施：请根据同学们模拟电子阅读器企业前述的会计分录操作提示，在财务系统中完成会计凭证的记录，再完成会计凭证的记账，生成会计账簿，最后能够自动生成会计报表，保证资产负债表的左右两边项目金额的余额相等。

任务 12-4-1：请模拟电子阅读器企业的财务负责人带领管理层完成会计经济业务的记录，按照会计凭证格式记录并存档。

任务 12-4-2：请模拟电子阅读器企业的财务负责人带领管理层根据会计经济业务的记录，完成会计凭证的记账工作，生成会计账簿，最后根据会计账簿月结，得到各个会计账簿资料记录并存档。

任务 12-4-3：请模拟电子阅读器企业的财务负责人带领管理层根据会计经济业务的记录，完成会计凭证的记账工作，生成会计账簿，最后根据会计账簿月结，得到会计报表，并按照会计资产负债表和利润表进行记录存档，另行进行实验记录。

12.3 企业财务综合绩效评价

通过对财务综合绩效的评价，企业可以了解自身的财务状况，包括盈利能力、运营效率、风险管理等方面，从而采取相应的措施进行防范和应对。

12.3.1 企业财务综合绩效评价指标

通常采用各种不同的企业财务指标对企业的经济效益进行分析，分析企业的产出、销售收入、利润等经济效益指标，资产、负债和所有者权益等财务状况和偿债能力。企业综合绩效评价指标由十六个财务绩效定量评价指标进行定性评价。财务绩效定量评价指标包括反映企业盈利能力状况、资产质量状况、债务风险状况和经营增长状况四个方面的八个基本指标。

1. 企业盈利能力评价指标

企业盈利能力主要体现在利润及企业盈利前景的判断上，企业盈利能力以销售毛利率、销售净利率、总资产收益率、成本费用净利率四个指标进行评价，主要反映企业一定经营期间的投入产出水平和盈利水平。

$$销售毛利率 = (销售收入 - 销售成本) \div 销售收入 \times 100\%$$

销售毛利率越高，说明在销售收入净额中销售成本所占比重越小，企业通过销售获取利润能力越强。

$$销售净利率 = 净利润 \div 销售收入 \times 100\%$$

销售净利率越高，说明企业从营业收入中获取利润的能力越强，在销售收入中成本费用所占比重越小，企业通过扩大销售获取收益的能力就越强。

$$总资产收益率 = 净利润 \div 平均资产总值 \times 100\%$$

企业的平均资产总值是企业期初和期末资产的平均数，总资产收益率越高，说明企业利用全部资产的盈利能力越强，企业的经营活动越有效率。

$$成本费用净利率 = 净利润 \div 成本费用总额 \times 100\% = 净利润 \div (销售成本 +$$
$$营业税金及附加 + 营业费用 + 管理费用 + 财务费用) \times 100\%$$

成本费用总额是企业在经营过程中的全部运营成本费用的总和，该指标标明每付出一元成本可获得多少利润，反映了经营耗费所带来的经营成果；成本费用净利率越高，利润越大，说明企业为获取收益而付出的代价越小，企业的获利能力越强。

2. 企业资产质量状况评价指标

企业资产质量状况主要分析企业资产的分布情况和周转使用情况，企业资产质量状况以总资产周转率、应收账款周转率、流动资产周转率、固定资产周转率四个基本指标进行评价，主要反映企业所占用经济资源的利用效率、资产管理水平与资产的安全性。周转比例越大，说明该项资产的周转效率越高，企业的资产管理能力就越高。

$$总资产周转率 = 主营业务收入 \div 平均资产总额$$

总资产周转率越高，反映企业全部资产进行经营的效果越好，经营效率越高，企业资产的使用效率也越高。

$$应收账款周转率 = 主营业务收入 \div 平均应收账款余额$$

平均应收账款余额是企业应收账款的期初数和期末数的平均值，应收账款周转率越高，表明企业应收账款回收速度越快，企业的经营管理效率越高，资产流动性越强。

$$流动资产周转率 = 主营业务收入 \div 平均流动资产余额$$

平均流动资产余额是指企业流动资产的期初数和期末数的平均值。流动资产周转率越高，表示企业流动资产由于销售顺畅而具有较高的流动性；流动资产周转越快，说明流动资产的使用效率越高，流动资产的占用水平低。

$$固定资产周转率 = 主营业务收入净额 \div 平均固定资产净值$$

平均固定资产净值是指企业固定资产扣除折旧额后的期初数和期末数的平均值。固定资产周转率越高，反映企业固定资产利用越充分，企业的经营活动越有效。

3. 企业债务风险评价指标

企业债务风险主要分析企业资产的结构，估量企业对债务资金的偿还情况，企业债务风险状况以资产负债率、流动比率、速动比率、已获利息保障倍数四个基本指标进行评价，主要反映企业的债务负担水平、偿债能力及其面临的债务风险。

$$资产负债率 = 负债总额 \div 资产总额 \times 100\%$$

资产负债率是总负债占总资产的比重，资产负债率越小，表明企业长期偿债能力越强，出现财务风险的概率就越小，债权人发放贷款的安全程度越高，企业偿还长期债务的能力越强。

$$流动比率 = 流动资产 \div 流动负债 \times 100\%$$

流动比率越高，表明企业短期偿债能力越强，债权人的权益越有保证。但是要警惕过高的流动比例，也可能是因为存货超储积压或者存在大量的应收账款的结果。

$$速动比率 = 速动资产 \div 流动负债 \times 100\%$$

速冻资产指的是流动资产减去存货和其他流动资产，一年内到期的非流动资产，速动资产的流动性比流动资产更强。速动比率越高，表明企业的能够变现的流动资产偿还流动负债的能力越强，债权人的权益越有保证。

$$已获利息倍数 = 息税前利润总额 / 利息费用 = 净利润 + 所得税 + 利息费用 \div 利息费用$$

已获利息倍数是企业的息税前利润总额与利息的比例，已获利息倍数至少等于1，已获利息倍数越高，表明企业支付债务利息的能力越强。

4. 企业经营增长状况评价指标

企业经营增长状况主要指企业未来发展潜力，企业经营增长状况以销售增长率、利润增长率、总资产增长率、资本保值增值率四个基本指标和销售四个修正指标，主要反映企业的经营增长水平、资本增值状况及发展后劲。

$$销售增长率 = 本年销售收入增加额 \div 上年营业收入 \times 100\%$$

销售增长率越高，表明企业营业收入的增长速度越快，企业的市场前景越好。

$$利润增长率 = 本年利润增加额 \div 上年利润总额 \times 100\%$$

利润增长率指标反映了企业利润的增减变动情况，利润增长率越高，表明企业的利润空间越大，未来的市场前景越好。

$$总资产增长率 = 本年资产增加额 \div 年初资产总额 \times 100\%$$

总资产增长率越高，表明企业一定时期内资产经营规模扩张的速度越快。

$$资本保值增值率 = 期末所有者权益 \div 期初所有者权益 \times 100\%$$

企业盈利能力提高，净利润增加，归属所有者的权益就会增加，必然会让期末所有者权益大于期初所有者权益，所以该指标也是衡量企业盈利能力的重要指标。资本保值增值率越高，说明企业的盈利能力越强，该指标的高低也将受到企业利润分配政策的影响。

主要财务指标如表12-6所示。

表12-6 主要财务指标

财务指标	衡量企业能力
盈利指标	
销售毛利率	企业销售获利能力
销售净利率	企业从营业收入中获取利润的能力
总资产收益率	企业利用全部资产的盈利能力
成本费用净利率	企业为获取收益而付出的代价
经营指标	
总资产周转率	总资产的使用效率
应收账款周转率	企业回款的能力
流动资产周转率	流动资产的使用效率
固定资产周转率	固定资产的使用效率
杠杆指标	
资产负债率	企业偿还长期债务的能力
流动比率	企业短期债务偿还能力
速动比率	企业变现流动资产偿还能力
已获利息倍数	企业偿还流动负债的实际能力
增长指标	
销售增长率	企业销售的增长情况
利润增长率	企业利润的增长情况
总资产增长率	企业总资产的增长情况
资本保值增值率	企业股东权益的增长情况

5. 企业财务综合绩效评价指标

企业财务综合绩效评价指标采用定性定量分析相结合的方式，对企业在一定经营期间由反映企业盈利能力状况、资产质量状况、债务风险状况和经营增长状况四个方面的十六项基本指标进行综合评判，通过综合评价企业财务会计报表反映企业经营的整体绩效状况。企业财务综合绩效评价优秀参考指标如表 12-7 所示。

表12-7 企业财务综合绩效评价优秀参考指标表

评价项目	评价指标	全行业优秀参考指标	初创企业优秀参考指标
盈利能力状况	销售毛利率	18%	15.7%
	销售净利率	12%	8.7%
	总资产收益率	8%	5.9%
	成本费用净利率	12%	9.1%
资产质量状况	总资产周转率	1.6	1.8
	应收账款周转率	21.5	19.6
	流动资产周转率	2.6	2.4
	固定资产周转率	0.2	0.3
债务风险状况	资产负债率	50%	49.5%
	流动比率	105%	125%
	速动比率	135%	155%
	已获利息倍数	5.3	4
经营增长状况	销售增长率	25%	26.8%
	利润增长率	24%	23.7%
	总资产增长率	16.8%	18.7%
	资本保值增值率	111.6%	106.2%

实训12-5 电子书阅读器模拟企业的财务因素分析

任务描述：各模拟公司的管理层想一想，如果本模拟企业经过第 4、8 季度的经营后，如何从盈利能力状况、资产质量状况、债务风险状况、经营增长状况等方面，判断哪类财务因素对财务结果的影响更大？

任务实施：请根据模拟电子阅读器企业第 4、8 季度的财务指标，将财务指标进行分类，讨论电子书阅读器模拟企业的财务影响因素。请模拟电子阅读器企业的财务负责人带领管理层分析模拟企业第 4 季度的财务指标，并填写表 12-8。

表12-8 模拟电子阅读器企业第4季度财务指标表

评价项目	评价指标	模拟企业第4、8季度财务指标	备注
盈利能力状况	销售毛利率		
	销售净利率		
	总资产收益率		
	成本费用净利率		
资产质量状况	总资产周转率		
	应收账款周转率		
	流动资产周转率		
	固定资产周转率		
债务风险状况	资产负债率		
	流动比率		
	速动比率		
	已获利息倍数		
经营增长状况	销售增长率		
	利润增长率		
	总资产增长率		
	资本保值增值率		

12.3.2 企业财务综合绩效评价的关键指标分析

模拟电子书阅读器企业利用各个财务比率指标之间的内在联系，对企业财务状况进行综合分析的一种方法。通常采用净资产收益率，该指标反映股东权益的收益水平，用以衡量公司运用自有资本的效率。净资产收益率越高，说明投资带来的收益越高。该指标体现了创业者投资资本获得净收益的能力。初创企业适当运用财务杠杆可以提高资金的使用效率，借入的资金过多会增大企业的财务风险，但一般可以提高盈利，借入的资金过少会降低资金的使用效率。净资产收益率是衡量创业者股东资金使用效率的重要财务指标。

综合性最强的财务比率就是净资产收益率，也是财务关键指标的核心指标；总资产报酬率是销售净利润率和资产周转率的乘积；销售净利润率主要受到销售收入和成本费用的影响；总资产周转率反映了企业资产管理效率；权益乘数反映了所有者权益与企业总资产的关系，主要受到企业资产结构的影响，如果资产负债率变高，则权益乘数也变高，资产负债率和权益乘数是同向变动。

净资产收益率=总资产报酬率×权益乘数
　　　　　　=销售净利润×总资产周转率×权益乘数
　　　　　　=净利润/销售收入×销售收入÷平均资产总额×1/(1-资产负债率)

实训12-6 电子书阅读器模拟企业的财务综合分析

任务描述：请各模拟电子书阅读器企业根据前一个任务计算的盈利能力状况、资产质量状况、债务风险状况、经营增长状况等财务指标，结合杜邦分析进行电子书阅读器模拟企业的财务综合分析。

任务实施：请结合每个模拟电子书阅读器企业前4个季度的财务指标，将财务指标进行分类，结合杜邦分析进行电子书阅读器模拟企业的净资产收益率。

任务 12-6-1：请模拟电子阅读器企业的财务负责人带领管理层分析模拟企业的净资产收益率。

_____
_____
_____
_____

任务 12-6-2：请模拟电子阅读器企业的财务负责人带领管理层进行模拟企业的综合绩效定量分析，并填写表12-9。

表12-9 综合绩效定量分析表

评价项目	评价指标	权重分数/%	分项权重/%	优秀指标	实际值	实际值/优秀指标*	得分**
盈利能力状况	销售毛利率	34	10	15.7%			
	销售净利率		9	8.7%			
	总资产收益率		8	5.9%			
	成本费用净利率		7	9.1%			
资产质量状况	总资产周转率	22	7	1.8			
	应收账款周转率		6	19.6			
	流动资产周转率		5	2.4			
	固定资产周转率		4	0.3			
债务风险状况	资产负债率	22	6	49.5%			
	流动比率		6	125%			
	速动比率		5	155%			
	已获利息倍数		5	4			
经营增长状况	销售增长率	22	8	26.8%			
	利润增长率		6	23.7%			
	总资产增长率		3	18.7%			
	资本保值增值率		5	106.2%			
合计		100	100	—			

*：当实际值/优秀指标>1，则统一按照1填写。**：得分项目最后的合计分数应该在100分以内，用百分制来衡量企业财务综合绩效。

实训12-7 电子书阅读器模拟企业的财务指标及杜邦分析的可视化

任务描述：请同学利用微软公司的 Power BI 软件，将年度财务指标数据设置成切片器，显示出年度的数据，可以通过插入卡片图、饼状图、树状图、分区图、图表，进行财务数据的可视化。

任务实施：请根据同学们模拟电子阅读器企业前 4 个季度，即完整的一个年度财务数据，完成偿债能力分析、营运能力分析、盈利能力分析、增长能力分析及杜邦分析与相关的可视化。

任务 12-7-1：请模拟电子阅读器企业的财务负责人带领管理层进行模拟企业第 4 季度(即第 1 年)的偿债能力分析及可视化。

任务 12-7-2：请模拟电子阅读器企业的财务负责人带领管理层进行模拟企业第 4 季度(即第 1 年)的营运能力分析及可视化。

任务 12-7-3：请模拟电子阅读器企业的财务负责人带领管理层进行模拟企业第 4 季度(即第 1 年)的盈利能力分析及可视化。

任务 12-7-4：请模拟电子阅读器企业的财务负责人带领管理层进行模拟企业第 4 季度(即第 1 年)的增长能力分析及可视化。

任务 12-7-5：请模拟电子阅读器企业的财务负责人带领管理层进行模拟企业第 4 季度(即第 1 年)的杜邦分析及可视化。

项目 13　生产运营管理

生产设施设备的准备需要明确生产计划和目标，并据此确定需要的设施设备的种类、数量、规格及性能要求；还需要对目标市场进行调研，了解供应商的情况、设备价格、设备质量、售后服务及行业趋势等。这一步骤可以帮助企业更好地了解市场行情，为后续的采购决策提供重要依据。接下来，要根据需求和市场调研结果制订采购计划。采购计划应该包括采购的时间、预算、方式，以及风险应对措施等。合理的采购计划能够有效地降低企业的采购成本，同时提高采购效率。

案例引入

天才之道模拟电子书阅读器的企业在过去的几年里，取得了快速的发展，以下是他们在产品生产准备过程中的一些步骤和思考问题。

团队开始进行创意设计，并确定电子书阅读器的特点和功能。他们使用计算机辅助设计软件制作草图和 3D 模型，并进行多次修改和改进；然后通过 3D 打印技术制作实物原型，以验证产品的外观和可行性。

团队确定了电子书阅读器所需的原材料清单，并与供应商取得联系来采购这些原材料。他们需要选择符合安全标准和质量要求的原材料，例如塑料、彩色油墨和环保胶水。他们可能会与多个供应商进行洽谈，以确保原材料的供应稳定性和成本效益。

团队需要购买和准备适用于电子书阅读器生产的设备和工具，可能包括注塑机、模具、切割机、装配设备等。他们需要研究适合他们的生产规模和需求的设备，并与供应商合作，确保设备的质量和售后服务。

团队设计生产流程并设定生产计划。他们需要确定每个生产环节的顺序和所需时间，以确保生产的顺利进行。这涉及从原材料准备、注塑、切割、装配、质检等过程的安排和协调。优化生产流程以提高效率和降低成本是重要的考虑因素。

思考：
1. 企业在生产过程中选择生产线，应该考虑哪些因素并做出决策？
2. 团队应该如何确保产品在生产过程中的质量控制？

13.1　生产准备

良好的生产准备可以减少生产过程中的停顿和等待时间，提高设备利用率和员工工作效率，从而提高生产效率，确保生产流程的稳定和产品的质量；同时还能降低原材料和人工成本的浪费，从而降低生产成本。

13.1.1　原材料采购流程

每个企业的材料采购流程和策略可能存在差异，应根据实际情况进行调整和优化。同时，建议遵守相关法律法规和可持续采购的原则，以确保供应链的可靠性和企业的可持续发展。

1. 需求分析与询价比较

明确企业的生产需求，包括所需材料的种类、数量、规格、质量等方面，评估产品生产计划和库存管理，以及预测未来的材料需求。与潜在供应商进行沟通，向其询价并比较报价，通过考虑价格、质量、交货时间、服务等因素，选择最具性价比的供应商。

2. 供应商选择与合同签订

寻找可靠的供应商或供应链合作伙伴，评估其信誉度、供货能力、质量控制、价格等因素。可以通过市场调研、业内咨询，以及参考其他企业的经验来选择合适的供应商。与选择的供应商签订正式的采购合同，明确双方的权责和交付条件，合同应包括采购数量、规格、质量要求、价格、交货时间、付款方式等关键条款。

3. 订单交付与质量控制

根据生产计划，向供应商下达订单并确保及时交付；关注供应商的生产能力、库存情况和交货时间，并保持沟通以便及时调整计划。建立质量控制体系，确保采购的材料符合产品要求和质量标准；进行来料检验、批次抽样等质量控制措施，保证生产所使用材料的质量稳定。

4. 库存管理与风险管理

根据生产需求和供应情况，合理规划和管理材料库存，避免过高的库存成本，同时保持足够的库存以应对突发情况。定期对供应商的绩效进行评估，包括交货准时率、产品质量、服务响应等方面；及时与供应商沟通，共同解决问题并推动供应链的改进。识别和评估材料采购的风险，如价格波动、供应中断、质量问题等；制定相应的风险管理策略，如寻找备用供应商、建立短缺物料替代计划等。

13.1.2 初创企业原材料采购要点

通过寻找优质供应商、多源采购、协商价格和供货条件、战略采购、利用数字化工具、追求创新和可替代性，以及定期评估供应链等策略，初创企业可以提高原材料采购的效率和成本管理能力，并确保原材料供应的稳定性和质量。在原材料采购方面，初创企业可以采取以下策略来提高效率和降低成本。

1. 寻找优质供应商与多源采购

初创企业应花费时间和精力来寻找具有良好声誉和可靠性的供应商。这些供应商应该能够提供符合质量要求的原材料，并能按时交付。与优质供应商建立长期合作关系有助于提供稳定的原材料供应，以及获得更好的价格和服务。

初创企业可以考虑采取多源采购策略，这将减少对某个供应商的依赖，并在某个供应商出现问题时有备用选项。多源采购也可以通过比较不同供应商的价格和质量来优化成本效益。

2. 批量采购与折扣

初创企业可以考虑批量采购原材料，以获取供应商的折扣优惠，如表 13-1 所示。与供应商协商时，如果企业能够集中采购一定数量的原材料，供应商通常会提供更具竞争力的价格。同时，批量采购还可以减少采购频率和相关的运输成本。

表13-1 模拟电子书阅读器企业批量采购与折扣表

序号	采购量	折扣比例	备注
1	$Q \leq 200$	0	
2	$300 < Q \leq 500$	5%	
3	$500 < Q \leq 1000$	10%	
4	$1000 < Q \leq 1500$	15%	
5	$1500 < Q \leq 2000$	20%	
6	$2000 < Q \leq 5000$	25%	
7	$5000 < Q$	30%	

3. 追求创新和可替代性与考虑战略采购

初创企业可以探索创新的原材料和替代品。寻找创新的原材料可以降低成本、提高产品竞争力，并有机会获得更可持续的解决方案；与此同时，寻找可替代的原材料可以降低对某个特定原材料的依赖，并在市场供应受限时有备用选项。初创企业可以采用战略采购的方法来优化原材料采购，这可能涉及与多个供应商签订长期合同或框架协议，以确保供应的稳定性和可预测性；战略采购还可以帮助初创企业与供应商建立更紧密的合作关系，并获得更好的价格和优先权。

4. 利用数字化工具与定期评估供应链

初创企业可以利用数字化工具来简化和优化原材料采购流程，包括使用采购管理软件、电子采购平台和在线拍卖等工具，以提高采购效率、降低成本和实现数据驱动决策。初创企业应定期评估供应链的效能和风险，包括审查供应商的绩效、质量控制、交货准时率及供应链的弹性和可调整性。通过评估，企业可以识别潜在问题并采取相应的措施来提高供应链的可靠性和可持续性。

实训13-1　模拟企业的原材料采购实训

任务描述：为进一步提高模拟电子书阅读器企业的采购管理工作，实现对不同原材料的批量采购需求，获得批量采购折扣，维持好与供应商的友好合作关系，达成长期的供货保障，需要与供应商们保持良好的沟通和交流，长期维持关系管理。

任务实施：请完成模拟电子书阅读器企业的采购表，如表13-2所示。

表13-2　模拟电子书阅读器企业的采购表

序号	类别	勾选	原料	当期单价	到货周期	付款周期	采购数量	采购金额	进项税额	含税价格	备注
1	外壳		PC+ABS		0	0					
2			ABS		1	0					
3	主板		CPU		0	0					
4			存储容量		1	1					
5			电池		0	1					
6	屏幕		5英寸		0	0					
7			6英寸		0	0					
8			8英寸		1	1					
9	软件		—		0	0					
10	辅助功能		Wi-Fi		0	0					
11			蓝牙		1	0					
12			5G		0	1					
13			重力感应		1	1					
14			夜读灯		1	1					
合计											

13.1.3　生产场地准备

生产场地可以选择租用或购买。对于租用的厂房，每期期初将自动支付相应的租金；对于购买的厂房，购买当时即支付相应的现金，如表13-3所示。

厂房可以选择退租或出售，厂房的退租或出售实际发生在每期期末，此时只有厂房内没有设备的情况下才能成功。退租后的厂房在下期将不再需要支付相应租金，出售厂房将以厂房净值回收现金。

表13-3 模拟电子书阅读器企业各类厂房价格表

序号	厂房类型	容纳设备	购买价格	租用价格	折旧率	备注
1	大型厂房	6条	100 000元	7000元/季	2%	
2	中型厂房	4条	80 000元	5000元/季	2%	
3	小型厂房	2条	60 000元	3000元/季	2%	

对于企业而言，在选择自建厂房还是租赁厂房时，需要综合考虑多个因素。

1. 企业规模

对于规模较小的企业，由于资金和土地资源的限制，很难购买土地自建厂房。因此，租赁厂房可能是更佳选择，尤其是租用政府建设的产业园，这样可以享受政府提供的优惠政策和服务。对于规模较大的企业，由于业务稳定、资金充足，可以考虑自建厂房，以降低长期租赁成本，并提高生产效率。

2. 资金投入

自建厂房需要大量的资金投入，包括购买土地、建设厂房、购买设备等。对于资金压力较大的企业，租赁厂房可能是更好的选择，可以避免初期的大笔投资。然而，从长期来看，自建厂房可以作为企业资产，为企业提供稳定的资产价值。

3. 时间成本

自建厂房需要经过一系列流程手续，包括项目立项备案、用地选址及环境评审、获取土地使用证及规划审批等，这通常需要数月甚至数年的时间。而租赁厂房则可以迅速投入使用，不需等待。因此，对于需要快速扩张的企业，租赁厂房可能更合适。

4. 维护和管理成本

自建厂房的维护和管理成本通常较高，因为企业需要自行负责设备的维护、保养和更新。而租赁厂房则可以将这些成本转嫁给房东。但是，如果企业需要长期稳定的生产环境，自建厂房可以更好地满足需求。

5. 未来发展

企业需要考虑未来的发展战略和扩张计划。如果企业计划在未来扩大规模，自建厂房可能更合适，因为自建厂房可以更好地满足未来的生产需求。而如果企业的业务模式和产品线经常变化，则租赁厂房可能更合适，因为企业可以随时调整租赁计划以满足业务变化的需求。

所以，在选择自建厂房还是租赁厂房时，企业需要根据自身实际情况进行权衡。如果企业规模较小、资金压力较大、需要快速扩张或业务模式和产品线经常变化，租赁厂房可能更合适；如果企业规模较大、业务稳定、需要长期稳定的生产环境或计划在未来扩大规模，则自建厂房可能更合适。总之无论选择哪种方式，都要注重长远规划和企业发展目标相匹配。

13.1.4　生产设施设备采购流程管理

生产设施和设备的购置对于企业的生产和运营至关重要。下面是一些购置生产设施和设备的关键步骤。

1. 需求评估与购置预算

确定企业的生产需求，包括所需设备的类型、数量和性能指标等；评估当前和未来的产能规模、技术要求和预算限制。考虑到设备的购买成本、运输费用、安装费用、维护费用等，要确保采购计划与企业经济实力和财务预算相匹配。

2. 市场调研与供应商选择

进行市场调研，了解相关设备的供应商、品牌和性能特点；比较不同供应商的产品质量、技术支持和价格等因素。选择可靠的供应商或制造商，并与其进行谈判和比较报价；评估供应商的信誉度、售后服务和产品质量等方面。

3. 合同签订与运输安装

与供应商或制造商签订正式的购买合同，明确双方的权责和交付条件；确保合同规定了设备的规格、保修期、售后服务等条款；确保设备能够按时到达并正确安装，对于复杂设备，可能需要专业的技术人员进行调试和安装。

4. 培训维护和资产管理

安排相关人员接受设备操作和维护的培训，以确保设备能够正常运行；建立设备维护计划，定期进行检查、维修和保养。将购置的设备记录为企业的资产，建立相应的资产管理体系，包括设备档案、维修记录、更新计划等，以优化设备的使用寿命和价值。

在购置生产设施和设备之前，建议进行充分调研和咨询，确保选择适合企业需求的设备，并遵守相关法律法规和质量标准。

13.1.5　设施设备准备

按照生产设备的自动化水平，将生产设备分为手工线、半自动化生产线、自动化生产线和柔性线，如表 13-4 所示，每种类型都有其特定的操作流程和特点。

1. 手工线

手工线的操作完全依赖于人工劳动力，生产效率相对较低，产品品质会受到操作人员的技术水平和工作经验的影响，操作人员需要手动完成所有的工作步骤。

表13-4 模拟电子书阅读器企业各类生产线价格表

序号	设备名称	手工线	半自动线	自动线	柔性线	备注
1	购买价格	40 000	80 000	120 000	160 000	
2	良品率	70%	75%	80%	90%	
3	安装周期	0	1	1	1	
4	单件加工费	4	3.5	3	2	
5	维护费用	2 000	2 200	2 500	3 000	
6	升级周期	1	1	1	1	
7	搬迁周期	0	1	1	1	
8	设备产能	1 000	1 200	1 500	2 000	
9	混合投料	否	否	否	是	
10	生产周期	0	0	1	1	
11	工人上限	2	3	3	4	
12	升级费用	1 000	1 000	1 000	1 000	
13	升级提升	3%	2.5%	2%	1%	

2. 半自动化生产线

半自动化生产线结合了一部分自动化设备和人工劳动力,这种生产线在某些工作环节中使用了自动化设备,但仍需要人工操作。这种生产线比手工线的生产效率有所提高,但仍需要操作人员具备一定的技能和经验。

3. 自动化生产线

自动化生产线完全依赖于自动化设备进行生产,不需要人工干预。这种生产线的生产效率较高,能够快速地生产大量产品。自动化生产线对操作人员的技能要求较低,但需要维护人员进行设备的日常维护和故障处理。

4. 柔性线

柔性线是一种灵活的生产线,可以适应多种产品和生产过程的变化。它由一系列的可编程逻辑控制器(PLC)和计算机控制系统组成,可以根据需要进行调整和改变。柔性线的生产效率和适应性都很高,但对操作人员的技能要求也较高。

■ 实训13-2 模拟企业的场地和生产设施设备等采购

任务描述:为进一步提高模拟电子书阅读器企业的生产准备管理工作,实现对不同固定资产和在建工程的采购需求,以便为后续生产工作做好准备,大件生产设施设备需要先一步进场安装并调试到位,这是生产准备工作的重中之重。

任务实施:请完成模拟电子书阅读器企业的场地和生产设施设备等采购表,如表13-5所示。

表13-5　模拟电子书阅读器企业的场地和生产设施设备等采购表

序号	准备项目	型号	型号单价	数量	金额*	本季度	备注
1	购置厂房	大型厂房					
2		中型厂房					
3		小型厂房					
4	租赁厂房	大型厂房					
5		中型厂房					
6		小型厂房					
7	投资新生产线	手工线					
8		半自动线					
9		自动线					
10		柔性线					
11	转产生产线	半自动线					
12		自动线					
13	厂房处置	变卖					
14		退租					
15	设施设备处置	变卖					
合计							

*：金额=型号单价×数量，其中1～12项是支出正数，13～15项是收入正数。

13.2　产能预算与生产制造管理

产能预算和生产制造管理对于企业的运营至关重要。通过准确地进行产能预算、实施有效的生产制造管理策略，企业可以优化资源配置、降低成本、提高生产效率并保证产品质量，从而获得竞争优势。

13.2.1　产能配置关系

合理配置产能可以使企业根据市场需求和产品特点，灵活调整生产计划和生产节奏，以最低的成本和最短的时间实现最大的生产效率。合理的产能配置可以更好地满足客户需求，提高产品质量和客户满意度，从而增强企业的市场竞争力。

1. 产能与需求配比

产能与需求之间存在密切的关系，在企业运营和供应链管理中起着重要的作用。在模拟电子书阅读器企业实训时，初级阶段都是假定市场是不断增长的，所以匹配的产能也随之增长。

- 需求增长与产能扩展：随着市场需求的增长，企业可能需要扩大产能以满足市场需求。这可以通过增加生产线、增加设备、加强供应链合作等方式来实现。产能的扩展需要与需求增长保持协调和平衡。
- 产能利用率：需求水平对产能的利用率有重要影响。当需求低于产能水平时，产能利用率可能较低，导致资源的浪费和效益的降低；当需求高于产能水平时，产能利用率可能达到或接近最大水平，这有助于提高企业的生产效率和盈利能力。

2. 产能与人员配比

产能与人员配比是在生产和运营过程中确定所需的员工数量和组织结构的关系，关系的确立需要考虑如下因素。

- 产能要求与工作量评估：确定所需的产能水平。这可以是以产量、服务数量、客户需求等形式表达的业务目标。产能要求将作为制定人员配比的基础。进行工作量评估是确定所需人员数量的关键步骤。
- 生产效率与适应性：生产效率是产能与人员配比的重要因素。通过制定高效的工作流程、提供培训和技能发展，以及使用适当的生产工具和设备，可以提高生产效率，从而减少所需的人员数量。考虑到市场需求和业务环境的变化，人员配比应具备一定的弹性和适应性。

13.2.2 常见的产能人员配备模型——生产单位时间配比模型

生产单位时间配比模型是用于根据单位时间内的产能要求来确定所需人员数量的一种分析工具。它基于企业的生产目标和预定的生产时间，以及工位或部门的工作效率，计算出每个岗位所需的人员配比。

■ 实训13-3 生产单位时间配比

任务描述：该模拟电子书阅读器制造企业主要生产商务型、经济型、学生型三类产品，这三类产品加工工时定额和 20×5 的订单如表 13-6 所示，预计该企业 20×5 的定额完成率为 115%、废品率为 2.5%、员工出勤率为 97%。

任务实施：请思考该企业全部订单生产全年需要多少工时？一个工人一年能够提供多少工时？该制造基地 20×5 订单的生产人员的定员人数是多少？

表13-6 模拟电子书阅读器制造企业定额工时和订单数量表

序号	产品类型	产品类别工时定额(小时)	20×5订单(数量)	备注
1	商务型	1700	40	
2	经济型	3200	50	
3	学生型	5500	60	

当然，在实际应用中，还需要进一步考虑其他因素，如员工的技能水平、休假制度和工作调整等，以确保生产流程的连贯性和高效性。

13.2.3 常见的产能人员配比模型——生产能力利用率模型

生产能力利用率模型是一种用于确定生产能力和所需人员数量之间关系的分析工具。它基于企业的产能利用率和实际产量，计算出所需的人员数量。这个模型可以帮助企业合理规划和管理人力资源，以适应市场需求并达到生产目标。

以模拟电子书阅读器企业为例来说明生产能力利用率模型的应用。假设该企业的生产线每小时的最大潜在产能是 1000 个产品，而实际产量为 800 个产品。

设定产能利用率目标为 80%，即实际产量 800 个产品与最大潜在产能 1000 个产品之间的比率；根据产能利用率目标和已知的产能情况，计算所需的人员数量。在进行人员配比计算时，还需要考虑其他因素，如员工的工作效率、休假和培训时间，以及设备维护等。800 个产品×0.5 小时/产品=400 人；如果实际产量超过或低于预期，或者生产效率有所变化，那么可能需要进行相应的人员调整。

企业应根据其特定的运营情况和业务需求来选择和定制适合的模型，并定期进行评估和调整，以保持与实际情况的一致性。

◆ 实训13-4 模拟电子书阅读器企业的产能预算实训

任务描述：为进一步提高模拟电子书阅读器企业订单交付率，实现对企业生产全流程的管控，特实施模拟企业的产能预算。

任务实施：请完成模拟电子书阅读器企业的产能预算表，如表 13-7 所示。

表13-7　模拟电子书阅读器企业的产能预算表

序号	产品名称	期初库存	柔性投产	自动投产*	半自动投产	手工投产	本期成品**	本期销量	期末库存	备注
1										
2										
3										
4										
5										
6										
7										
8										

*：自动投产是指产能预算，产能预算=设备条数×该设备产能×成品率。**：本期成品是指本季度按照产能能够生产出来的产品，要考虑生产线的成本率，本期成品=柔性线投产量×柔性线成品率+自动线投产量×自动线成品率+半自动线投产量×半自动线成品率+手工线投产量×手工线成品率。

13.2.4 排产计划管理

产能预算提供了制订排产计划的定量依据，而排产计划则是实际执行和实施产能预算的操作性工具。有效地协调和整合排产计划与产能预算,可以提高生产计划的准确性和可行性,实现生产目标,同时保障资源的合理利用和企业目标的实现。

通过有效的排产计划表单管理,组织可以更好地掌控生产计划执行的全过程,减少错误和延误,并确保生产的顺利进行和按时交付。表 13-8 所示的初创企业制订和跟踪生产排产计划表是一个基本的排产计划表示例,用于帮助初创企业制订和跟踪生产排产计划。

表13-8 初创企业制订和跟踪生产排产计划表

序号	日期/时间段	订单1	订单2	订单3	订单4	其他任务	备注
1	日期/时间段 1	生产任务	生产任务			其他任务	
2	日期/时间段 2	生产任务	生产任务			其他任务	
3	日期/时间段 3		生产任务	生产任务		其他任务	
4	日期/时间段 5			生产任务		其他任务	
5	日期/时间段 6	生产任务			生产任务	其他任务	

在表 13-8 中,每一行代表一个特定的日期和时间段,订单列显示不同订单的生产任务安排,其他任务列用于记录无关于订单的其他任务(如设备维护、清洁等)。通过该排产计划表,可以清楚地了解订单的安排情况和生产任务的时间分配,以便更好地管理和追踪生产流程。

13.2.5 排产计划计算机辅助管理

通过计算机辅助排产管理,企业可以更有效地处理排产计划中的复杂性和不确定性,并实现更精确、高效的生产计划。它可以减少人工错误,提高生产流程的可视化、自动化和优化程度,以及快速响应市场需求和变化。这些软件通常提供了更高效、更精确的排产计划管理和优化功能,可以帮助企业更好地掌控生产计划并提高效率。

- MRP(物料需求计划)软件:MRP软件可以帮助企业基于订单需求和现有资源的情况,自动计算和生成排产计划。它以物料的需求来驱动排产计划,可以帮助您优化物料采购、库存管理和生产计划。
- ERP(企业资源计划)软件:ERP软件提供综合的企业管理功能,其中包括排产计划管理。它能够整合和协调企业内部各个部门的信息和流程,帮助企业优化生产资源分配,提高生产效率和准确性。

这些软件都有各自的特点和功能,可以根据企业组织的具体需求和预算情况选择适合的软件。同时,确保进行充分的培训和适应期,以确保正确使用和最大化软件的效益。

实训13-5 模拟电子书阅读器企业的产能预算实训

任务描述:为进一步提高模拟电子书阅读器企业订单交付率,实现对企业生产全流程的管控,特实施模拟企业的产能核算。

任务实施:请完成模拟电子书阅读器企业的物料计划表和产能核算表。

任务 13-5-1:请完成模拟电子书阅读器企业的物料计划表,如表 13-9 所示。

表13-9　模拟电子书阅读器企业的物料计划表

序号	项目		第一年				备注
			1季度	2季度	3季度	4季度	
1	订制批量	柔性线					
2		全自动线					
3		半自动线					
4		手工线					
5	总需求量						
6	期初存货						
7	本期产能						
8	净需求量						
9	期末存货						
10	计划应收订货						
11	计划应发订货						

任务13-5-2：请完成模拟电子书阅读器企业的产能核算表，如表13-10所示。

表13-10　模拟电子书阅读器企业的产能核算表

序号	生产线		第一年				第二年	备注
			1季度	2季度	3季度	4季度	1季度	
1	____线	产品						*
2	编号01#	原料						
3	____线	产品						
4	编号02#	原料						
5	____线	产品						
6	编号03#	原料						
7	____线	产品						
8	编号04#	原料						
9	____线	产品						
10	编号05#	原料						
11	____线	产品						
12	编号06#	原料						
13	合计	产品						
14		原料						

*：—表示产品在产，√表示产品上线，×表示产品下线。

13.2.6 生产调度

生产计划与调度涉及制订合理的生产计划,以及对生产资源的有效调度和优化,以实现生产的高效率和及时交付。

1. 资源评估与调配

在制订生产计划时,需要进行资源评估与调配。这包括评估所需的人力、设备、原材料和零部件等资源,并进行合理的资源分配和调度。资源评估与调配的目标是确保生产计划的可行性和资源的最优利用。

2. 计划优化与平衡

制订初步的生产计划后,需要对其进行优化和平衡。这意味着要确保生产计划的合理性、稳定性和可操作性,避免生产能力过载或长时间闲置。这可能需要进行时间调整、生产批量的优化、产品组合的平衡等。

3. 生产调度与监控

一旦生产计划制订完成,便需要进行生产调度和监控,确保制订的计划得到有效执行。生产调度包括对工序、生产线和设备的安排,以及对生产任务的分配和跟踪;生产监控则需要对生产进展、资源利用率和问题处理进行实时监控。

4. 反馈与改进

生产计划与调度过程中需要保持良好的反馈机制和改进循环。这意味着要及时收集和分析生产数据,了解生产状况和效果,并根据反馈结果进行调整和改进。这有助于提高生产计划的准确性、灵活性和适应性。

通过有效的生产计划与调度,企业可以实现生产资源的最优配置、生产过程的高效率和及时交付,从而提高生产能力和客户满意度。

▶ 实训13-6 模拟电子书阅读器企业的产能预算实训

任务描述: 为进一步提高模拟电子书阅读器企业的生产管理能力和订单交付率,实现对企业生产全流程的管控,需对模拟企业的产品生产信息进行管理。

任务实施: 请完成模拟电子书阅读器企业的产品生产信息表,如表13-11所示。

表13-11 模拟电子书阅读器企业的产品生产信息表

序号	项目目标	项目实施		备注
1	物料编码:	前期可用库存:	计划员编号:	
2	物料名称:	安全库存量:	计划展望期:	
3	提前期:	需求时间:	计划时间:	
4	批量规格:			

(续表)

序号	项目目标	项目实施								备注
5	季度	1	2	3	4	5	6	7	8	
6	预测量									
7	订单量									
8	计划接受量									

13.2.7 质量控制

质量控制是生产制造管理中的关键环节，旨在确保产品符合质量标准和客户要求。质量控制涉及对整个生产过程中的各个环节进行监控、检测和改进，以达到高质量的产品输出。

1. 质量管理体系

建立和实施适合企业的质量管理体系，如ISO9001等。质量管理体系包括建立质量政策和目标、编制质量手册、制定程序和工作指导书、建立质量记录和文档管理等，它提供了质量控制的基本框架和规范。

ISO9001是一个质量管理体系的标准，其目标是帮助组织确保其产品和服务符合客户要求，并不断提高质量管理水平；而ISO14001是一个环境管理体系的标准，其目标是帮助组织管理和改善环境绩效，减少对环境的负面影响。ISO9001和ISO14001都是由第三方认证机构进行认证的。ISO9001的认证是通过对其质量管理体系的审核来确认其符合要求；而ISO14001的认证则是通过对组织的环境管理体系的审核来确认其符合ISO14001的要求。

2. 产品认证

3C认证的全称为"中国强制性产品认证"，缩写为3C认证。它是中国政府为保护消费者人身安全和国家安全、加强产品质量管理，依照法律法规实施的一种产品合格评定制度。根据规定，未获得CCC认证证书和标注认证标志的，不得出厂、销售、进口或者在其他经营活动中使用。因此，我国已经对19类产品实施强制性认证管理，电子书阅读器产品也属于需要实施认证的产品，产品质量认证请参见表13-12所示。

表13-12 模拟电子书阅读器企业质量认证表

序号	项目目标		项目实施								备注
1	季度		1	2	3	4	5	6	7	8	
2	高端产品	ISO9001				*	*	*	*	*	
3		ISO14001					*	*	*	*	
4		CCC认证						*	*	*	
5	中端产品	ISO9001				*	*	*	*	*	
6		ISO14001						*	*	*	
7		CCC认证							*	*	

(续表)

序号	项目目标		项目实施							备注
8	低端产品	ISO9001					*	*	*	
9		ISO14001						*	*	
10		CCC 认证							*	

*：强制质量认证的时期。

3. 过程控制与质量检验

对生产过程中的关键环节进行控制和监测，这包括控制生产设备的运行参数、监测生产工艺的关键参数、跟踪原材料和零部件的质量等。对产品进行质量检验和测试，以确保产品符合相关的质量标准。

4. 不良品处理与问题解决

对于发现的不良品，需要及时采取合适的处理措施，这包括对不良品进行分类和追溯、分析不良原因、制定纠正预防措施等。问题解决的过程应该是追求根本解决问题，而不是简单地处理表面现象。

质量控制的目标是确保产品的质量符合标准和客户的期望，以提供满意的产品和服务。有效的质量控制可以减少退货、降低维修成本、提升客户满意度，从而提升企业的竞争力和声誉。它需要全员参与和持续关注，以实现企业持续改进和卓越质量的目标。

项目 14　公司整体绩效评价

公司整体绩效评价及团队建设需要从设定目标、制订计划、任务分配、执行与调整、结果评估、反馈与改进，以及激励与奖惩等多个方面进行全面考虑和系统规划。通过不断优化评价体系和完善相关措施，实现公司整体绩效的持续改进和团队凝聚力的不断提升，为公司的长远发展奠定坚实基础。

案例引入

天才之道电子阅读器有限公司的发展战略分为三个阶段，公司根据不同阶段的发展状况，采用不同模式构筑企业竞争优势。

第一阶段：一体化商业模式(2017—2020 年)。

天才之道电子阅读器有限公司实施科研、中试、生产一体化，将资源和能力配置到价值链的各个环节，牢牢掌控价值链的各个经营活动，把握生产经营的全部所得。

第二阶段：外包转型(2020—2022 年)。

随着企业业务发展，天才之道电子阅读器有限公司发现自己在融资、采购、生产、销售等价值活动方面处于劣势，导致企业开发出的新彩色阅读器无法尽快实现商业化转化。于是公司以增加最终的企业利润为目标，将自身的经营业务聚焦于研发和营销服务两个价值创造环节上，而将生产制造环节外包出去。

第三阶段：平台战略(2022 年至今)。

随着网络技术的发展，使得天才之道电子阅读器有限公司实施平台战略成为可能。天才之道电子阅读器有限公司的平台战略就是以技术研发及核心阅读 APP 为核心平台，以网络阅读平台效应吸引创作者、写手、行业从业写作者、阅读者等多方加入，搭建起两台即跨区域、跨行业的第三方阅读平台和设备资源合作、共享的专业化平台。

李明作为电子书阅读器企业的创始人，一直非常关心企业未来能否生存。在企业走上了正轨，经营逐渐好转，逐步扩大业务范围，开始对外进行并购的时候，他又开始关心企业的整体绩效了。

思考：
1. 为什么要进行企业整体绩效分析？
2. 采用企业整体绩效评价有哪些成熟的方法？

14.1 企业绩效管理

企业绩效管理是一个复杂而重要的过程，它涵盖了目标设定、绩效评估、培训发展、奖励机制、反馈与调整、持续改进，以及定期审计等多个环节。企业需要通过全面、系统地实施这些措施，不断提高员工的工作表现和企业整体的绩效水平，从而实现企业的可持续发展和竞争优势的获取。

14.1.1 企业绩效管理概述

企业绩效管理体系是现代企业管理中的重要组成部分，通过设定绩效目标、制订绩效计划、绩效实施与辅导、绩效评估、绩效反馈与改进等环节，旨在提高企业的整体绩效水平，激发员工潜力，提升企业竞争力，以适应日益激烈的市场竞争环境。

1. 设定绩效目标

在设定绩效目标时，首先要确保目标与组织的战略目标一致，这样才能更好地推动组织的战略落地。目标应该是具体、明确和可衡量的，以便更好地评估员工的工作表现。

2. 制订绩效计划

制订绩效计划是指根据设定的绩效目标，结合公司的战略目标、部门和员工特点，制订出具体的绩效计划。计划中应包括时间表、资源、分配及为实现目标所需的措施。制订计划的过程应该是开放的、透明的，让员工充分参与到计划的制订中来，这样能够更好地满足公司和员工的发展需求。

3. 绩效实施与辅导

在执行绩效计划的过程中，需要为员工提供必要的辅导和支持，这样可以帮助员工更好地了解和掌握实现绩效目标所需的方法与技能。同时，通过定期的跟进和辅导，可及时发现和解决员工在工作中遇到的问题，确保绩效目标的顺利实现。

4. 绩效评估

绩效评估是绩效管理体系中的关键环节。在评估过程中，要运用科学、客观、公正的评价方法对员工的绩效进行评估。评估方法可以包括360度评估、关键绩效指标(KPI)等多样化形式。同时，评估标准应当明确、统一，避免出现不同的评估结果。

5. 绩效反馈与改进

通过绩效反馈面谈，可以让员工了解自己的工作表现和绩效评估结果，同时也可以从员工那里获取对绩效管理体系的反馈和建议。这有助于加强管理，提高员工的满意度和忠诚度。面谈过程中要积极倾听员工的需求和意见，从而及时调整和完善绩效管理体系。

通过设定合理的绩效目标，制订可行的绩效计划，提供必要的绩效辅导，进行公正的绩效评估，获得及时的反馈，将结果应用于管理决策并持续跟进绩效改进，企业可以构建一个完善的可持续发展的整体绩效目标。

■ 实训14-1　模拟电子书阅读器企业绩效管理

任务描述：作为电子书阅读器企业的创始人团队，你们对自己企业的整体有什么要求？希望通过设定绩效目标、制订绩效计划、绩效实施与辅导、绩效评估、绩效反馈与面谈、绩效结果应用及绩效改进等环节，提高企业的整体绩效水平，激发员工潜力，提升企业竞争力，以适应日益激烈的市场竞争环境。

任务实施：请模拟电子书阅读器企业的管理层讨论给出绩效管理流程的每个步骤要点，并填写表14-1。

表14-1　模拟企业绩效管理表

序号	实施目标	实施内容	备注
1	设定绩效目标		
2	制订绩效计划		
3	绩效实施与辅导		
4	绩效反馈与面谈		
5	绩效结果应用		
6	绩效改进		

14.1.2　企业绩效提升

提升企业管理绩效是一项系统性、全面性和长期性的工作，可以从目标设定、计划制订、团队协作、技能培训、创新管理、激励措施、监控调整和文化建设等方面帮助企业管理者实现管理绩效的提高。本小节选择以下几方面做详细指导。

1. 目标设定

目标设定是企业管理绩效提高的第一步，明确企业的发展目标至关重要。在设定目标时，需要考虑到企业的实际情况和未来发展方向；同时，要将目标分解为可测量的指标，以确保企业员工能够明确自己的努力方向和工作的具体要求。在设定目标的过程中，需要关注市场环境和客户需求的变化，以确保企业的发展目标能够适应市场的需求和变化。

2. 团队协作

团队协作是企业管理绩效提高的重要方面之一。要强调团队合作的重要性，建立良好的沟通机制，促进员工之间的合作和交流。在团队协作中，需要关注员工的个人特点和优势，并合理分配工作任务和角色；同时，需要建立积极的反馈机制，鼓励员工之间的互相支持和合作，以提高工作效率和满意度。

3. 创新管理

创新管理是企业管理绩效提高的重要方面之一。可通过鼓励创新，提倡探索新的思路和方法来提高管理绩效。在创新管理中，需要关注市场变化和客户需求的变化，并不断进行产品和服务创新；同时，需要建立良好的创新机制，鼓励员工提出创新性想法和建议，并为其提供必要的支持和资源。通过创新管理，可以提高企业的竞争力和适应能力，以及未来的发展潜力。

4. 激励措施

激励措施是企业管理绩效提高的重要方面之一。针对不同的员工类型和需求，提供不同的激励措施是必要的。通过为员工提供良好的工作环境、公正的薪酬和福利，以及职业发展机会等，来激发员工的积极性和创造力。在激励措施中，需要关注员工的需求和发展方向，以确保激励措施的针对性和有效性。

5. 文化建设

文化建设是企业管理绩效提高的重要方面之一。企业文化是企业的"灵魂"及核心价值观的体现，对于提高企业管理绩效具有至关重要的作用。在文化建设中，需要树立积极向上、团结协作、开拓创新的企业精神，营造良好的企业氛围和文化环境。通过文化建设，可以提高员工的归属感和忠诚度，增强企业的凝聚力和向心力。

通过综合运用这些策略和方法，可以使企业的管理更加科学化和规范化，从而提高企业的整体竞争力和市场地位。

■ 实训14-2　模拟电子书阅读器提升企业绩效办法实施

任务描述：初创企业整体绩效的提升有赖于各种各样的措施和办法，可以通过目标设定、计划制订、团队协作、技能培训、创新管理、激励措施、监控调整和文化建设等方面，帮助初创企业管理者实现管理绩效的提高。

任务实施：请模拟企业的管理层讨论给出每个提升内容的认知，完成表14-2的填写。

表14-2　初创企业整体绩效提升表

序号	实施目标	实施内容	备注
1	目标设定		
2	计划制订		
3	团队协作		
4	技能培训		

(续表)

序号	实施目标	实施内容	备注
5	创新管理		
6	激励措施		
7	监控调整		
8	文化建设		

14.2 企业绩效综合评价

通过综合评价，企业可以识别出内部运营的问题，并针对这些问题制定相应的纠正措施；同时，可以帮助企业更好地了解自身的资源分配情况，发现资源配置中的问题，并针对这些问题进行调整和优化。企业绩效综合评价结果也可以为管理层提供决策支持，从而做出更加明智的决策。

14.2.1 企业绩效综合评价方法——平衡计分卡

平衡计分卡(balanced scorecard，BSC)是一种绩效管理工具和方法，用于评估和改进组织或企业的绩效，并被广泛应用于各种组织和行业。

平衡计分卡通常包括四个关键绩效领域：财务维度、客户维度、内部业务过程维度、学习与成长绩效维度，这些维度指标反映了企业的创新能力和未来发展潜力。通过平衡计分卡，企业能够从多个维度来评估自身的绩效，并制定相应的目标和措施，以提升企业整体绩效，促进企业战略的有效实施。

实训14-3 模拟电子书阅读器企业绩效综合评价

任务描述：企业管理绩效采用平衡计分卡，通过财务绩效、客户绩效、内部业务过程绩效、学习与成长绩效来分析企业综合绩效。

任务实施：请模拟企业的管理层采用平衡计分卡分析企业的整体综合绩效。

任务 14-3-1：请完成如表 14-3 所示的平衡计分卡测评表的评分。

表14-3 模拟电子书阅读器企业平衡计分卡测评表

序号	指标内容		维度权重	指标权重	指标得分	备注
1	第一维度 财务指标	采用实训 12-5 的结果进行分析	60%	60%		

(续表)

序号	指标内容			维度权重	指标权重	指标得分	备注
2	第二维度 顾客指标	成本	获客成本	20%	3%		
3			顾客销售成本		1%		
4			顾客售后服务成本		1%		
5		质量	质量认证		3%		
6			退货率		1%		
7		及时性	交货完成率		1%		
8		顾客忠诚度	顾客满意率		3%		
9			顾客投诉数目		1%		
10		市场份额	占总市场份额		3%		
11			占该类产品份额		3%		
12	第三维度 内部指标	创新过程	R&D 占总销售额比重	10%	1.5%		
13			新产品销售收入占比		1.5%		
14			研发设计周期		1%		
15		运作过程	产品单位成本		1.5%		
16			生产线成本		1%		
17			业务流程顺畅度		1%		
18			良品率		1.5%		
19			库存周转率		1%		
20	第四维度 学习创新 成长指标	员工素质	员工知识结构	10%	0.5%		
21			员工每周期培训费用		1%		
22			员工平均年龄		0.5%		
23		员工生产力	人均产量		1%		
24			软硬件投入比例		0.5%		
25		员工满意度	员工流动率		0.5%		
26			员工满意度		1%		
27			员工提升比例		0.5%		
28		组织架构	信息沟通流程顺畅度		0.5%		
29			传达信息的反馈时间		0.5%		
30			员工投诉回复效率		0.5%		
31			团队工作有效性评价		1%		
32	合计			100%	100%		

任务 14-3-2：请完成如表 14-4 所示的平衡计分卡表的评价。

表14-4 模拟电子书阅读器企业平衡计分卡表

序号	维度	本季 实际值	本季 预算值	实际值/预算值/%	累计 实际值	累计 预算值	实际值/预算值/%	备注
1	财务							
2	顾客							
3	运作流程							
4	学习成长							
5	平衡计分卡值							
6	管理层评论							

14.2.2 企业绩效综合评价方法——关键绩效指标

关键绩效指标(key performance indicator，KPI)是用于测量和评估组织绩效的关键指标。它们是业务目标和战略计划的量化衡量方式，用于跟踪绩效、监测进展并提供反馈。KPI 的选择应该与公司战略目标和重点领域相对应，以确保指标与业务目标相一致。

选择适当的 KPI 需要综合考虑关键目标、业务需求和数据可获得性。KPI 应该具有可量化性、可验证性和可操作性，能够提供有意义的绩效度量，并支持决策和改进。定期跟踪和分析 KPI 的进展可以帮助组织或个人了解绩效状况，并采取必要的行动来实现目标。

■ 实训14-4 模拟电子书阅读器企业绩效综合评价

任务描述：企业管理绩效定性评价指标包括战略管理、发展创新、经营决策、基础管理、风险控制、人力资源、行业影响、社会贡献等方面的指标，主要反映企业在一定经营期间所采取的各项管理措施及其管理成效。

战略管理评价主要反映企业所制定战略规划的科学性，战略规划是否符合企业实际。发展创新评价主要反映企业在经营管理创新、工艺革新、技术改造、新产品开发、品牌培育、市场拓展、专利申请及核心技术研发等方面的措施及成效。

经营决策评价和基础管理评价主要反映企业在决策管理、决策程序等方面采取的措施及实施效果，以及企业在制度建设、内部控制等方面的情况，包括企业基本的业务。风险控制评价主要反映企业经营杠杆系数、经营安全率、盈亏临界点核算等方面的情况。人力资源评价主要反映企业人才结构、人才培养引进储备、绩效管理、分配与激励、企业文化建设等方面的情况。

行业影响评价和社会贡献评价主要反映企业主营业务的市场占有率、对国民经济及区域经济的影响与带动力、主要产品的市场认可程度、是否具有核心竞争能力，以及产业引导能力、环境保护、吸纳就业、安全生产、上缴税收等方面的贡献程度和社会责任的履行情况。

任务实施：请模拟企业的管理层分析企业的整体综合绩效，以实训 12-6 的综合财务评价指标为标准(该部分分数占比为 70%，剩下的定量分析企业管理综合指标占比为 30%)，判断企业整体综合绩效情况，并完成表 14-5 的评价。模拟企业开展企业综合绩效评价，应当充分体现模拟市场经济原则和资本运营特征，以投入产出分析为核心，运用定量与定性分析相结合、横向对比与纵向对比互为补充的方法，综合评价企业经营绩效，促进模拟企业提高市场竞争能力。

表14-5 模拟企业综合绩效评价表

序号	指标体系	评价指标	权重	优秀	得分	备注
1	财务综合指标	财务综合评价	70%	70		
2	战略发展指标	战略管理评价	10%	6		
3		发展创新评价		4		
4	经营管理指标	经营决策评价	15%	4		
5		风险控制评价		4		
6		基础管理评价		4		
7		人力资源评价		3		
8	社会影响指标	行业影响评价	5%	3		
9		社会贡献评价		2		
10	合计		100%	100		

企业管理层用上述指标进行分析打分，得出最后的合计总分后，用以下评判标准进行判定：企业综合绩效评价结果以85分以上为优秀、70～84分为良好、50～69分为中等、40～49分为合格作为类型判定的分界线。

项目 15　企业风险管理和内部控制

企业运营内控和风险管理相辅相成,在企业的管理体系中起着重要的作用。运营内控的主要目标是确保运营活动的规范和高效,而风险管理的主要目标是降低潜在风险对企业的不利影响。只有通过有效的内控措施和风险管理手段,企业才能在竞争激烈的市场中保持持续的竞争优势。在接下来的内容中,将对企业运营内控和风险管理进行详细的介绍和分析。

案例引入

作为一家电子阅读器企业,在收购某阅读平台的时候,经历了惊险的一跳。电子阅读书企业对此次收购战略进行了认真的总结,认为从项目本身的收获来看,在市场的渠道、产品的互补性、品牌优势、产品技术等方面都是有收效的,但是收获没有预期那么高,主要原因在于以下几点。

(1) 技术和市场走向判断失误。电子书阅读器企业期待从该阅读平台获得先进技术,给阅读器、电子书阅读器企业带来技术领先的优势并没有实现。

(2) 对该阅读平台业务的经营状况并不清楚,虽然早就打算将该阅读平台业务进行收购,但是对它的品牌没有很好的认知和维护。该阅读平台虽然经营多年,但是一直处于亏损状态,正是因为亏损才被其股东给卖掉,所以这些都是电子书阅读企业高层事先所没有料到的。

(3) 该阅读平台在被收购之后的两三年内,原公司高管和核心人才陆续离开,而电子书阅读企业自己的团队没有意识到人才的流失,也没有能够快速地培养起阅读平台新的管理团队,没能实现短期内快速的经营提高。所以面对整个收购后企业业务的危局,电子书阅读器企业的管理层主动进行了风险管理和内部控制,通过自救最终实现了恢复性的增长。

思考:
1. 企业为什么要关注风险管理?
2. 企业为什么要加强内部控制?

15.1　企业风险管理

通过风险管理，企业可以预测和应对可能出现的风险，从而避免或减少风险带来的损失，有助于企业的稳健发展。企业可以更好地控制成本、提高效率、优化资源配置，进而在市场竞争中获得优势。风险管理为企业提供更加科学和可靠的决策依据，使得企业在做出决策时能够充分考虑各种风险因素，做出更加合理的决策。

15.1.1　企业风险管理概述

企业风险管理是指组织为了实现其长期目标，通过系统的方法和框架，对潜在风险进行识别、评估、应对、监控和回顾的过程。风险管理的主要内容如下。

1. 风险识别与风险评估

风险识别是第一步，它涉及从企业的各个方面，如财务、人力资源、市场、技术等，识别出可能对企业的运营和目标产生负面影响的风险。

风险评估是对已识别的风险进行量化和定性分析，以了解其对企业运营可能产生的影响。这个过程需要对风险发生的可能性和影响程度进行评估。

2. 风险应对与风险监控

风险应对是根据风险的性质和企业的风险容忍度，采取相应的策略和方法来减少风险对企业运营的影响。常用的风险应对策略包括避免风险、分散风险、减轻风险和接受风险。对于不同的风险，企业应采取不同的应对策略。

在企业的运营过程中，需要持续对风险进行监控，包括监控风险的状况、影响等；同时，也需要定期对风险管理效果进行回顾，总结经验教训，以便优化风险管理策略和方法。

企业风险管理是一个持续的过程，它涉及企业的各个方面，需要所有员工的参与和努力。通过科学的风险管理，企业可以有效地降低风险对企业运营的影响，保障企业的稳健发展。

15.1.2　企业风险管理能力的提升

企业风险管理能力对于企业的稳定发展和持续盈利具有重要意义。以下是从 7 个方面提升企业风险管理能力的方法。

1. 风险识别与风险评估

提升风险识别能力需要企业建立完善的风险识别机制，包括定期进行风险自查、员工风险意识培训、建立风险数据库等措施。通过对企业运营过程中的风险进行全面、准确的认识和预测，企业可以更好地制定应对措施，降低潜在风险。

风险评估是通过对已识别风险的分析和评估，了解其对企业运营的影响程度和可能性，为后续的风险应对策略制定提供依据。提升风险评估能力需要企业建立起定性和定量的评估模型，对各类风险进行量化分析，以便更好地确定风险应对措施。

2. 风险应对与风险监控

风险应对是指针对已识别的风险，采取相应的措施来减少风险对企业的影响。提升风险应对能力需要企业根据风险的性质和企业的实际情况，选择合适的应对策略，包括避免风险、分散风险、减轻风险等；同时，还需要对各类风险进行实时的监控和调整，确保应对措施的有效性。

风险监控是指对已实施的风险应对措施进行跟踪和监督，了解风险管理效果，以便及时发现新出现的风险。提升风险监控能力需要企业建立完善的风险监控机制，包括定期风险报告、风险指标分析和监控等措施。

3. 风险报告与合规管理

风险报告是指将已实施的风险管理措施和效果进行全面的汇报。提升风险报告能力需要企业建立规范的风险报告制度和流程，确保风险信息的准确性和及时性。

合规风险管理是指企业在运营过程中需要遵守国内外法律法规、行业标准和道德规范等方面的规定，避免因此产生的风险。提升合规风险管理能力需要企业建立起完善的合规管理机制，通过对合规风险的全面管理和有效控制，可以更好地保护企业的声誉和利益。

4. 内部控制提升

内部控制是企业风险管理的重要手段之一。提升内部控制能力需要企业建立起完善的内部控制体系，包括财务报告、运营效率、合规性等方面的控制。通过对内部控制的有效性进行评估和改进，可以更好地控制企业运营过程中的各类风险。

■ 实训15-1 模拟电子书阅读器企业的风险管理

任务描述：企业的风险管理主要是在企业初创、发展、成熟等各个阶段所遇到的不同的麻烦和问题，针对这些未知的麻烦和问题，企业管理层需要有充分的认知，然后按照专业人士给出的处理意见，逐一应对初创企业成长过程中可能遇到的各种风险，进行一一化解，使企业能够乘风破浪，勇往直前。

任务实施：请模拟电子书阅读器企业的管理层讨论给出每个风险点与应对措施，完成表 15-1 的填写。

表15-1 初创企业风险分析表

序号	实施目标	实施内容	备注
1	市场风险		
2	信用风险		
3	操作风险		
4	流动性风险		

(续表)

序号	实施目标	实施内容	备注
5	法律风险		
6	战略风险		
7	人力资源风险		
8	环境风险		

15.2 企业内部控制

加强企业内部控制对于企业的长期发展和稳健经营具有重要意义。企业应该从制度建设、员工素质、评估和更新、内部监督和审计、信息沟通等方面入手，全面加强内部控制。

15.2.1 企业运营内部控制

企业运营内部控制是企业为了确保经营活动的有效进行，保护资产安全，防止、发现并纠正重大错报而实施的一系列措施和程序。以下是企业运营内部控制的三大主要方面。

1. 合规性和风险评估

合规性是企业内部控制的基本要求，涉及企业运营过程中的各项法律、法规和其他规范要求。企业应遵守相关法律法规和其他规范要求，建立健全的内部控制体系，确保各项业务活动的合规性，避免因违规行为而导致的法律责任和经济损失。

风险评估是企业内部控制的重要环节，涉及对企业面临的各种风险的识别、评估和应对。企业应建立完善的风险评估机制，及时发现和分析潜在风险，制定相应的应对措施，以降低或避免风险带来的不利影响。

2. 运营流程与信息系统管理

运营流程是企业实现业务目标的重要环节，包括采购、生产、销售、物流等。企业应制定规范的运营流程，明确各环节的责任和权限，确保业务活动的合规性和有效性。信息系统是企业内部控制的重要工具，包括企业资源规划(ERP)、生产管理系统(PMS)等。企业应建立完善的信息系统，确保信息的及时、准确传输，提高信息质量和透明度。

3. 人力和财务控制

人力资源是企业发展的重要保障，内部控制中应重视人力资源的管理，确保员工具备履行职责的素质和能力，激发员工的积极性和创造性。财务控制是企业内部控制的核心之一，主要涉及会计系统、信息系统、预算和财务分析等。财务控制的目标是确保企业财务数据的准确性、完整性和可靠性。

企业运营内部控制的三大方面相互联系、相互依存，共同构成了一个完整的内部控制体系。通过对这些方面的全面管理和监控，企业可以提升运营效率、降低成本、防范风险，确保企业稳健发展。

15.2.2 企业内控能力的增强

企业内控是企业运营管理的重要组成部分，它不仅有助于企业提高效率，还有助于防范风险和舞弊。要增强企业的内控能力，可从以下内容入手。

1. 合规性和风险评估

企业应严格遵守相关法律法规和其他规范要求，确保各项业务活动的合规性。此外，企业应积极关注法律法规的变化和更新，及时调整内部控制制度以适应不断变化的市场环境和监管要求。企业应建立完善的风险评估机制，及时识别、评估和管理潜在风险。通过风险评估，企业可以找出业务流程中的薄弱环节，并采取相应的措施加以改进，从而提高企业的整体抗风险能力。

2. 流程优化与信息技术

企业应通过对业务流程的全面梳理和优化，提高工作效率和降低风险。通过对业务流程的规范化、标准化和信息化，企业可以更好地发现和解决潜在问题与风险。企业应充分利用信息技术手段，提高内部控制的效率和效果。通过引入先进的管理软件和信息系统，企业可以实现对业务流程的实时监控和数据分析，从而提高整体的内控水平。

3. 培训教育与审计评估

企业应加强对员工的培训和教育，提高他们对内部控制的理解和执行能力，通过培训和教育，掌握相关的操作规程和注意事项。企业应定期对内部控制进行审计和评估，以检验其合理性和有效性。通过审计和评估，企业可以发现内部控制中的薄弱环节和存在的问题，并采取相应的措施加以改进。

4. 内部监督与持续改进

企业应建立内部监督机制，对内部控制执行情况进行监督和检查，及时发现和纠正内部控制缺陷和问题。通过内部审计、内部检查等方式，企业可以确保各项制度和流程得到有效执行。企业应建立持续改进和优化机制，对内部控制进行持续的评估、更新和改进。通过不断调整和完善内部控制制度，企业可以更好地应对市场挑战，提高竞争力和可持续发展能力。

▰ 实训15-2 模拟电子书阅读器企业的内控

任务描述：企业的内部控制主要是通过注册会计师事务所对公司的经营业务进行审计，通过审计之后未发现相关的问题。会计事务所需要先和企业管理层进行沟通，在充分沟通的基础上，对存在的问题给出专业的处理意见，企业根据专业的处理意见进行整改；然后会计事务所会提交正式的审计报告给企业，企业按照规定使用或报送。

任务实施：请完成模拟电子书阅读器企业的内控提升，完成表15-2的填写。

表15-2 初创企业内控提升表

序号	实施目标	实施内容	备注
1	企业内控问题汇总		
2	企业内控与管理层沟通		
3	企业内控问题整改措施		
4	审计报告及改进意见		
5	提报股东大会批准		

参 考 文 献

1. 本书编写组. 中国国际互联网+大学生创新创业大赛指南(2021)[M]. 北京：高等教育出版社，2021.
2. 刘升学，陈善柳，胡杨. 大学生创新创业基础[M]. 成都：电子科技大学出版社，2020.
3. 王平. 大学生创新创业教育基础教程[M]. 北京：中国传媒大学出版社，2021.
4. 杨京智. 大学生创新创业基础[M]. 大赛案例版. 北京：人民邮电出版社，2022.
5. 杨炜苗. 大学生创新创业：企业家型创业者的培养[M]. 北京：中国传媒大学出版社，2021.
6. 张建安，冯晖，夏泓. 大学生创新创业[M]. 北京：中国传媒大学出版社，2022.
7. 李家华，林洪冰. 大学生创新创业创造教程[M]. 长沙：湖南科学技术出版社，2022.
8. 刘志阳. 创业管理[M]. 北京：高等教育出版社，2020.
9. ERP 应用教材编委会. ERP 供应链管理应用教程[M]. 上海：立信会计出版社，2020.
10. 周翠萍，李怀宝，樊春燕. 企业沙盘模拟经营实训[M]. 北京：清华大学出版社，2018.
11. 王琪，方焕新，林嘉雯. 大学生职业生涯规划与就业指导[M]. 成都：电子科技大学出版社，2020.
12. 李耀华，林玲玲. 供应链管理[M]. 3 版. 北京：清华大学出版社，2018.
13. 李松庆. 现代物流学[M]. 北京：清华大学出版社，2018.
14. 符国群. 消费者行为学[M]. 北京：高等教育出版社，2015.
15. 弗雷德•R.戴维，福里斯特•R.戴维. 战略管理概念部分[M]. 15 版. 李晓阳，译. 北京：清华大学出版社，2017.
16. 付晓蓉，陈佳. 大数据营销基础、工具与应用[M]. 北京：人民邮电出版社，2023.
17. 符国群. 消费者行为学[M]. 北京：高等教育出版社，2015.
18. 汪刚. 财务大数据分析与可视化[M]. 北京：人民邮电出版社，2021.
19. 刘霞，宋卫. 大学生创新创业基础与实践[M]. 北京：人民邮电出版社，2021.
20. 张义. 企业战略管理[M]. 上海：复旦大学出版社，2020.
21. 马红莉. 创业胜任力孵化——多专业综合实训教程[M]. 北京：人民邮电出版社，2022.
22. 陈德人. 网络营销与策划：理论、案例与实训[M]. 北京：人民邮电出版社，2019.

附录　实训报告册

实训课程：_____

实训小组：_____

成员姓名：_____

实训时间：_____

指导教师：_____

实验1：请电子书阅读器模拟企业的管理层按照表7-1～表7-10所示的预测数据，采用Excel工具绘制市场预测折线图。

实验时间：

实验成员：

实验报告(可粘贴此处)：

实验 2：请电子书阅读器模拟企业的管理层按照表 7-11 所示，完成行业外部因素评估矩阵分析。

实验时间：

实验成员：

实验报告(可粘贴此处):

实验3：请电子书阅读器模拟企业的管理层按照表7-13所示，完成行业竞争态势矩阵分析。

实验时间：

实验成员：

实验报告(可粘贴此处)：

实验4：请电子书阅读器模拟企业的管理层按照表7-14所示，完成模拟企业内部因素评估矩阵分析。

实验时间：

实验成员：

实验报告(可粘贴此处)：

实验 5：请电子书阅读器模拟企业的管理层按照图 7-5 所示，完成 IE 矩阵分析。
实验时间：
实验成员：
实验报告(可粘贴此处)：

实验 6：请电子书阅读器模拟企业的管理层按照表 7-15 所示，完成企业定量战略规划矩阵分析。

实验时间：

实验成员：

实验报告(可粘贴此处)：

实验7：请电子书阅读器模拟企业的管理层按照实训8-3，绘制出模拟企业的组织架构图。

实验时间：

实验成员：

实验报告(可粘贴此处)：

实验8：请电子书阅读器模拟企业的管理层按照实训8-5，完成模拟企业每个岗位的职位说明书。

实验时间：

实验成员：

实验报告(可粘贴此处)：

实验9：请电子书阅读器模拟企业的管理层按照实训9-1，完成模拟企业的公司章程。

实验时间：

实验成员：

实验报告(可粘贴此处)：

实验 10：请电子书阅读器模拟企业的管理层按照实训 9-6，完成模拟企业的商标和 logo 的设计，并解释商标和 logo 的含义。

实验时间：

实验成员：

实验报告(可粘贴此处)：

实验 11：请电子书阅读器模拟企业的管理层按照实训 10-1，完成模拟企业的消费者调查问卷。

实验时间：

实验成员：

实验报告(可粘贴此处)：

实验 12：请电子书阅读器模拟企业的管理层按照实训 10-3，完成模拟企业的产品波士顿矩阵分析。

实验时间：

实验成员：

实验报告(可粘贴此处)：

实验 13：请电子书阅读器模拟企业的管理层按照实训 12-4，完成模拟企业的会计记录，包括凭证、账簿和报表。

实验时间：

实验成员：

实验报告(可粘贴此处)：

实验 14：请电子书阅读器模拟企业的管理层按照实训 12-7，完成模拟企业的财务指标的可视化分析。

实验时间：

实验成员：

实验报告(可粘贴此处)：

实验 15：请电子书阅读器模拟企业的管理层经过认真仔细地讨论和复盘后，给出本门课程的学习心得和能力提升建议。

实验时间：

实验成员：

实验报告(可粘贴此处)：